赵东升 白国柱 著

一看就懂的考古学

暨南大學出版社
JINAN UNIVERSITY PRESS

中国·广州

图书在版编目（CIP）数据

一看就懂的考古学/赵东升，白国柱著．—广州：暨南大学出版社，2012．8
ISBN 978－7－5668－0162－3

Ⅰ．①一…　Ⅱ．①赵…②白…　Ⅲ．①考古学—通俗读物　Ⅳ．①K85－49

中国版本图书馆CIP数据核字（2012）第056024号

出版发行：暨南大学出版社

地　址：中国广州暨南大学
电　话：总编室（8620）85221601
营销部（8620）85225284　85228291　85228292（邮购）
传　真：（8620）85221583（办公室）　85223774（营销部）
邮　编：510630
网　址：http：//www.jnupress.com　http：//press.jnu.edu.cn

排　版：广州市天河星辰文化发展部照排中心
印　刷：佛山市浩文彩色印刷有限公司

开　本：787mm×960mm　1/16
印　张：18.25
字　数：330千
版　次：2012年8月第1版
印　次：2012年8月第1次

定　价：36.00元

序 言

青年学者赵东升和白国柱最近完成了一部书稿，书名叫做《一看就懂的考古学》，我作为先睹为快者，在此写一点读后感，希望对其他读者有所帮助。

按照作者的设想，希望此书能够使大众对于考古学和考古学家的工作有一个基本的了解，走出考古学就是寻宝、挖宝、投机等概念的误区，真正做一点普及考古学基本知识的工作。显然，这样的工作对于目前的寻宝热、文物和艺术品投资热潮中的人们会有所裨益，毕竟，真正的考古学和媒体中演绎出来的艺术化的所谓考古是不一样的。那么，真正的考古学应该是什么样的呢，作者在本书中用大量生动的事例、丰富的图文资料为我们展示了考古学研究的多彩画面，讲述了中国一些重要考古学家的故事以及一些重要考古遗址的发现过程，最后，就如何成为一名考古学家的问题也给出了回答。可以说，对于那些想要认识考古学和了解考古学家生活场景的人们来说，阅读此书可以获得一种走近真实考古学的乐趣。

中国的考古学自20世纪初叶自西方传入以来，迄今只有不足一百年的发展历史，自身的学科体系和研究方法等仍在继续完善之中，最典型的变化就是不断借助新的自然科学理论和方法逐步深化考古学的研究领域，从早期对于人工制品的研究到现今对于人类生活环境和精神世界的全面关注和认知。同时，如何在今天的经济发展格局下保护更多的人类文化遗产也是我们面临的新选择，对于这些问题的思考使得考古学家肩上具有了沉重的历史责任和现实危机感，如果不能在物欲横流的当今社会中找到一条发展经济和保护文化遗产共赢的途径，我们有一天终将失去现在所看到的众多文化遗产和考古遗迹，这样的结果只能是愧对我们的子孙后代。

对于众多的考古学爱好者来说，普及考古学的知识比制作大量虚拟情节的寻宝类影视作品显然更有意义，因此，两位年轻学者的书值得推荐，我们也期待着有更多的考古学家写出更好的此类作品来。

水 涛
2012年5月

前　言

我们人类如果想要了解我们自己和我们所处的世界，就必须努力地认识我们的过去。正所谓："以古为镜，可以知兴替。"那么我们是谁？我们为什么有如此行为？我们本身和我们的文化是怎样起源和发展的？我们的现在和过去有什么样的关联？这些关于过去的问题正是考古学家研究的方向和目标。

渴望认识我们自身激励许多人走上了专业学术道路——哲学、社会学、经济学以及其他的人文社会科学。这些领域研究的是人类的不同方面，但是它们都被局限于现在。它们研究的是人类现在的行为和现在的社会。也有人通过生物科学、医药学、分子生物学等相关领域来研究人类，但是这些学科研究的同样是我们现在的情况。要想尽可能完整地认识我们自身，就必须了解我们从哪里来、我们如何发展而来。虽然历史学也研究过去，但是历史学的研究范围被限定在文字诞生以来的最近几千年，因此只有考古学才是唯一一项探究和揭示我们从人类远古起源到距今不远的过去的领域。考古学家从这项工作中体验着人类历史上的杰出成就和重大失败。

写本书的目的就是为了使大众对考古学和考古学家如何为认识过去而进行工作，他们的工作性质、目的、过程和使用的理论、方法与技术都是什么，我们普通人又怎样才能接近考古，接近我们的过去，从而更好地指导我们的现在和预示我们的未来。

考古学使许多人着迷，有些人成为考古学家是出于孩提时代产生的兴趣。当然，对于许多孩子和成人来说，考古学从表面看意味着探险生涯——去异域旅行、探索失落的文明。这些浪漫的图景能在书上、电视上和电影上找到无数的例子，比如《夺宝奇兵》、《古墓丽影》等。除此之外，经常出现的关于真实考古发现的报道使得考古学的这种"形象"得到了强化，比如大型的陵墓、大批的珍宝、令人惊异不已的墓葬风俗。但是，像这样的发现其实十分罕见，大多数考古学家从来没有亲身找到过墓葬奇观或是失落的古文明。考古学家的工作常态恰恰是花费大量的时间来从事常人难以想象的、冗长的研究工作，得到的回报却是极其艰苦的生活条件、不堪的食物、有毒的物质和疾病！很显然，考古的魅力，不仅仅蕴藏于那幽暗的地层和冰冷的木石铜铁之中，也不是来自于令人雀跃的发现或冒险。考古学家并不是被寻找宝藏或其他什么具有经济或美学价值的事物所激励，他们的真正动力远比这些朴素：为了重新获得那些能够增加我们对过去的理解的信息。尽管寻找这些信息的过程很可能单调乏味而且艰苦异常，但是回报是巨大的，考古学家有着特权：作为时间的穿梭者，他们可以通过自身的努力来发现并且告诉他人有关我们的过去；不然的话，世人将永远失去这些过去。因此，考古学的真正魅力是蕴藏于考古作为一种科学在人类总体价值体系中的地位。考古学在人类总体价值体系中的地位并不是一成不变的，这种地位会随着社会的认知变化而出现起伏，但正是因为社会的认知变化促使考古学逐步完善自己，反而提高了自己的价值。

比如，在 2009 年关于曹操墓的考古发现得到了官方的认定，这一事件似乎已告一段落，但风波并未平息，尤其是由此而引起的关于考古事业的诚信争议，给正常的考古工作带来许多不利的影响。这固然受到我国处于社会转型时期的国情影响，在现阶段，诚信问题在不少行业中确实存在，考古行业也不例外，但并不像大多数圈外人所认为的那样已经影响到了考古事业的科学性，已经使得考古工作不为人所信任。这是因为考古事业的科学性完全是由考古工作的工作性质和工作过程，以及一套完整的、符合逻辑的论证过程所决定的，它从来都不会被个别人或个别组织所摆出的片面的甚至是无中生有的理由所颠覆。

有很多工作多年的田野考古工作者，在类似曹操墓的事件中被诬为地方政府造假的合谋。其背后所隐藏的逻辑无非是：出了一个周老虎，则满世界都是周老虎。

在这里我们不去对那些质疑的声音进行一一批驳，这些都是在我国社会转型时期的正常现象。我们所要强调的是，考古学作为一门科学，属于自然科学和社会科学相结合的人文学科，它的学科性质、工作过程和目的决定了应当没有造假的可能；如果存在造假，也是经不住物质遗存的检验的。因为考古学是研究“物”的科学，以“物”说话，透“物”见人。也许你造假了一件“物”，但古代人的生产生活不会以造假者的想法来安排“物”的存放地点和“相貌特征”，层出不穷的“物”最终会令造假者无处可藏、无地自容。考古事业发展到今天，我们对各个时期的文化遗物都已经有所认识，这些遗物都是与当时的社会背景相适应的，推断某个遗物的年代，论证那个时代的特征，是要综合大量的证据缜密地论证出来的，你可以造假，但终会露出马脚。

我们对自身的历史存在好奇心理，这一点并不为过，近来对于曹操墓的争论也是基于这一点。只是由于对考古学科的一知半解，人们才会得出完全不同的看法。

但是考古工作太专业化，显得有些神秘，因而不易被世人所了解，这种学科往往会被“不明真相”的人们所误解。例如，我们到田野搞调查和发掘时，群众问我们是干什么的，我们说是“考古队”，很多人都会听成“敲鼓队”，甚或“炒股队”，这让我们啼笑皆非，却不知该如何解释。即使过了一段时间，这些群众明白了我们的工作，但毕竟广大的国土上，这还只是一小部分的人群，并且“一知半解”而已。

今天，社会公众对考古学的兴趣由于有关书籍的介绍、博物馆的展览、电视传媒的报道而与日俱增，交通运输的快捷和便利也使得每年有成千上万的旅游者前往世界各地参观著名的考古遗址和历史遗迹，比如埃及的金字塔、雅典神庙和玛雅废墟，它们已不再像以前那样仅仅是富人的专利。北京的长城、故宫和西安的兵马俑成为东方文明的象征，只要见过这些古代遗迹，人们都会赞叹不绝。这些古代遗迹和遗物都蕴涵着迷雾重重的动人故事，埋藏着许多鲜为人知的秘密。

除了对自己来历的探索外，人们对远古时代还有一种很深的怀旧情结。我们今天所处的是一个急剧变化的时代，人口拥挤、资源枯竭、环境污染，人类的生存环境被剧烈地简化，世界上一度色彩斑斓、风情万种的民族文化和历史传统正在经济全球化的浪潮中迅速消亡。当越来越多的民族群体在面对现代文明逐渐放弃他们的文化传统和生活方式时，考古学家便成为世界濒危文化的保护者；当现代化建筑拔地而起、古朴的乡村和民居在城市改造中化为瓦砾时，也只有考古学家的铁铲和文物工作者的努力，才有望使部分文化遗产免于灰飞烟灭。

由于人们对古代的认知与日俱增，而掌握考古学科的来龙去脉却非易事，因此在这个知识爆炸的信息时代，金钱至上的浮躁社会，民间收藏活动急剧发展，再加上媒体上有关考古发现的报道也应时而动，对考古发现频频报道甚至炒作，特别是中央电视台最近几年对考古发掘现场的几次实况转播，各电视台开播的鉴宝类的节目更是起到了推波助澜的作用。考古普及的丛书也是一批接着一批，其中的大部分著作，作者是尽了最大的努力，试图告诉公众一些客观真实的知识；当然其中也有些粗制滥造的书籍，以讹传讹，甚至误导人们相信天外来客及失踪的飞船之类的无稽之谈。要知道，这些并不是真正的考古学，虽然早期的考古学家和古物学家确实是为了满足人们的好奇心和搜寻地下的珍宝而进行发掘的，但是，现代的考古学是一门严谨的和要求很高的科学，考古学研究的对象虽然是古代遗留的实物，但一定是社会性的产物，孤立的单独的一件器物，在考古学家看来，只能算是古董，而不能成为考古学研究的科学材料。

然而迄今为止，市面上广为流传的图书除了对古董的介绍外，就是一些充满传奇经历的故事，仅仅是增加了考古学的神秘感和了解文物的价值，却很少有关于考古工作者工作、生活情况的详细介绍，比如人员组成、工作程序、怎样发现、怎样理解考古发现等的介绍，要知道，考古的发现和研究成果以及人们对古代社会的认知都是经过考古学家的深入研究而得出的，如果不了解考古工作者到底在干什么，为什么这样干，以及怎样干的详细信息，就不会使读者有一个全面的理解与认识，也仍然不会理解考古学的重大意义，仍然停留在寻宝、挖宝、投机的意识水平。

因此，作为一名考古工作者，非常有必要对我们所从事的考古工作进行普及，本书不着重于深奥的考古学理论和详细的古代社会的认知，只是介绍关于考古学是一门什么样的学科，让读者走进考古工作者的工作和生活之中。如果能使普通大众真正地对考古有所了解，不轻易被蛊惑，不再停留于粗浅的认识水平上，则为吾辈之大幸也。

目　录

第一章　考古工作者都在做什么

在我们脚下的某处，或许正埋藏着人类历史发展的秘密或者关键性的线索。当今的媒体上每天也都有连篇累牍的关于考古新发现的报道，那么，在见识了考古成果的辉煌和神奇后，进一步认识考古的一般过程，了解考古队的组成和工作、生活状况就成了人们最感兴趣的问题。

第一节　考古的一般流程

在考古学的学科体系中，考古学的一般操作流程是“考古资料的回收—考古资料的整理—分析研究—结论的验证”，在这里，资料的回收就是通过考古调查和发掘获得的，无疑是占有基础性地位的阶段，后边各个环节以及结论的准确程度，都必须接受发掘的制约和检验。因此，发掘阶段工作的优劣，直接决定了考古工作的有效性和意义。正因为如此，发掘过程也就成了各种理论思潮与方法手段交织的焦点，研究的目的、观察问题的角度、技术进步的程度甚至发掘者个人的风格都有可能成为不同特色发掘的决定因素。这里还不能忽视经费和政治等非学术性问题的影响。

只有通过考古调查和发掘这一个阶段的工作，考古学家才能收集和分析古代人类或与其相关的物质遗存，才能不断有考古发现刷新我们对已经消失的古代文明与文化的认识。

考古工作的一般流程（改自山西省文物考古研究所公众考古资料）

但是，考古发掘仍然只是考古学家收集资料的工作，从野外回到实验室后进行分析、撰写发掘报告和进行综合研究的任务同样重要。如果一项考古发掘没有写出报告或由于各种原因使报告迟迟不能发表，那么这实际上是对考古资源和文化遗产的一种变相破坏。因此，材料整理的后期工作和发掘过程同等重要，没有详尽的分析研究，原始资料就不会提供有价值的历史信息。

同时，一个遗址的材料进行完初步的整理和研究也仅仅算是完成了一个阶段的任务，旧的观点也许会随着新材料的出现和新的科学方法的应用而发生改变，因此，对研究结论的不断改进以期更加接近真实就成为考古学的终极目的。

那么，哪里有古代的遗址？考古学家是怎么找到他们的？调查和发掘又从何处着手？怎么对考古材料进行整理和分析，又怎么对考古材料进行研究呢？

一、考古遗址的发现

大部分的考古遗址是在偶然的情况下被发现的，考古学家们所依赖的是一种常识性的判断和训练有素的勘探技术。

中国以往的考古学，已经发展并完善了步行勘查和钻探两种常规的调查手段。步行勘查对于了解大范围内遗址的有无、分布、文化性质等非常有用，而钻探对于了解遗址内地层的堆积与分布状况等非常有帮助。

虽然有些情况下人们早就知道何处存在遗址或墓葬，比如具有高大封土堆的帝王陵墓、高出地表的平整的土台，甚至埃及的金字塔等。但是，大部分的考古遗址并不那么引人注目，它们显露在地表的不过是一些散乱的陶片或石制品。甚至有些深埋在地下几米乃至十几米的遗址。从地表上看根本无从知晓它们的存在，只是由于河流的侵蚀作用或人为的挖掘才被发现。一旦发现考古遗址，考古学家必须进行登记，并对发现的采集品进行初步的观察和分析，以确定遗址的性质和年代。在评估其重要性后，再决定是否进行正式发掘。

考古学家对于常识性的判断并没有世人宣传的那般神秘，所谓常识，是建立在对古人生活环境、生存状态和历史故事有所了解的基础之上的，与历史事件相关的遗址较容易理解，临水背山的优良自然环境，容易获取生产生活必需品的生态环境往往是古人选择的首要目标。除此之外，众多考古遗址的发现有些是偶然性的，也有些是经过考古工作者努力的调查和勘探获得的。

首先是偶然发现的遗址。考古学史上有很多偶然发现古墓珍宝、古人类遗骸和重要遗址的故事，这些发现大都是由于地理环境变动，如在打井、土地深耕、修建公路和铁路、营建水库和防空洞的活动中发现的。例如，河姆渡遗址是在兴修农田水利过程中被发现的，秦始皇陵兵马俑是村民在打井抗旱的过程中发现的，马王堆汉墓是在修建防空洞的过程中发现的，曾侯乙墓是在解放军修建营房时发现的，南越王墓则是在修建公寓楼挖地基时发现的。

其次是经过考古调查和勘探发现的遗址。除了偶然的发现之外，许多考古遗址是经过仔细的调查和勘探发现的。许多遗址埋藏在很厚的土层堆积之中，河流和雨水的侵蚀将这些遗存暴露出来。考古学家习惯于钻到被雨水或河流切割得支离破碎的冲沟里去寻找古人类活动的迹象。考古勘探基本的工具是“洛阳铲”，近几年也大量运用航拍、遥感技术、机械探测等方法配合调查。

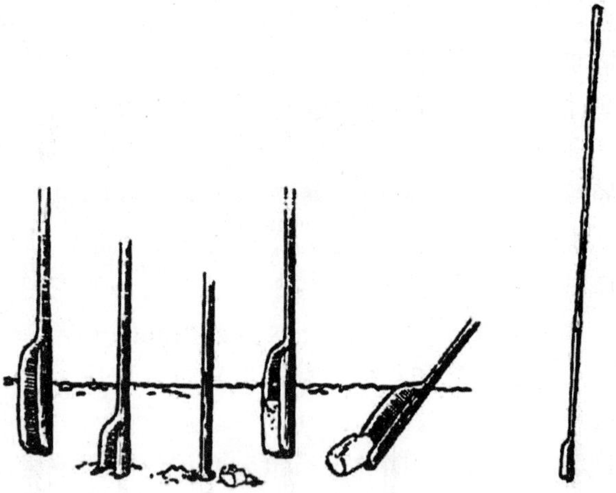

来自盗墓者的有中国特色的考古工具洛阳铲及其使用方法示意

新中国成立后，河南洛阳地区的考古工作者在盗墓者所用的专门工具上得到启发，对一种盗墓专用的“连箍铲”进行改进，发明了考古学专用的“洛阳铲”。洛阳铲是中国考古学家经常使用的一种探测地下遗存状况的工具，其使用技术在中国考古学界已经达到炉火纯青的程度。考古学家用洛阳铲在古代遗迹分布范围内钻孔，根据铲头带上的地下泥土及其包含物来了解遗存的分布范围、时代等信息。有经验的考古学家可以很容易地据以判定遗址的边界，甚至判定具体的遗迹比如墓葬坑口和宫殿基址等的分布界限。

在野外进行考古勘探和调查时，有些明显的迹象和标志会暗示地下可能有考古遗址和遗迹：①存在明显可见的土墩和石头的废墟。如长江三角洲地区新石器时代的良渚文化普遍建造土墩，这些遗址甚至在今天也被叫做“墩”和“山”，如著名的“寺墩遗址”和“莫角山遗址”等。而汉代常用很有特色的砖营建坟茔，在地表经常明显可见有乱砖。②黑色的土壤层是考古遗址的明显标志。因为古代人类的居住遗址往往表现为一层富含有机质的土壤，并伴有陶片、石器和其他文化遗物。烧砖取土、平整土地、修建水渠，甚至地下打洞的动物都会将其暴露出来。③植被的覆盖可以指示地下遗址的情况。一方面野草或庄稼在遗址富含有机质的部位会长得特别茂盛，和周围的植被形成明显的差别；另一方面，如果地下有古代建筑夯筑的地基或围墙，那么这些部位的植物往往因水分或营养不足而比周围的植物长得矮。这样的生长差异，常常会在地表形成遗址的一些轮廓。④长期的风蚀会暴露出地下的文化遗存和遗迹。在我国的内蒙古和新疆等沙漠地区，许多史前遗存都暴露在风蚀沙丘的表面，表明这里在古代可能是宜人的绿洲。有些考古遗址在地面上看不出什么名堂，但在空中就能清楚看出它们的布局和特点。这就使得航拍技术在考古勘探中发挥出巨大的作用，成为区域考古调查的最好帮手。比如大型城址和墓葬群在地面上很难看出其布局和规模，也无法深切领会它们所处地点的重要意义，而航拍照片就能清晰地反映这些内容。自 20 世纪 80 年代航拍开始应用到中国考古遗址的勘探中来，迄今已经对众多的大型遗址进行了辨别和分析，包括著名的二里头遗址、偃师商城遗址、秦始皇陵园、江南土墩墓群、唐太宗李世民昭陵陵园、红山文化遗址、夏家店下层聚落城址、汉代黑城遗址、辽上京遗址、辽中京遗址、元上都遗址等。为推动中国考古航拍事业作出重要贡献的著名考古学家俞伟超先生 1993 年从德国考察古迹回国后曾说：“作为考古工作者，第一次从空中俯瞰地面上的古代遗迹，那种感受是非常奇特的。平时在地面上看来毫无章法的古迹或根本就看不出来的遗存，在高空居然能看得那样真切。”对于航拍工作在勘探中的效率，魏坚教授 1997 年在元上都遗止的航拍中有这样的体会：“空中 20 多分钟对元上都的了解认识，超过了在地面上工作近 7 年对其认识的总和。”①

良渚古城的“行政中心”——莫角山遗址

除此之外，还有一些非航拍的空中勘探技术被用于发现考古遗址，比如雷达和卫星扫描等，它们一般被统称为遥感技术。空中扫描雷达可以在云层覆盖的情况下或植被茂盛的地区，用来探测地下地形的变化以及大型遗址下层堆积的扰动，它甚至能用来对水下的遗址进行调查，如发现沉船。这

元上都航拍图

① 张伟：《俯视大地——中国航空遥感考古备忘录》，《文物天地》2002 年第 1 期。

些从各种航天器上获取的雷达和电磁波信息，经过光学仪器或经电脑图像处理后，通过对影像的色调、纹理、图案以及时间变化和空间分布规律的识别，可以分辨出不同的考古遗址或遗迹。比如，墓葬和夯土地基往往土壤密度高、水分含量少，在遥感的影像上会呈现强反射，形成浅色调的图斑。红外波段可以穿透地表，反映地下遗址的分布情况①。

类似于中国使用洛阳铲的勘探方法，西方考古学家也用打孔方法来勘探地下的遗址。比如在美国华盛顿州，打孔方法被用来探测土墩的厚度。在钻头上安置摄像头可以直接观察墓室内部的情况，如果墓室没有被扰动，那么就可以考虑进行发掘；如果墓室内已经被洗劫一空，失去发掘的价值，就可以省却无谓的劳动了。

其他的勘探方法还有机械探测，比如电阻和电磁探测。土壤的电阻可以帮助探测下部地层中不同的结构，如地面、石墙和道路，提供遗址和遗迹的线索；而金属器物，含弱磁性的炉窑、陶窑都可以被电磁探测发现。质子地磁仪对勘探城址中的窖穴、墙基特别有效，在无法对一个大型城址进行全面发掘的情况下，地磁仪可以帮助考古学家比较清楚地了解城址的构造和分布的状况。②

另外，一些当代科学的新成果还在不断为上述的调查方法提供新鲜的活力。全球卫星定位仪（GPS）与计算机及地理信息系统（GIS）不断为区域研究——调查、发掘资料的整合、分析等提供新的技术手段，而且极大地提高了信息的质量与价值，并对研究成果的表达和学科内外的沟通也有很大的帮助。GIS 作为一种关心研究对象的空间关系的新型计算机数据库系统，使考古学家第一次可以借助计算机的所有优势——大批量存贮、分析、检索、模拟、多方位显示、多用户共享和接口、联网等，来处理考古学中极其分散、性质多样、时空分布极不均匀的各种人文资料和环境信息的关系特征，从而达到考古学中时间和空间问题以及文化与环境问题的有机合一。③

洛阳铲的传统方法通过与更加科学、精密的测绘、记录、取样、统计以及分析技术的结合，必然会焕发出新的生命力。而地球物理勘探和航空拍照与释读等现代技术的引入，对步行勘查、钻探调查和集中地表采集又是一个极大的补充，使当代的考古调查真正达到了宏观与微观、平面与立体的观测和分析的充分结合。

---

① 刘建国：《解读遥感考古》，《地理知识》1999 年第 8 期。

② 陈淳：《当代考古学》，上海社会科学院出版社，2004 年。

③ 曹兵武：《考古学：追寻人类遗失的过去》，学苑出版社，2004 年。

在考古学史上，由于种种条件的限制，从来都没有过真正的完全揭示古代遗址的方方面面的全面发掘，考古学家面临的永远是古代遗存的一个局部，因此，能够为考古学家提供整体性背景的考古调查就显得尤为重要，而在整体调查的基础上进行的考古发掘仅仅是某一方面在广度和深度上的升华，是整体背景下闪光的亮点，两者互相陪衬，锻造和提高了考古学家辨析古代遗存的眼力。

二、考古遗址的发掘

在田野考古工作中，考古发掘是一项最基本的工作。它是在考古调查的基础上，取得实物资料的主要手段。经过科学发掘所获得的资料最系统、最完整，因而它在整个考古工作中占有极其重要的位置。

考古发掘是一项科学性很强的工作，在实际发掘期间，要求每个发掘者必须有高度的科学态度和执著的事业心。从划分地层到清理每个遗迹现象；从出土物收取到做各种记录，都必须准确无误。即使在一个环节上出了差错，也会影响全部发掘的质量，给下一步工作带来困难，造成不应有的损失。

考古发掘又是一项复杂、细致而又艰苦的工作。地下的各种现象千变万化，所以在发掘期间，必须始终认真观察，仔细分析，不断地作出正确的判断，严格按照要求进行发掘。因而每个考古工作人员都应该懂得田野发掘的基本原理、掌握考古发掘的基本技能。

另外，在考古发掘工作中，还要求每个考古工作者，特别是发掘领队有较好的组织能力。在一个发掘工地，尤其是进行大规模发掘的工地上，不仅集中的专业人员比较多，往往还要吸收一定数量的民工参加工作（主要是做辅助性工作）。要使发掘工地有一个比较好的工作环境，有条不紊地进行发掘，就必须做好各种工作的组织和安排。即使在一个探方里，业务人员和民工也有协调配合的问题。另外，发掘领队还要经常与地方政府及有关部门进行联系，汇报或介绍工作情况，尽量争取在地方政府或有关单位的支持帮助下，解决发掘期间的实际困难，以便顺利完成发掘任务。所以，每个考古工作者在实际工作过程中，都要不断培养和锻炼自己的组织才干，以适应工作的需要。

（一）发掘前的准备工作

由于考古发掘细致而又复杂，所以在发掘之前必须做好周密、充分的准备，否则就不可能高质量地完成发掘任务。准备工作主要有如下几个方面：

确定发掘地点；了解发掘对象（居址或墓地）的堆积情况；查阅有关历史文献和考古资料；组织发掘队伍；准备好发掘期间所使用的各种仪器、工具和材料；制订发掘计划；安排好食宿等。

组织考古发掘，首先要选择和确定发掘的地点。客观地说，无论发掘哪个遗址，都有一定的重要性，都会为史学研究提供科学资料。但是我们国家历史悠久，保存在地下的遗存相当丰富，我们不可能在短期内对所有的古文化遗址都进行发掘，所以必须有计划、有针对性地选择发掘地点。具体来说，选择发掘地点有以下几个原则：

1. 配合性发掘

古代遗址的保护与基建工程特别是与国家重点工程发生矛盾时，要尽快组织发掘。

随着国家经济建设的大规模进行，基建工程任务越来越多，尤其是一些重点工程，往往占地范围大、工期紧，例如修建铁路、公路、桥梁、水库、工厂等，往往要经过或占用古代遗址，这就与保护工作发生冲突。为了解决好这种矛盾，要求我们尽快组织发掘。而这种发掘任务，占地面积大、发掘地点多、发掘时间短，这不仅打乱了原来的工作计划，还必须集中较多的专业人员投入这些新任务。对此，文物管理单位、考古研究单位，以及有关大专院校，要根据实际情况，调整工作计划，集中专业人员，从国家大局出发，尽快组织发掘。有的还要组织各单位协作大会战，以期工作完美，考古与建设工作两不误。实践证明，只要我们思想重视、组织得当，配合性的发掘工作，不仅不会影响基建工程的顺利进行，而且对文物保护、科学研究、教学实习也会有积极的促进作用。

2. 抢救性发掘

有些古代遗址是偶然发现的，并且将会在短期内受到破坏，所以要尽快组织抢救性发掘。另外有的遗址，由于自然或人为的原因，也会在短期内遭到破坏，不宜长期保存，也应该尽快进行抢救性发掘，以免造成更大的损失。例如有的地区存在的堌堆遗址，高出周围地面几米、十几米甚至更多，经过长期风雨侵蚀，边缘地段不断塌落，遗址面积急剧减少，有的可能会荡然无存；又如有的农村建立砖瓦厂，大量取土，往往“吃掉”古代居址或墓地；其他一些动土活动，如建房、挖井、修渠等，都可能破坏文物古迹。对这样的情况，如不及时进行抢救性发掘，就会造成更大的损失。遇到这种抢救性的发掘工作，我们应及时向群众，特别是农民群众做好宣传，让他们知道在发现文物古迹的时候，一定要注意保护好现场，并及时向文物管理部门报告，以利于进行科学发掘或采取相应的保护措施，绝不能随便乱挖，更不允许破坏和私藏文物，私自破坏或藏匿文物是违法行为。如果有了广大群众的支持和帮助，就能更好地做好文物保护和科学发掘工作。

3. 主动性发掘

为解决某个学术课题而选择遗址进行的发掘，我们通常叫做主动性发掘。随着考古事业的深入开展，需要通过考古发掘来解决的学术课题越来越多，日益显示出田野考古学在史学研究中的重要作用。例如对河南偃师二里头遗址的发掘，对研究夏文化和早商文化发挥了重要作用。除此之外，现在还有许多学术问题有待于新的考古资料去证实、解决。这种为解决学术课题而进行的主动性发掘要求我们事先对遗址进行详细的调查，认真研究采集品，有时还要进行钻探和试掘，以便掌握确实的资料，使发掘工作具有针对性，所以选择遗址就更为重要。一般说来，为主动性发掘而选择遗址应注意如下两个方面：

（1）为了解某一考古学文化面貌而选择发掘遗址。在不少地区，当地的文化发展序列尚有缺环，或者是某种考古学文化的某一阶段还不清楚，为解决这样的问题去选择发掘地点时，则应该注意选择文化堆积比较单一、所反映的文化特点比较清楚的遗址。

（2）为解决考古学文化的发展关系而选择遗址。在考古学研究中，首先要了解遗存的时代，它或者表现为几个考古学文化的承继或发展关系，或者表现为在同一个考古学文化中的不同发展阶段。为了解决这种学术问题而选择发掘遗址时，就应尽量选择文化堆积相对复杂、延续时间较长、文化内涵能够反映学术研究所需的叠压地层。

确定发掘地点后，就要向国家文物局申请发掘执照，获得批准后，才能进行正式的发掘。有些抢救性发掘的遗址由于时间紧迫，也可以在发掘开始后一周内补报。根据我国的实际情况，只有具有团体发掘资格的单位和有领队资格的个人才能申请发掘执照。

进行考古发掘，必须事先对要发掘的遗址有一定的了解，明确要解决的问题，才能使发掘工作更有针对性。因而在进行发掘之前，应该查阅有关的文献资料，并且要熟悉当地特别是发掘地点的出土物，如以前的考古工作（包括调查）所获得的实物标本。我国的历史文献浩繁，不可能一一阅读，可重点查阅《汉书·地理志》、《水经注》、《元和郡县图志》，以及当地的地方志等书籍中的有关内容，以了解当地的历史沿革、重大历史事件、风俗民情等，例如该地区在古代的族属和国别，这都可启发我们的思考。为了熟悉发掘地点及周围的物质文化面貌，还应该查阅有关的考古调查和发掘资料，并且尽可能地亲自查看出土的实物标本，掌握其文化特点，以便和发掘中的出土物相比较。做好这些工作，对提高发掘质量、加深对发掘意义的理解、提高工作的主动性都有积极的作用。

一个发掘队伍，一般来说以专业干部为核心，配备若干技术工人和民工。所以在发掘之前应该做好适应工作需要的组织安排，以便在发掘期间各司其职，互相配合。另外在发掘过程中所需用的各种仪器、文具用品、工具也应该在发掘前准备齐全，否则会给工作带来许多不便，影响发掘工作的顺利进行。在正常情况下，发掘工地除领队外，还要有若干业务人员负责发掘（这要视发掘规模大小而定）：摄影、绘图员负责发掘期间的摄影、测量和绘图工作；库房保管员负责发放用品和收藏、保管出土物；后勤人员负责食宿的安排和管理；会计负责日常账目。在发掘过程中所需用的仪器工具大体如下：

测量仪器：平板仪、水准仪、标杆、塔尺、测绳、皮尺等。绘图工具：一般每个探方一套，绘图板、三角板、罗盘、铅锤、钢卷尺、基线绳、铁夹、书包、文具盒、铅笔、小刀、橡皮、圆规、木桩等；发掘工具：手铲（尖头铲、平头铲）、刷子、剔刀、竹钎或钢钎（或用铁钎子代替）、小镢头、铁锹；运输包装工具：竹筐、小推车等（可以当地习惯而定），收取出土物的编织袋、包装纸、包装绳等；记录用品：探方日记本、标签本、小件登记表、绘图纸、探方记录本、各种遗迹登记表（如墓葬、房基、灰坑登记表等）；照相用品：照相机、胶卷（应备用彩色、黑白、反转片三种胶卷）、暗盒、暗袋、显影剂、定影液等；劳动保护用品：手套、防护帽、毛巾、口罩、肥皂等；库房用品：铁皮箱、标本架、箩筐等。如有条件在工地修复器物的话，还应准备石膏、黏合剂以及修复工具。

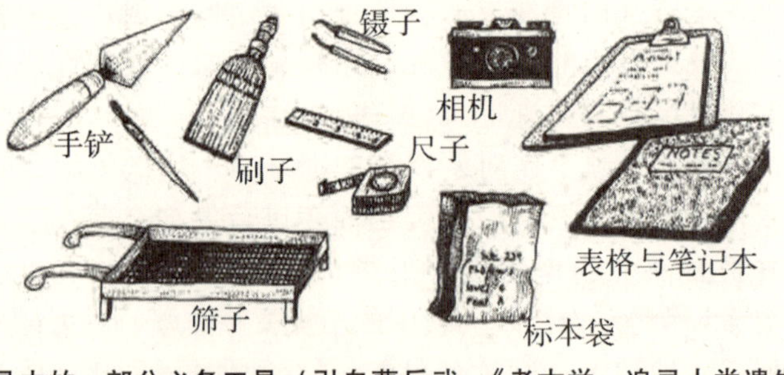

众多考古工具中的一部分必备工具（引自曹兵武：《考古学：追寻人类遗失的过去》，学苑出版社，2004 年）

发掘时所需雇用的民工，大都是从遗址附近的村民中招收，力求招收那些有一定文化基础的青年，以便更好地配合发掘工作。发掘工地的人员，除民工以外，都在伙房就餐。发掘队如没有在附近搭伙的伙房，需独立起伙，则要筹备伙房和炊具。

发掘前准备工作细致而琐碎，但事事都必须考虑周到，尽量把发掘期间所需用品准备齐全，这对保证顺利、圆满地完成发掘任务是很重要的。

（二）考古发掘的原则和步骤

有人说许多学科可以自学成才，而考古这门学问光靠自学则不行，尤其是考古发掘是一门地道的技术性学问，非经过专门训练不可，否则就不能达到考古发掘的预期效果。不够科学的考古发掘不但对古代遗存达不到积极保护的目的，反而会对古代遗存造成破坏。

1 考古发掘的原则

一项科学的考古发掘，必须严格地按照考古发掘的原则进行，具体来说，包括以下八个方面：①按照正方向统一布方，或按地形特征分区布方，用探方法和探沟法进行发掘；②按照土质、土色的不同和出土物的时代特征及时地划分文化层和确定遗迹现象的范围；③按照文化层的叠压和遗迹打破关系，先清理年代较晚的，后清理年代较早的，直到清理至生土为止；④尽量保证遗迹特别是重要遗迹的完整；⑤按最小发掘单位收取出土物，最小发掘单位还可分出不同阶段的，出土物也应分别收取；⑥及时做好各种记录（包括文字、表格、绘图、照相记录）；⑦科学收取测定年代和化验用的各类标本；⑧妥善保管出土物和档案资料。对于每一次发掘来说，如果对文化层的划分是正确的、及时的，各遗迹的层次关系清楚无误，这就为整个发掘工作打下良好的基础，也为做好其他各项工作提供了基本条件。反之，如果对地层的划分混乱，那么遗迹的层位关系必然不清，出土物也就失去研究价值，这就会导致发掘的失败，这是不允许，也是不可原谅的。以上这些原则归根到底都是为了保证尽可能准确地和完整地获取土层中包含的古代信息，以便为接下来的研究工作服务。对于任何人来说，理解这些原则要求并不困难，但是，关键的问题是这些原则的实施，要建立在正确判断的基础上。在考古发掘实践中，真正做到随时都能作出正确判断是很不容易的，特别是对于初次参加发掘的人员就更加困难。因而进行一项科学的考古发掘，不仅要理解、掌握田野考古发掘的原则，还必须认真学习和了解考古界的新理论和方法，用来指导发掘，培养对工作、对事业高度的责任心，在实践中不断丰富经验，总结和提高业务水平。

2. 考古发掘的步骤

另外，科学的考古发掘还应按照一般的程序进行，有规矩可依，有一般的共同的步骤实施，以免造成考古工作的混乱。这个一般的过程为布方、铲除耕土、按文化层的叠压和遗迹的打破关系逐层清理、统一地层、清理预留部分、完成各种记录。

（1）布方。

考古遗址点虽然已经确定，但根据工作进程和解决问题的不同，发掘的具体地点也会不同，具体在哪个地点发掘，怎样框定范围就成为首先要面对的问题。在我国，框定发掘地点现在最普遍使用的是两种方法：探方隔梁发掘法和适合土墩墓（指有封土堆的墓葬）发掘的探方对角发掘法。

探方隔梁发掘法是指把发掘区划分为若干相等的正方格，依方格为单位，分工发掘，这些正方格叫“探方”。标准探方是5米×5米的，还有在标准探方基础上延伸的探方，比如对于地层简单又以大型建筑为主，或者没有文化层的单纯墓地，可用10米×10米的大探方进行发掘；对于旧石器时代遗址，由于其深度较深，工作更为细致，则较多采用1米×1米小探方发掘法；而对于以试掘和解剖为目的的小面积发掘或以寻求某类遗迹（比如墓葬）为目的的发掘则使用长方格的“探方”，这种长方格探方俗称“探沟”。它的优点在于可以随意挑选空间和尺寸，以可以达到预设的目的为准。以上每种探方都有相同的组成部分，只是所使用的场合和达到的目的不同，具体要求也不尽相同，我们选择最为标准和要求最为严格的5米×5米探方为例进行说明。

每个探方都是一个发掘单位。发掘时，每个探方先要在其东、北两边各留出一米宽的隔梁，分别叫做东隔梁和北隔梁，对隔梁部分开始时暂不进行发掘，其目的是为控制剖面，也便于发掘期间的运土和通行，5米×5米的探方，实际上最初发掘的部分只有4米×4米。每个探方的地表西南角为探方基点，即零点，探方的南边缘为x轴，西边缘为y轴。测量和绘图时，以此为标准。探方东北隅1平方米的位置，即两条隔梁的交汇处，一般都不发掘，我们习惯上称为“关键柱”，是检查地层的最后依据。在发掘过程中，特别是堆积较深的探方，往往在每个探方的一角（除西南角外，因为西南角是一切测量的出发点）逐渐留出台阶，供发掘人员上下方便，在同一个发掘区内台阶的位置尽

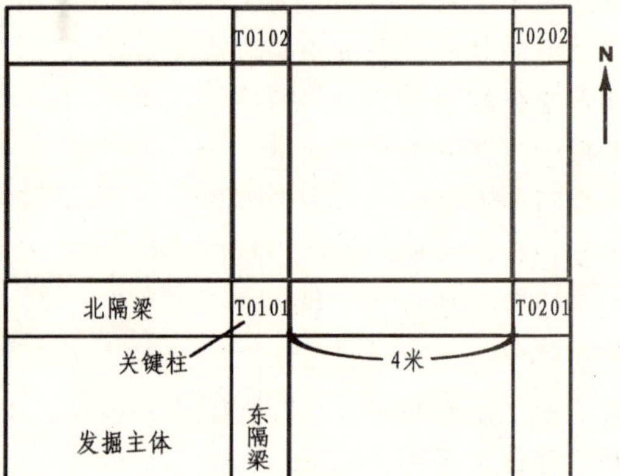

探方示意

量统一为好，看上去整齐划一，也很规整。另外，探方是采用横纵坐标编号的方式，比如“T0102”中的“T”代表探方，01 代表横坐标，02 代表纵坐标，坐标系的原点是经过考古调查、钻探和研究工作所确定的遗址最大范围的西南角，以此点为原点，使得以后对该遗址的每次发掘探方的编号都将“有制可依”，从而使得每件出土物都有坐标可依。探方隔梁发掘法适用于层位关系复杂的堆积发掘，是我国考古界使用最为普遍的方法。

探方对角发掘法是以十字形布四个大探方。探方按对角方式划分两组，先发掘一组，绘出四壁剖面图，发掘完后再发掘另一组探方。这样做的好处是可以在弄清一定范围内的地层堆积、文化性质之前尽可能保持相对完整的整体，从而可以保证在第二组的发掘过程中有的放矢。近年来对于大型土冢封土堆的发掘大都采用这种方式，挖完对顶角的第一组两个探方，就得到封土堆的纵横剖面，并可以基本判断土堆的堆积过程。

（2）按文化层的叠压和遗迹的打破关系逐层清理。

在田野考古工作中，挖掘堆积揭露遗迹的行为被习称为“清理”，挖掘也被称为“发掘”，发掘原则是先清理晚的，后清理早的，按原貌揭露。地层一般分为两种，一种是没有人类活动过的地层；另一种是经过人类活动过的地层，我们称之为“文化层”。前者可以分布在各文化层之间，考古学上称为因自然而形成的“间歇层”；也可以分布在所有文化层的最底部，称为“生土层”。文化层也可以分为两种，一是未经自然或人为破坏过的文化层，称为“原生文化层”；二是被自然或人为破坏过的地层，考古学上称为“扰乱文化层”。考古工作者对探方的发掘过程就是基于以上的认知而逐步展开的，其目的就是还原各文化层的堆积过程和各文化层的遗迹现象的原貌。考古发掘中最先面对的就是耕土层。耕土层是近现代的人们进行耕作的土层，主要包含物为植物根茎和腐殖质以及大量近现代的遗物，同时也含有因为深耕而翻出的下层的包含物。因此，对于耕土层的彻底清理和包含物的认知，是保证考古发掘成功进行的第一步。接下来的任何一层文化层我们都可以看作是不同时期形成的耕土层，只是内涵和复杂程度不同而已。在各文化层的层面上，会有不同时期的人类活

探方对角发掘法

动遗迹，比如房子、墓葬、灰坑、窖穴、水井等，某些遗迹之间也可能存在着互相叠压或打破的关系，弄清各文化层的堆积过程和各遗迹现象之间的关系，并且按照先清理晚期堆积再清理早期堆积的程序进行发掘，是保证发掘科学性的基础，只有弄清了各层次的堆积过程，分辨出不同的遗迹以及它们之间的关系，我们才能获得古代人们生活的真实场景和时代明确的遗物。

需要注意的是，考古发掘虽然运用地层学来分析遗址的埋藏规律和特点，但是考古学的地层要比地质学的地层来得复杂。人类的行为和活动对地层堆积的影响非常大，特别是在那些被反复或长期栖居的遗址上，后来者的活动会严重影响原来遗址建筑、器物、遗迹以及其他遗存的埋藏条件。比如，一处村落被夷平，然后新来的居民又在此居住，他们会在原来的房基上挖掘新的房基，甚至利用原来的建筑材料修建自己的房屋。柱洞、窖穴或墓葬都会深入原来的老地层中，打破原来的地层关系，扰乱埋藏的遗物。

观察遗址的地层关系的目的是了解遗址的形成过程并分辨人类的活动，由于各种埋藏后的扰动会影响遗址的堆积，因此分析各种现象是考古学家进行纠偏、排除各种干扰、准确重建遗址中人类各种活动必不可少的前提。地层学的观察包括这几个方面：①了解人类在不同时期在遗址中的活动，并注意后期活动对前期活动和居住遗迹的影响；②了解遗址被废弃后的改造和人类活动，比如河流侵蚀和冲刷、人类的农耕和工业活动对遗址的破坏；③史前人类居住阶段自然沉积和侵蚀的动力过程，如北京猿人遗址经历了长期的自然和人为堆积过程，洞顶和洞壁多次发生大规模的坍塌，洞外也有流水将泥沙灌入洞中；④遗址被废弃后自然动力对遗址的改造，比如三峡地区的许多遗址受到雨水和长江洪水的侵蚀，发生很大的改观，今天我们观察和发掘的遗址只是原先遗址的一小部分，大部分江边阶地已被江水侵蚀。这样的破坏对于我们了解过去造成了很大的困难。

那么，我们应该怎样去划分地层和遗迹呢？

首先可以从堆积的质地、颜色和形状来划分。发掘时，地层和遗迹堆积是以它特定的质地、颜色、形状和位置展现在发掘者面前的。发掘者通过对其质地、颜色的辨别认定，可以确定其形状，把它从其他的堆积中区分出来。通过对它的形状和位置的考察便可以确定它所处的层位状态。

质料不同的堆积，容易区分，如石头房子被土掩埋，就容易辨识出来；质料相近或相同的堆积则较难区分，如积石墓中墓与墓的区分，贝丘遗址中的墓葬与贝层的区分，灰土遗址中的地层与灰坑的区分都较困难。

一般说来，考察土质是从以下几方面进行：质地的密度（是疏松还是紧密）、质地的硬度（是软还是硬）、质地的成分（是沙性土、黏性土，还是炭灰土)、质地的结构（是颗粒状还是团块状；是长条形。还是圆形；呈什么方向排列，夹杂物是多还是少；夹杂的是炭粒还是红烧土块）、小夹层的分布走向。有些特定的遗迹土，如夯土、路土、土坯、草拌泥土、沙泥土、居住面，需要在实际发掘中获得切实的感性认识，才能准确识别。

堆积的颜色受客观条件影响较大。观察者要多变换观察的方向、距离和角度。光线的强弱和照射角度，也会影响对堆积的颜色的观察。最理想的光线条件是薄阴天，或云遮日。土质的湿度不同，色泽也不一样。必要时，可喷水湿润观察面，以加大不同堆积的颜色差别。

土质土色的分析必须和形状的分析结合起来综合考虑。土质土色相同的两块土，若各自单独构成独立遗迹的形状，就不能归入同一个遗迹。较大遗迹内的土质往往不一致，房子内堆积土和灰坑内堆积的土，是由多种土堆积而成。有的遗迹分布范围很大，仅从一个探方内的局部现象看不出其总体形状，这就需要把几个相关探方出现的现象综合起来考虑，相邻探方要相互参照。

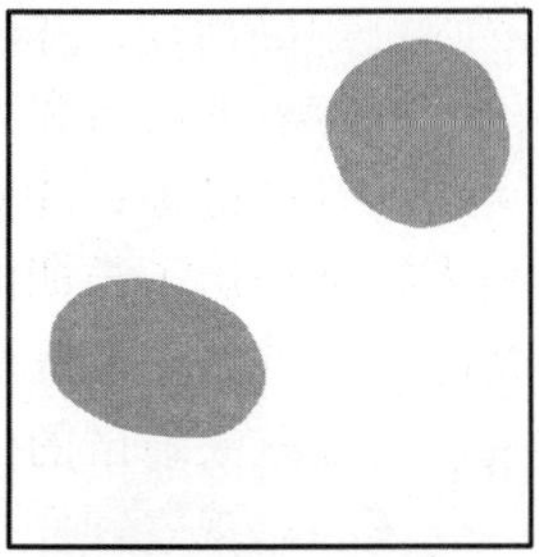

同样的土质土色属于不同的遗迹平面示意图

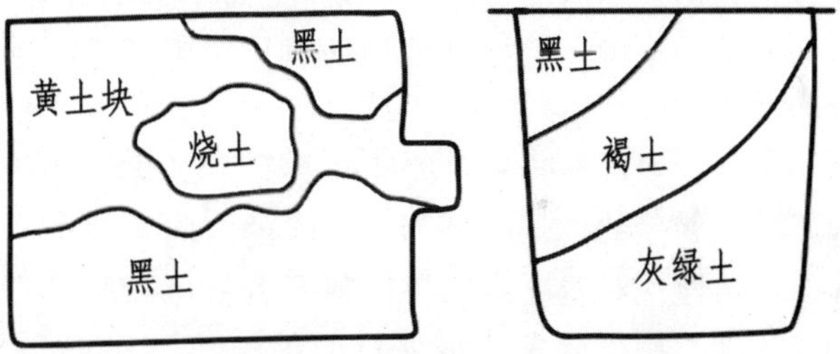

由多种土堆积而成的房子和灰坑平剖面示意图

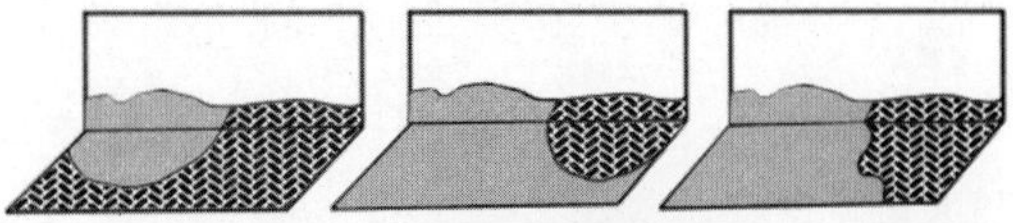

剖面相同平面不同

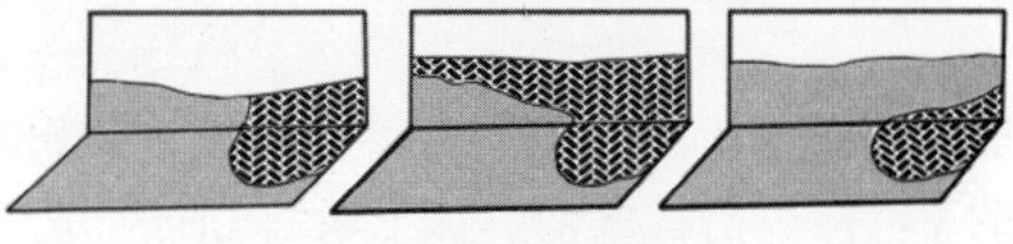

平面相同剖面不同

其次平剖面相结合是获得不同地层和遗迹判断的主要手段。以上的例子都是在对上层堆积彻底清理完毕后所显示的下层堆积情况，而当上层堆积还没有完全清理完毕，只是显露出部分的下层堆积时，就不能完全靠形状来判断了。由于各堆积的形状是逐渐显露出来的，所以要不断地进行判断，并适时改正不合适的判断。在刮平面或刮剖面和发掘过程中所显露出的各种迹象叫做“现象”，对这些“现象”进行观察、分析叫做“观察现象”和“分析现象”。有些“现象”在平面上明显，有的则在剖面上明显。在观察和分析“现象”时，不能仅注意平面，不注意剖面，或仅注意剖面而忽视平面上的区分。由于平面现象与剖面现象在客观上永远是对应的，平面上的堆积分界线与剖面上的堆积分界线总是连续相接的，因此，我们可以根据平面上的现象找出剖面上相应的现象，根据平面上的“线条”找出剖面与之连续相接的“线条”。反之亦然。这里所谓的平面，是指水平面，剖面是指垂直于平面的竖面。探方平面是指探方的底面，探方的剖面是指探方四壁的壁面。有些堆积在平面上显露出相同的形状，在剖面上却不同；而有些堆积在剖面上形状相同，在平面上却不同，必须综合分析。

再次，出土遗物能引导发掘者区分遗迹和地层。出现特殊遗物，可能有遗迹。如发现人骨，可能该处有墓；发现完整动物骨架，可能有灰坑。遗物集中出土处可能有遗迹，这是因为遗迹内的大件陶器容易保留下来，而地层往往是人们长期活动形成的，完整器难以保存下来。出土器物的组合、纹饰、陶系发生变化时，可能是堆积的时代发生了变化。要边发掘边观察陶片等遗物的变化。

最后，发掘经验和对遗址的熟悉程度也影响判断质量。经验多、思路宽，判断的准确性就大，这是不言而喻的。同一遗址中的同一文化的遗迹具有很强的一致性，对遗址遗迹特征熟悉者就可以凭借已露出的某些遗迹堆积特征和遗迹细节特征启发或加强自己的判断。为了增加对发掘对象的经验认识，在正式发掘前应进行试掘，在正式发掘过程中发掘者还要关心其他探方的地层遗迹现象。这样，其他探方已出现过的遗迹现象，在本探方再次出现时就能及时捕捉住，也能增强判断的勇气。由多人清理的遗迹要互通信息，交流经验。

(3) 统一地层，将整个发掘区看作一个整体，统一在共同的时间轴内。

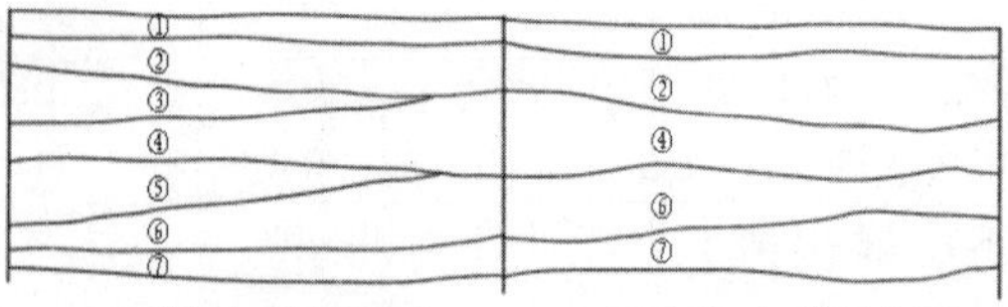

层位完整的探方　　层位不完整的探方

在某一个遗址中，由于各个发掘单位所处的位置不同，因而地层堆积数量也不同。发掘初期，为了方便各单位的发掘，往往是各个不同的发掘单位单独为本单位的地层编号；而发掘的后期，这种单独编号就面临着相同时代的层号不统一，通层不方便，整理材料和研究都不方便的问题。因此，为了在统一的时空范围内对遗址进行综合性的分析和研究，统一地层序号是必须的。比如经初步发掘和研究，某个遗址总体上可以分为七层，其中有的探方缺失其中几层，使得总层数不够七层，而在该探方的记录中，仍然使用七层编号法，只是其中缺失的层次不作叙述而已。

（4）清理预留部分。

预留部分是指为了对发掘过程的控制和检验发掘结果的科学性以及为了发掘的方便而预先保留下的部分，这在上面的布方叙述中我们已经谈到，这一部分主要包括隔梁和关键柱以及在发掘过程中刻意留下而暂不发掘的部分。

发掘隔梁和关键柱又被称为打隔梁、打关键柱。打隔梁具有重要作用，首先是能通层。在发掘主体部分时，各探方掘坑被隔梁分隔，层位线也被隔梁隔断，不能通连。打掉隔梁，会使各探方层位线相互接通。一个探方内的遗迹是被地层串联起来的，当各探方地层接通后，整个发掘区的遗迹也就被串联起来。其次打隔梁能检验探方主体部分发掘结果。隔梁面积小，两侧有剖面供观察。加之发掘者对堆积情况有了相当了解，因此能够准确区分各层次堆积，精确地把握出土物的归属，所以，探方主体部分发掘到的地层和遗迹是否区分得准确，是否存在错划遗迹和地层，就可以得到检验和纠正。再次，隔梁内也有遗迹和遗物。有的遗迹的一部分伸入隔梁之内，有的遗迹全部压在隔梁下，不发掘隔梁是不能全部揭露或发现遗迹的。

发掘隔梁，必须认真仔细进行。不能只重视通层，或只掏取重要遗物，或只重点发掘某一个遗迹，而对其他工作草草了事。

发掘之前，要画好隔梁两侧剖面，以及与之相关的各剖面图。

发掘时，每做完一个地层或遗迹都要在原图上补全图（包括探方剖面图、分层图和遗迹平面剖面图）。所出遗物要与探方主体部分所出遗物分开放置，标签上应注明隔梁内所出。隔梁两端是关键柱的壁面，其上要及时划出地层和遗迹线。如果两个探方壁的层位线不能接上，就要双方负责人共同寻找原因，改正错误。

对图是发掘隔梁时的一项重要工作，对图能发现一些错误，在现场能得到及时纠正。相关的两个探方的剖面图拼接后，各层次的线端头应该吻合相接。

关键柱的四个壁面反映了四个探方层次叠压打破关系和相互层次的对应关系。如果关键柱不发掘也能了解到遗存布局时，关键柱则保留下不发掘，以备将来需要时复查现场，或补充采样。保留下的关键柱，其四个壁面要划清地层和遗迹，并写上地层号和遗迹号。最后用挖出的土回填，以防倒塌。

（5）完成各种记录。

记录是野外工作必不可少的重要内容，它是室内整理、编写报告、供他人研究的最原始资料。遗存的客观特征是多方面的，遗存与遗存之间的关系也是多线条的。哪些方面没有作记录，就不能开展哪些方面的研究。在工作中提倡多侧面、多角度的记录。记录应力求准确可靠，离开现场凭印象追记，明显不如现场记录准确可靠，而一旦发生漏记，事后追记也总比不记好。

记录手段是多样的，主要有文字记述、绘图、摄影、摄像、拓印、制作模型等。其中前三种为三大记录手段。它们各有所长，要灵活使用，相互配合，以达到全面准确记录的目的。

记录资料是由档案袋分装存档的。档案袋共有两种，分别为探方档案袋和遗迹档案袋，每一个探方和遗迹都有一个独立的档案袋。前者内容有探方的工作日记本、探方发掘记录、探方图（平面图、剖面图等）、探方小件登记表、器型纹饰统计表、器物标本卡片、拓片、照片等。后者包含内容有遗迹发掘记录、遗迹图（平剖面图等）、遗迹小件登记表、器型纹饰统计表、器物标本卡片、拓片、照片等，档案袋的封皮上写清所装各类资料的份数或页数。

随着电脑在考古工作中的应用和普及，工地的各种记录已要求输入电脑进行储存，这将会大大方便对于资料的整理和研究工作的开展。

首先是发掘工作日记。工地发掘工作总日记是由发掘工地总负责人记录。主要内容有遗址所在地的准确地理位置，地形特点，参加工作人员，工作计划的设想和安排实施，遗址、发掘区、探方、遗迹、遗物的编号方法；选择布方位置的示意图，重要层位关系、重要遗迹、重要遗物、重要遗存组合关系的发现和处理，疑难问题、发掘没有做好的一些情况也要记下，以便整理时参考。

探方发掘工作日记是由探方发掘负责人写。主要内容有探方的编号、位置，发掘负责人，日期，天气，参加民工人数，工作次序，地层和遗迹的发现和确定经过，观察结果（如分布范围、土质土色、结构形状），重要遗物的发现和起取，存在的问题。另外设专页登记探方的遗迹编号和小件编号，工地未给编号的遗迹可设临时号。

文字描述是日记的主要形式。由于地层和遗迹很快就被挖掉，且许多迹象和遗物受到外界影响（风吹、干燥、雨淋）很快会发生变化，因此，及时记录刚发现时观察到的面貌和种种细节是非常必要的。字迹清楚易识，语言不能过分简化，要为别人查看方便着想。

日记中利用示意图或标有数据的草图帮助记录发掘迹象（如地层分布范围、不明的遗迹现象、遗迹和遗物的形状位置、叠压打破关系等）是日记记录中的重要部分，单纯的文字记录往往表达不清楚，也不便于查阅。

其次是探方发掘记录。这里所说的探方发掘记录是专指探方发掘完后写出的总结发掘全面情况的文字记录。这个总结性的探方发掘记录是写在印制好的发掘记录册上。用复写纸复写，一式两份。一个探方的发掘记录写完后，撕下一份装入探方记录档案袋内，留下一份在底册上。为便于查找，底册和底册页数都要连续编号。

探方发掘记录是根据探方发掘工作日记、探方图、遗物和发掘者的记忆写出的。在写之前要核对各种原始资料，发现问题要及时解决，必要时要到工地现场复查未掘部分所留下的线索。每一个探方发掘完，必须尽快写出发掘记录，未写完之前不要转移工作地点。

为了便于整理时能迅速查检到所需部分，各探方的发掘记录格式应尽量统一，条目清楚，条目内容与条目相符，不能混乱串项，记录要字迹工整，用词要准确贴切，文字描述、数据和绘图相符合。

由于每个遗迹都有遗迹记录，在探方记录中就可不写遗迹的形状、尺寸、堆积和发掘经过，但要交代清楚有哪些遗迹和层位关系。

再次是遗迹发掘记录。遗迹发掘记录的基本要求与探方发掘记录相同。每个工地给予编号的遗迹单位都要写出单独的发掘记录。各种类型的遗迹发掘记录写法大体相似，主要包括遗迹位置、绘图资料介绍、发掘经过、层位关系、形状与结构、堆积及包含物、用途推测、年代推断等内容。

然后是各种图，主要是平面图和剖面图。图的绘制一定要讲究科学性，尺寸、走向趋势一定要与实际情况吻合，不能生搬硬套、胡乱勾连，更不能闭门造车。

最后是小件登记表。探方地层中和遗迹中出土的相对完整和较为重要的器物标本都要进行详细的登记，登记内容包括具体的层位、坐标、尺寸和完残情况，并在以后的整理阶段绘制标准的器物图和制作器物卡片。

三、考古资料的整理

室内整理是田野考古的后期工作，它是指在野外工作收集到的实物资料和记录资料被运回到发掘队营地或工作站之后，在编写发掘报告之前，对遗存所作的各种处理、鉴定、记录和分析研究。此后的工作是把记录资料和研究成果以报告的形式发表出来，把实物资料交给收藏单位。

最低限度的整理包括对调查发掘品的必要处理和初步分类。高质量的整理还要对遗存进行各种鉴定、检测、分析，进行编年、文化判断、模拟实验等等专题研究，切不可把整理简单视为刻板的技术处理和琐碎事务。

整理时先浏览核对各种发掘记录（包括图像资料），如果整理的不是亲自发掘的资料，就更需要熟悉遗存堆积状况和调查发掘过程。在整理过程中，也要经常查阅和核对各种原始资料。

整理工作的目的与任务可以归纳为三点：①为了保管收藏，对遗物进行必要的保护性处理。②为了开展研究、向公众宣传和防止实物损坏散失后失去科学价值，把实物资料转化成记录资料。为此，一方面要尽可能详细了解单个遗存的各方面客观属性，另一方面要尽量弄清诸遗存之间的纵向关系（时代早晚、渊源关系等）和横向关系（空间分布、有机联系等），这是开展其他研究的基础。③为编写田野报告做好各种准备，对实物和记录进行系统的画图、拍照、分类和检测分析。

一部分整理工作可以在野外的发掘营地和调查工作站进行。现场整理所获认识能及时在田野工作中验证并对田野工作有指导意义，在有条件情况下应予提倡。但整理工作量往往很大，调查和发掘结束后还要延续很长时间，形成一个独立的室内整理阶段。

如果在现场整理中发现原始记录有错漏或疑问，可以及时设法补正。但若已经找不到现场实际根据，或是在后来的整理才发现问题，绝不可改动原始记录，应写出一份整理补记，写明发现的问题和整理者的判断及根据，附入发掘记录的档案袋内，以备查考。

规模大时间长的整理工作，至少负责人应有工作日记，记录整理工作的分工和进展情况，遗迹观察、分析、研究的重要收获，发现的问题等。

除技术性工作外，还要注意库房管理。遗物交到库房后，库房管理员要当面点清和查验遗物，做好登记。发现不合格标签，应改填好再接收。小件器物逐件登记在《器物标本登记册》上。

随着电脑在考古工作中的普及，田野工作期间和室内整理期间获得的各种文字、数据、表格、图、图像资料都要输入电脑，建立数据库，为查询、研究、编写报告提供方便。

另外，需要注意的是，资料的整理是以发掘现场和出土遗物为依据的，我们除充分重视在发掘现场进行整理的必要性，也应该把出土的遗物保护好，防止丢失和自然损坏，更重要的是要把每件遗物的标签填写好，保存好，不能混淆，否则丢失标签的出土物将会失去价值，造成不可挽回的损失。同时，因为对出土遗物要经常提用、研究，必须要考虑提取的方便，最好是使用遗物架和柜。

对考古资料的整理内容主要是对发现材料的整理，可以分为以下几个部分：

（一）对遗物的保护和修复

其具体步骤为清污（去锈）—拼对—修复—挑标本—写号—填写小件器物登记表。

对出土遗物的保护和修复是一项复杂的工作，首先是遗物的质地差别较大，其次保护的手段也多种多样。在基础整理阶段，我们的目的是在初步保护的前提下对遗物进行观察和记录，因此，最重要的保护是清洗、去污，并防止出土后的二次损害。在地下真空环境下保存长久的遗物一见到空气和阳光往往会迅速变质变色，这是因为它们受到了空气中有机物的侵蚀而发生了化学反应，因此，继续保持出土物原来的环境尤为重要，比如金属器往往需要干燥真空的环境，有机质的丝绸、竹木、纸张、漆器等则需要潮湿的环境并逐渐置换其中的水分。遗物黏有泥土不利于观察和修复，需要清除。但是最新的科技分析手段能从石器、陶器等表面和胎体提取在器物表面的血液、脂肪酸、淀粉等残留物，通过对这些残留物的研究分析，可以获取很重要的信息。所以，在发掘中应该注意观察或用显微镜观察器物表面有没有残留物，选择有代表性的器物及时装入塑料袋中，不要清洗去土。去土的最常用方法是刷洗。洗之前要检查遗物，把不宜洗的或不可以去掉泥土的遗物挑选出来，例如表面黏附籽种的器物、骨器、有彩绘的器物可做黏着物检测分析的遗物，有墨书文字的器物等，特别重要的器物应交给有关专家清理。需要刷洗的器物也要根据遗物本身情况分类采用不同方法刷洗。泥器只能用毛刷干刷，不能水洗。彩绘陶、低温陶、骨器可用沾刷方法，即用毛笔沾水或沾酒精逐块刷洗。彩色图案清洗出一道彩就用三甲树脂胶或清漆涂在表面上进行加固，空白处再用水洗，沾刷后不要曝晒。质料好的石器、瓷片、陶片、金属器可以在水中泡刷，但不可泡太久。断茬、纹痕都要把土刷净。有些不宜洗的重要迹象是在刷洗过程中被发现的，雇工刷时必须由熟悉业务的人在现场指导和巡视。标签要保管好，不可混乱。铜铁器长期埋在地下会生锈。锈层掩盖了器物花纹、铭文或镶嵌物，影响观察和研究，需要去锈。有的锈仍在锈蚀器体，需要去除和封闭保护。不影响观察、不再锈蚀器体的锈可不去除。对于因去锈可能会破坏器物的锈则不能去锈，或局部去锈，尽量减少对文物本体的破坏。

原本为一体的物体，被外力分成几部分，按照原来样子将几部分拼合在一起的工作就是拼对。把碎块拼对起来，可以得到较大块的遗物标本；把大块拼起来，可以得到能复原的遗物标本，这是修复的必要工作。拼对除了为修复服务外，还有其他重要作用。如把石片与石核拼对起来，可以了解石器的剥片技术和石片被携带的距离。把一件铸件与铸范拼对起来，能够了解铸造工艺以及与产品的质量关系。拼对工作做得越彻底，数据统计的可靠性就越强。如果十块陶器罐的残片经拼对后实为一件，那么统计罐的数量时就只能为一个，而不是十个。另外，在实际工作中，有两个灰坑，甚至相距较远的灰坑的陶片能拼对为一器的现象，有两个墓坑的出土残器能拼为一体的现象，这对判断它们的关系具有重要的价值。各类器物、骨骼化石、破碎文书都需要拼对。为了在发掘时不漏掉属于同一个体上的碎片，对重要遗物最好在田野发掘现场就特意收集在一起，以便拼对和修复。

修复完成的器物

经拼对后的器物需要修复，如果陶器器形相对完整，即从口到底可以连贯，那么缺失部分即可以用石膏等材料予以填补，使其成为一个完整的器形。金属器则需要专门人员进行除锈、整形、修补等。

下一步就是挑选标本。每次考古发掘出土的遗物碎片成千上万，我们要保证发掘过程中不遗漏任何一片碎片，但是不可能全部碎片都最终能用于科学研究和整理报告，这就需要我们挑选出必要的、将来整理和编写报告能用得上的遗物，并且尽量多选。具体有以下几类：

（1）整器、接近完整器、重要的残破器都是标本。

（2）每一个最小分类单位中都要选出有代表性的各类标本。

（3）不同制法、不同纹饰都要选出各自的代表作为标本。

（4）陶片中的口沿、底足、有特征的腹片和耳等附件可作为器形标本。

写号又称写字，用以上方法挑选出的标本将作为文物永久保存，为了防止遗物出土单位和编号混乱，在遗物上用笔写上器物号，包括年份、遗址、单位、编号。写号部位选择在不显眼的暗处，字迹要工整小巧。特别是细小的遗物，无法把字号写在遗物上，就要把写上字号的标签系在遗物上。为了不使字脱落模糊，可在字迹干后在上面刷一层清漆。

以上工序完成后，即对挑选出的标本进行登记造册，填写标本器物登记表。

（二）对遗物的记录和统计

具体内容有：对挑出的小件和标本进行绘图；制作标本卡片；对器型纹饰进行统计等。

考古绘图是一项严谨科学的工作，有一套严格的方式方法，基本要求是要符合器物的实际情况，尺寸、纹饰、制作痕迹、凹凸起伏等都要如实表现，并且在绘图之前要对器物进行仔细的观察，不能有所遗漏，更不能胡乱猜测。标本卡片是每件标本的“身份证”，内容包括对器物的器形、纹饰、陶质、陶色、制作方法、尺寸、重量、质地、器物号、完残情况等的描述，还有所绘的该器物线图。卡片上的文字描述部分一定要与线图所表现出的特征吻合，能相互验证。做卡片的过程是对器物逐件全面观察、仔细琢磨的过程，是一个重要的认识过程。认识的深浅决定了卡片科学价值的高低，而卡片的质量则直接影响到后期的整理、报告和研究的水平。

对器型纹饰进行统计是将各类遗物根据统计学的原理进行量化，以便于在横向和纵向上进行比较研究。

（三）对遗物进行鉴定和检测

由于考古遗存包罗万象，能开展的课题很多，比如模拟考古、民族考古、科技考古、美术考古、人口考古、环境考古、盐业考古、灾难考古、景观考古、音乐考古等。整理阶段的主要任务是尽可能为各个方面提供研究素材，但并不是不求重点地面面俱到，这要求报告整理者一定要对遗存作全面透彻研究，得出比较切合实际的信息，明确认识所面对的遗存可供哪些方面的研究使用。对遗物进行鉴定和检测就是近些年面对这些新兴的边缘学科而兴起并广泛开展的，这一方面开拓了考古学研究的领域，另一方面深化了考古学研究的深度，提高了考古学研究的水平，使我们对古代人类有更细致、更准确、更全面的了解。根据现代考古学的认知，这些鉴定和检测项目一般包括以下方面：

（1）人骨鉴定：对骨骼形态的目测观察和测量分析，可以鉴定性别、年龄、种族、人工变形、疾病、伤痕。这不仅为研究人类体质的变化发展提供科学资料，而且能为社会两性分工、家庭形态、风俗习惯、社会历史事件、人种构成等方面研究提供参考依据。测定人骨中碳的稳定同位素^{13}C值，可以确定古人食谱，研究古人摄食对象，从而研究摄食习惯改变的原因、时代，研究不同阶层食谱差异和男女老幼食谱差异，分析是否出现了新农作物。另外，对人骨材料的DNA分析鉴定能揭示遗传信息，准确鉴别亲属关系，所以在考古学的研究中具有广阔的前景。

（2）兽骨鉴定：对骨骼形态的观察测量，可以鉴定种属、年龄、性别、疾病、个体数。作百分比统计，可以分析家畜饲养业、越冬畜群大小、屠宰牲畜的模式、狩猎季节。对狩猎对象、动物群的分析可以判断当时的自然环境、地质年代。骨骼微痕鉴定，可以确认哪些是食肉动物啃咬痕，哪些是工具刮砍痕，哪些是人工加工痕迹，还能分析动物死亡原因、石器的使用方法等。氧同位素质谱分析，能推测当时的生态环境。碳同位素质谱分析，能推测动物食谱、摄食习性、驯养饲料。可以估算体重与肉食量，动物骨骼重量约占体重的7%～7.7%，动物的纯肉量约占体重的50%，而猪、熊的肉量为体重的75%。动物身体各部分骨头所附着的肌肉多少不均，在统计时要考虑到这些因素。通过对死亡季节的鉴定，能分析遗址被占用的时间。用显微镜、正交偏光显微镜、X射线衍射仪直接观察骨头切片的物理结构，利用电子吸收分光度计测量骨头的化学成分，可以研究家畜与野生种的差别和联系家畜的起源与发展。

（3）植物鉴定：对古代存在的植物品种的鉴定对了解当时的生态环境、农作物的起源发展、生产方式等有重要意义。果实籽种、根茎、杆、叶的实物标本、碳化标本、印痕标本可以直接目测或镜检其固有的外在形态，确定是何植物，是否为栽培种。已经腐朽到不能看出外在形态的标本、朽灰、烧灰、泥土可以用灰像法鉴定植物的二氧化硅骨架（称为植硅石或植物硅酸体），再确定其种属。由于灰像法不受标本保存状况的限制，它对确定窖穴和器皿的功用有重要作用，能获得大量的关于栽培作物起源的资料。对泥土、灰烬等土样可以做孢子花粉分析，鉴定当时的植被类型和作物品种。对兽骨和人骨的食谱鉴定，也可以获得当时植被的间接资料。

（4）年代测定：测定遗存本身的绝对年代，为考古研究和其他学科对古代的研究提供了可靠的绝对年代参数。目前国际上已有许多种断代技术，它们适用范围各有不同。最精确的是树木年轮断代，可以与日历年相对应，但不能普遍应用。应用最广的是碳十四断代，再次是热释光断代和古地磁断代。现将各断代技术列表如下：

表 1－1　各断代技术测定年代统计表

断代技术	样品物质	测定年代范围
树木年轮	木	1 万年以内
碳－14（^{14}C）	含碳物质（骨、植物、灰、炭等）	5 万年以内
热释光（TL）	陶器、火烧土块、火烧过的大石块	100 万年以内
考古地磁	火烧黏土、陶瓷、砖、炉、瓦	1 万年以内
钾—氩法（K－Ar）	火成岩	10 万年以上
裂变径迹法（FT）	火山灰、玻璃、石陶	数千年至数百万年
黑曜岩水合法	黑曜岩制品	几十万年以内
含氟量（F）	骨、牙	数百万年以内
铀系法	骨、牙、贝壳、碳酸盐	数千年至 45 万年
古地磁	黏土	3 万年以上

（5）玉石器鉴定：凭肉眼观察能作出较粗的石料分类鉴定；岩相分析、化学分析、X 射线衍射分析能作出相当精细的石料分类鉴定，并且能得到石料来源何处的坚实证据。玉器、宝石类的石料往往是交换而来，对产地的鉴定有助于研究当时的贸易路线和贸易规模。一般石材的产地分析、质料成分分析，可以研究人们对石料的选择和认识，分析人们经济开发的范围。通过目检或显微镜下观察，对石器、石核、废片作打片、加工、磨损痕迹鉴定，可以获得关于石器制作技术、工艺水平、石器的工作对象、把握或安柄的部位和方式、使用寿命、使用方法的资料。细致的鉴定还能确定制作者的偏手性或个人癖好。国外对石器偏手性鉴定，认为早在 200 万年前已开始出现与现代人类似的右偏手性，从而推测人类大脑的偏重性也在此时出现了。

（6）陶器鉴定：一般的陶器鉴定是由整理者进行目检作出的，鉴定结果往往仁智互见，可靠性差，且仅限于肤浅的层面。由研究陶器制作工艺的专家进行鉴定，除了成型方法鉴定外，还可以对原料制备方法、陶土产地、烧制工艺、烧成温度作出鉴定。此外，用热分析、穆斯堡尔谱分析、岩相分析、化学分析等技术可以对陶器的成分构成、烧成温度、成型工艺做更精细的鉴定。

（7）瓷器、玻璃器、金属器鉴定：这些物品的质料结构是利用显微镜等仪器进行光学观察，而它们的质料成分是利用化学分析法和现代物理分析技术进行鉴定的。特别是现代物理分析技术对样品破坏性小、自动化处理程度高、速度快，已被广泛利用。其中像中子活化分析、X 射线荧光分析等技术基本不破坏样品，属于无损分析。

瓷器和玻璃器主要依靠热分析、穆斯堡尔谱分析、化学分析、中子活化分析、β 反向散射对铅元素的分析等手段，鉴定成分和制造工艺，分析原料产地和产品产地。国产玻璃和进口玻璃的成分不同，我国自产玻璃为铅玻璃体系。

金属制品主要采用金相分析、X 射线荧光分析、原子吸收光谱分析、电子探针显微分析技术，鉴定制品的成分和结构，从而推断金属制品的种类、制造工艺和原料产地。

（8）模糊图像鉴定：尚存隐约可见但模糊不清的铸文和雕刻，可以拍摄出影像负片，再采用高新技术——图像处理技术，使其再现原貌，从而准确地鉴定出图像内容。

（9）乐器测音鉴定：在测音室打奏或吹弹完好的乐器，测试乐器发出的音，便可确定乐器的演奏功能和演奏方法。这是研究音乐史的宝贵资料。

（10）脂肪酸分析：脂肪酸分析是根据残留在土壤中或器物上的微量脂肪酸来确定动物的种类和某些植物的一种新方法。动物的身体、植物的体内多少都含有脂肪酸。脂肪由各种脂肪酸构成，其构成比例因不同种类而有所差异，使用气体色层谱装置分析，就可以了解到这一比例。科学家们发现，即便是千万年以前的动物、植物，死亡后也会残留下微量脂肪，日本已开展了这方面的鉴定研究，并取得了成功。例如日本在宫城县马场坛 A 遗址，从石器及周围土中检测出猛犸象和鹿的脂肪酸。在其他遗址中，发现过铁铠甲内有鹿的脂肪酸，说明衬有鹿皮；在陶器中的灯盘内发现过菜子油、动物油、鱼油；在陶瓮中发现过大豆的脂肪等。

（11）血液残余物分析：这是新兴的遗物表面残余物分析技术，分为两个阶段：第一阶段，检测有无血液。一种方法是用 10～30 倍的显微镜观察器物表面有没有血液残留物。如果观察到有颜色较深的物质，就可能意味着有血液残余。在表面滴 20～50 微毫升的纯净水，浸泡 10 分钟，其间用干净的塑料棒或玻璃棒略加搅拌，使该物质充分溶于水中。用微量移液器吸取 10 微毫升液体，再滴到医用隐血试验带上。试验带如果呈绿色，就是阳性反应，表明有红血球细胞。只要 1 微毫升中有 5 个红血球细胞就能检测出来。第二阶段，把带有血液残余的遗物挑选出来，交给生物化学试验室鉴定血液所属的物种（人或何种动物）。在提取时一定注意避免人的汗液对器物的污染。

（12）淀粉残余分析：观察是否有淀粉存在的方法。将器物表面上的残余物质转移到干净的纱布上，然后滴上碘酊或碘化钾溶液。如果出现紫红色或紫黑色，即表示可能有淀粉存在。

淀粉的密度是1.5～1.6克/立方厘米，大于水，淀粉不溶于冷水，所以可以用沉淀的方法提取淀粉。但是有些种类的淀粉密度小，可悬浮在水中，所以最好的方法是用密度1.8克/立方厘米以上的重液分选。

先用水清洗器物，将含有淀粉的液体沉淀8小时，再用重液分选，提取淀粉。提取石器上的残留淀粉，可以先滴清水于石器表面，再用针管或滴管吸起溶液，使用密度1.8克/立方厘米以上的重液分选淀粉。

鉴定淀粉所属的物种。在400倍的显微镜下观察，根据淀粉的颗粒形态和消光十字的位置确定所属物种。

（13）模拟实验：模拟实验是现代考古学深入理解和认识遗存的重要手段之一，通过模拟实验可以获得一般观察所不能得到的重要信息，通过模拟实验所得出的关于遗存功能、形成过程等结论也比猜想式的结论可靠。

大量的模拟实验是发掘完成后在实验室内进行的，然而有些模拟实验则可以在发掘地进行，现场模拟实验的好处是，可以随时在发掘地及附近寻找到实验所需的材料，可以把模拟结果同现场原型进行对照。

（四）对遗物的分类和分期

即利用考古学上所称的考古类型学方法，对遗存进行分类、分型、分式的研究工作，并建立起一定的演变序列，根据共存器物在演变序列的变化程度，分析文化发展过程中所发生的质与量的变化。关于运用类型学的研究方法对遗物进行分类和分期的工作在以后的章节中会详细介绍。对遗物的分期只是一个相对年代的判断，而判断绝对年代通常有以下几种方法：

（1）利用现代科技测定绝对年代技术进行断代。碳十四的测年技术出现，建立起史前时代考古的编年体系，使其绝对年代的断代走出了主观臆测的阶段。其他断代技术也很重要。在使用这些方法测出的数据时要注意数据的误差和有效范围。同一期遗存要多测几个数据，用统计学原理推断出的年代更为可靠。

（2）利用遗存的纪年断代。如碑、墓志、简牍、器上铭文、建筑材料上的题铭等可以提供绝对年代的纪年资料。但在使用时也要推敲，不可疏忽。如建筑物后来重修了，而碑保留下来，那么碑上纪年不足以断定建筑物的绝对年代。器物上的纪年铭文可以断定器物的时代，但若流传很长时间，就不能准确判断该出土器物的时代。同一年号往往被几个朝代使用，如大宝年号有四个，至元年号有两个等。

（3）利用文献中有关建制、地名、职官、历史事件、人物的记载进行断代。

（4）横向对比断代。把本遗址某期某单位与其他遗址已知绝对年代的材料相对比，特别注重双方共见的形制、相同的遗物或遗迹现象，因为这是时代相同或相近的表现。

（5）利用地质学、古生物学、古气候学断代。

（五）对遗迹的登记和分期

对各类遗迹的分布、同一时期遗迹的共存关系、各类遗迹的分类及其变化过程用绘图和记录的方式进行登记，并根据类型学的方式进行初步研究。各类遗迹的相关信息一定要准确，包括分布位置、尺寸、出土遗物、共存关系、地层关系等，以便能为后来的研究者提供真实的第一手资料。

最后是对遗存文化性质和文化关系的初步分析。通过遗存的类型、分布的密度、质量的高低、遗迹的种类和内涵等内容分析文化的族属、规模、发展阶段等内容，并通过遗存的对比分析其与周边遗址和其他文化的关系等。

1. 文化因素分析

各种考古学文化都是开放的体系，与其他的文化存在着各种联系。一个文化内的不同地点的遗存也不完全一样，有的差别还很大，因此要判定新材料的文化性质并非都是轻而易举的事。既要防止把不属于某一个文化的遗存归入该文化之内，也要防止乱立新名。为了能准确地认清遗存的文化性质和与其他遗存的文化关系，我们常常利用文化因素分析法对遗存进行定性定量分析。

文化因素是考古学文化互相比较时产生的特定概念，它是指一个考古学文化和另外的考古学文化相比较而得到的一组组相同的文化特征或文化特征发展序列。进行文化因素分析时，把要分析的资料，同周围现知的文化进行比较而分组，同 A 文化比较，与 A 相同或有渊源关系的各因素划归为甲组；同 B 文化比较，与 B 相同或有渊源关系的各因素划归为乙组……与其他文化没有共同特征或无渊源关系的各因素单列一组；也可以分为外来组、本地组、外来与本地结合的变异组、不明组等，然后根据需要进行统计比较。如果统计各组占总数的百分比，则可以确定哪一文化因素占主体，得知其文化性质应属于哪一文化。如果统计各期的各组百分比，则可以了解到遗址不同时期各组势力的消长变化。通过文化因素分析，还可使文化与文化、期与期的文化关系变得明朗而具体。

2. 确定文化性质

现今多数地区的文化序列与文化内涵的资料积累已经非常丰富，所以经常是在发掘过程中，已经把部分或全部遗存确定了文化性质。对于发掘过程中不能确定文化性质的遗迹和遗物，要在整理时做文化因素分析来进行确定，文化性质是由遗存中占主导地位的文化因素决定的。分析后仍然不能确定的，则可以不确定，留给研究者解决。

遗存的文化性质和年代确定以后，在文化因素分析的基础上可作些文化内涵、文化渊源、文化交流等问题的探讨。

四、分析研究考古资料，编写报告

每一次考古发掘项目的结束都是以报告发表为标志的，在对发掘成果的整理和初步分析的基础上编写出来的考古报告既是田野工作的休止符，也是田野考古资料得到更广泛研究的新起点。

考古报告的首要性质是它的资料性。其基本功能有两个：第一是对遗存信息的传播功能——通过报告的公开发行，使这些资料及初步认识，为世人所知所用；第二是遗存信息的储存功能——以文字和图片的形式把整理后的田野考古资料永久地储存起来。考古报告第一个功能发生过重要的变化，20世纪90年代中期以前的报告多注重研究结果的公布，而材料的公布量完全是基于报告编写者的取舍，由于当时的认识水平和科技水平较低，加上受报告编写者自身能力所限，见仁见智，有时候大量的原始信息即在这种取舍中永久丧失，同时已公布的信息也由于编写者的需要而被分割得支离破碎。随着新的考古学理论和方法的出现，人们对古代社会认识的深度和广度也得到延伸，由于原始资料的不完整，这些报告成为后来者研究的掣肘。20世纪90年代中期以后，考古报告的编写则多偏重于对原始资料的全面公布，而不再根据个人的喜好随意取舍，自己的分析研究附在报告之后，或者另出新册，这就为后来的研究者提供了更多的可用材料。

另外，野外工作结束后要尽快编写和发表田野考古报告，不能拖延时间。这样可以提高发掘资料的利用率，防止因散失、损坏和自然变质等原因，使考古资料减少或丧失其科学研究价值。及时发表报告对寻找和发掘相关遗存的田野工作也有启发和指导意义。如果长期拖延，启发和指导作用也必然会因时间推移而降低。

如果发掘工作要持续几年或十几年，应当及时发表阶段性的报告。如果发掘完成后，因资料特别丰富，在短时间内不能出版综合性的全面报告，也应该及时发表简要的初步报告。

编写田野考古报告的基本要求是系统、全面、准确、客观地报道野外和室内整理所得到的遗存资料，行文要简明扼要、层次清楚、明白易懂、查阅方便。

系统报道是指要按田野考古报告编写的一般体例，条理清楚，分门别类地介绍资料，而不是杂乱堆砌。报告要具有类似工具书一样便于查找检索的特点，使读者根据各项标题能够迅速查到自己所需的部分。

全面报道要求做到两点：第一，要全部报道，自己认为不重要的，或是陌生的材料也必须详细报道；第二，要注意遗存具有多方面的信息，要尽可能反映其各方面的客观属性。

准确报道是指对遗存的表述要准确。报道的错误会给研究带来困难，或以讹传讹而造成混乱。陈述已明确的事物现象，用词要肯定而具体，不要似是而非，含混其词。没有弄清楚的或本来就是模糊的事物现象就不能用十分肯定的词语。

客观报道是指本着实事求是的科学态度如实地报道，只有这样才能保证报告的真实性，才能使科学研究建立在坚实的基础上。要防止两种不客观倾向：

第一，武断臆测，把主观想象掺入资料之中。如发掘一个墓葬，在发掘现场没有发现骨架或其他尸体腐烂留下的痕迹，怀疑放置骨架位置的土也没有取样分析，那么就应报道说“没有发现骨架”或“没有发现墓主骨架残迹”，而不能报道说“骨架已朽掉”。因为没发现骨架的事实不仅可能是骨架已朽掉所呈现的结果，还可能本来就是没有骨架的迁葬空墓或只是一个衣冠冢式的空墓。如果想发表自己的看法，一定要与叙述事实分开，对自己判断的依据也要交代。

第二，主观歪曲或编造材料。例如，在新石器时代文化层中，首次出现一件青铜器，为了怕别人说三道四，或者怀疑自己的发掘能力，而把青铜器归入晚期的堆积中去，这样就改变了青铜器出土的真实层位，它的学术价值也随之而丧失大半。正确的做法是，为了慎重，多交代一些出土经过的细节。再如，野外发掘没有找到墓坑，编写报告时编造说发现了一个长方形墓坑，这都是不对的。

发掘或室内整理工作中，总会有遗留下来的一些疑问，理应在报告中给予如实报道。早年的考古报告中，这方面做得比较好。现在发掘和整理的水平虽然有了很大提高，仍需要提倡这种对科学负责和虚心探索不止的精神。

建立在对考古资料的分析基础上的考古报告应该包括这些方面的内容：①遗存所在地的详细位置；②地理环境和地貌特点；③发现的经过和已往做过的工作；④保存现状；⑤田野工作概况，包括承担工作的单位、参加人员、工作起因、时间、方式、经过；⑥遗址堆积介绍；⑦遗迹介绍；⑧遗物介绍；⑨专业技术鉴定报告；⑩工作所得认识，研究结论。

由于内容存在多寡，侧重点不同，认识有深有浅，编写的背景和具体目的也有差别，因此报告的体例设计也有一定的灵活性。20 世纪 90 年代中期以前的考古报告多按类别发表资料，其后的则选择按单位发表材料，或两者结合的形式。

按类别发表材料主要有以下两种形式：

发表的对象若是一个文化不同期的遗存，有两种常用体例。第一种是先客观陈述，在结语中提出分期。其构成次序是：前言（序言）、遗址堆积（有的加上层位关系）、遗迹、遗物、结语、附录、注释。再一种是先分出期，按期陈述遗存内容，其构成次序是：前言（序言），遗址堆积与分期，第一期遗存：（一）遗迹、（二）遗物，第二期遗存：（一）遗迹、（二）遗物……结语，附录，注释。期与期区别小、遗存不易明确区分的适合用第一种体例；期与期区别大、遗存明显易分的报告适合用第二种体例。

发表的是几个文化的遗存资料也有两种体例。一种是把文化内的分期放入结论中，其构成次序是：前言（序言），遗址堆积，甲文化遗存：（一）遗迹、（二）遗物，乙文化遗存：（一）遗迹、（二）遗物……附录，注释。一种是在每种文化遗存陈述之后分期，其结构次序是：序言，遗址堆积，甲文化遗存：（一）遗迹、（二）遗物、（三）分期，乙文化遗存：（一）遗迹、（二）遗物、（三）分期……结论，附录，注释。

按单位发表材料，是按照最小单位的序号，分别介绍该单位的遗迹特征与出土遗物。这样发表资料较全面，各单位组合明了，也为研究者读报告时免去恢复各单位原有组合的麻烦，遗迹与遗物的有机联系能直观表现出来。

报告主要通过文字、线图、图版的组织运用来达到发表资料的目的。文字、线图、图版各有所长，编写时要注意三者的相互配合和有机联系。表格具有容量大、检索方便的优点。遗迹数量很多时，可使用表格介绍一般遗迹。大型报告的文后若附有各类遗迹登记表，则可为查检资料提供便利条件。

在考古报告的编写中，只要根据这些具体的设定目标去分析研究，一般就可达到编写合格的考古报告的目的。

五、考古研究成果的验证

对于研究成果的验证可以从两个方面进行：

1. 通过对新出土遗存进行的验证

比如考古发现中陶器的起源、铜器的出现、稻作农业的起源时间等，往往随着新材料的出土而不断被提前。历史上时有争论的大禹治水的问题，一直都存在着信与疑的争论，疑者认为这只是战国时期编造的美丽的谎言，甚至有人认为根本就没有大禹这个人物，更不要提什么治水了。直到遂公盨的出现，把有文字记载的大禹治水的历史提前到了西周中期，使得这个事件的确定历史提前，且变得更具真实性。

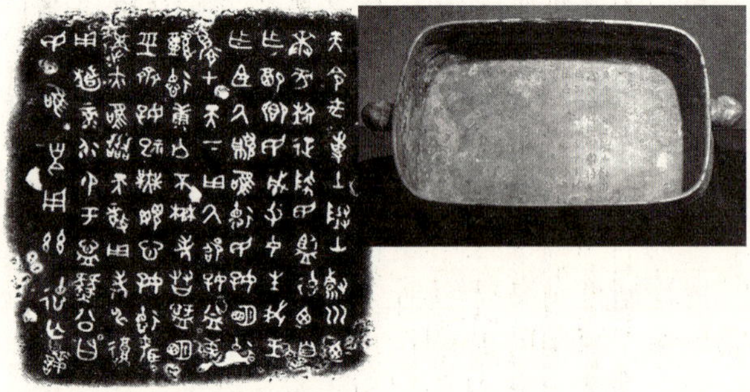

遂公盨及其最早记录大禹治水的铭文

现在的考古发掘，已经比以前的发掘水平大大提高，一是因为有了更为先进的考古学理论的指导，二是因为发掘方法和水平的提高，三是因为新学科的介入和科学技术的运用。这三个方面相辅相成，考古学理论可以指导发掘和研究，新的技术可以提高发掘水平，新的学科可以拓宽对于古代的认识，反过来，又可以促进考古学理论的发展。它们的结合可以使考古工作者从发掘过程中和遗存本身获得关于古代各个方面更多的信息。比如现在的考古学理论已经从过去单纯的注重遗物，被遗物牵着鼻子走的客观思维，向着试图复原古代人们生活的方方面面而努力转化，并把每个遗址，甚至是每个大的文化区看成是一个有机联系的整体，这个整体中不仅包括人们自身为了生存和发展而表现出的物质上的变化，同时也注重发掘物质变化背后的人们思维的变化、环境的变化、社会的变化等深层次的内容。随着新学科的介入和科技的发展，考古学也发展出很多边缘性的交叉学科和分支学科，比如植物考古学、动物考古学、环境考古学、人口考古学、民族考古学、分子考古学、垃圾考古学、行为考古学、聚落考古学、科技考古学、社会考古学、妇女考古学等，考古学虽然不断地被粘贴上这个“性”、那个“主义”，但考古学仍然是考古学。它通过观察研究古代人类的物质遗存并结合新兴的科学技术来提炼古代人们生活的蛛丝马迹，研究人类最广大时空的行为、社会和文化。考古学正是在不断地吸收其他学科的研究成果和理论方法的基础上充实着自己的武库。

2. 通过对已出土的遗物和现象的重新解读的验证

考古学经过一百多年的发展，发现的古代物质遗存可谓是汗牛充栋，人们对于古代的认识也已经取得了丰硕的成果。但是由于以往的认识水平的局限和指导性理论的缺乏，保存在物质遗存和发掘现场的很多资料没有得到充分的认识和研究。随着新的学科的介入、科学技术的进步和人们对于古代社会认识的广泛和深入，以及新的考古学理论和方法的指导，重新审视已经完成的发掘项目时，往往可以得到以前无法认识或认识不全面的内容，也是对过去认识的一种检验。比如，以前对于新石器时代末期的文化和青铜时代早期的文化往往不能区分，或将前者时代拖后，或将后者时代提前，因此对古代社会发展阶段的认识也就不够客观。随着新材料的不断发现和新的学科的介入，通过当时自然和社会背景的综合考察，得出文化应有的变化过程，从而可以建立起完整的发展序列，而不至于仅仅通过地层学和类型学这两种基本的考古学方法来界定。

因此，现在的考古学家已经可以用各种各样的方法来确定古人遗留下的遗存及考古遗存的年代，确定各种工具的功能以及制作和使用方法，确定各类古代遗存产生和保存的原因，与其他学科的学者合作提取其中所蕴涵的不同方面的关于古代的信息。除了发掘和研究，田野考古学家要运用许多方法和技术来测量与记录一个古代的遗址，以便别人尤其是后人也可以利用这些资料开展研究。植物学家、动物学家和体质人类学家等可以从遗址中的相关遗存里提取古人食物、健康状况和古人的生存环境等方面的信息。为了很好地理解考古发现的古代遗存，考古学家还要研究当代社会物质文化与其他方面文化的关系以及行为特征与物质遗存之间的关系等，以获得观察理解古代社会的能力。比如已经有考古学家观察现存的狩猎采集群落的日常生活，分析他们遗留下来的生活垃圾，以便将古代的物质遗存合情合理地转化为人类的生活行为和文化模式。

因此，考古学的发展是一个漫长的过程，考古学家也在不断地吸取其他学科的研究成果来发展和完善自己，以便能在古代遗存中获得更多的信息，能更全面地复原古代人们的生产生活，乃至精神世界。考古学家的工作漫长而琐碎，但不失乐趣！

第二节　中国考古的组织架构

20世纪20年代后期，现代考古学在中国诞生了，自从那时开始一直到新中国成立前，中国的考古力量都非常薄弱，结构设置非常简单，北京大学国学门下没有考古研究室，下没考古学会；中国地质调查所和北平研究院下设考古组，但开展的考古工作很少。仅中央研究院历史语言研究所下设的考古组，开展了一些工作。新中国成立后，为适应社会建设的需要，各地的文物保护和考古工作全面开展，国家也因此培养了大批考古专业人员，先是由中国科学院考古研究所在全国各地设立考古队，后来在高校中逐渐形成了专门的考古学专业，各地也纷纷设立文物考古研究所。现今，中国的考古机构已比较完善，形成了由国家文物局统一领导全国的文物保护、博物馆和考古工作，各地文物局负责领导和协调本地区的文物工作，各地考古所和博物馆的考古部具体实施。高校虽也积极参与具体工作，但以发展考古学理论和方法、培养文物专业人才为主要任务。

第三节　考古队的组织架构

一个典型的考古队一般由勘探人员、发掘人员、文物保护修复人员和后勤保障人员构成：

组织一次考古发掘工作，一般的流程是这样的。

首先，确定发掘领队，发掘领队负责全面工作。先熟悉遗址所在地的自然环境、历史沿革以及以前所做的考古工作和所取得的研究成果，明确遗址所在地在古代的社会、经济、政治和战略上的地位，合理估计遗址中应该会发现哪些时代的哪类遗存，做到在发掘之前心中有数。

其次，由领队根据遗址前期的调查情况确定合适的发掘人员，以及先行预计可能会遇到的适合各学科的情况，比如科技保护、遗物提取、环境取样等方面，以便合理提前知会相关专家。然后召集相关人员召开通报会，将遗址情况做详细的介绍，并提请相关人员熟悉遗址及其所在地的情况，以及通报注意事项。

再次，派出先期遗址确认和勘探的人员，为考古队的日常工作和生活安排食宿、工作场所，并通过当地文物部门协调民工和征地事宜，勘探人员通过勘探确定具体的开方地点。

最后，领队率领考古发掘人员、文物保护人员正式进驻工地，展开正式的发掘工作。

勘探人员负责对遗址进行普探，以最小的人力、物力了解整个遗址的情况，确定布方地点，并为下一步的工作奠定基础，勘探工作完成后要写好勘探报告，详细记录钻探方式，钻孔数量，钻孔位置，每个钻孔的深度、层次、土质土色、包含物等内容，并绘出钻孔分布的地形图。通过对每个孔中相似地层的深度绘出某个典型位置的剖面图，大致能了解每层所代表的那个时期的地形地貌情况。

发掘人员设有责任制，每人负责某几个探方或某几个单位的发掘，如遇有跨越其他探方的单位，则由领队指派由哪个发掘人员负责。发掘人员每天做好各自所负责的单位的发掘记录工作，并时常关注邻方和整个发掘区的情况，服从领队的指挥，时刻整理思路，决定下一步的发掘。

文物保护人员负责发掘现场重要文物的出土和保护工作，并积极在室内完成文物的保护和修复，还负责对土壤的过筛、出土物的清洗整理等工作。

后勤保障人员的工作包括对驻地库房的管理、卫生的管理、工地民工的管理、伙食的准备和住宿的安排，尽力为考古发掘工作做好后勤保障工作。尤其是库房的设置，一定要本着安全、方便和整洁的原则，重要文物要妥善保管。同时，后勤保障人员还肩负着外联工作，比如与当地文物部门的联系和与当地政府官员的联系等。

以上几种人员的分工也并不是绝对的，往往存在相互合作和交流，并且每类人员可能也兼做其他分工。

在工地的发掘工作进行到一定阶段，获得一定的成果后，还可邀请相关专业人员到工地进行参观、指导、监测、采样和鉴定工作等。

第二章　什么是考古学

第一节　考古学的定义

考古学有时被看作一门浪漫的学科，许多人将考古与搜寻地下埋藏的珍宝和探索伟大的历史之谜联系在一起，比如打开金字塔、开启帝王的陵墓和寻找远古失落的文明等。其实，早期的考古学家和古物学家确实是为了满足人们的好奇心和搜寻地下的珍宝而进行发掘的。但是，现代考古学是一门严谨的学科，它有充实的内容、周密的方法、系统的理论和明确的目标。考古学家寻找的并不是稀世珍宝，而是古代人类遗留下来的任何一个具有社会性的实物和现象。

考古学属于人文科学，在中国是历史科学的重要组成部分，而在世界其他国家多从属于人类学，也有划归为艺术史学科的。其任务在于根据古代人类通过各种活动遗留下来的物质资料，研究古代社会的历史。实物资料包括各种遗迹和遗物，它们多埋没在地下，必须经过科学的调查发掘，才能被系统地、完整地揭示和收集。因此，考古学研究的基础在于田野调查发掘工作。

《中国大百科全书·考古学卷》指出：从现在通常的情形来看，考古学这一名词主要有三种含义：第一种含义是指考古研究所得的历史知识，有时还可引申为记述这种知识的书籍；第二种含义是指借以获得这种知识的考古方法和技术，包括搜集和保存资料、审定和考证资料、编排和整理资料的方法和技术；第三种含义则是指理论性的研究和解释，用以阐明包含在各种考古资料中的因果关系，论证存在于古代社会历史发展过程中的规律①。

我国著名考古学家夏鼐指出："考古学是根据古代人类活动遗留下来的实物来研究人类古代情况的一门学科。"这门学科研究的对象是古老的文化遗

---

① 中国大百科全书总编辑委员会《考古学》编辑委员会、中国大百科全书出版社编辑部编：《中国大百科全书·考古学卷》，中国大百科全书出版社，1996 年。

物，当社会发展到一定阶段，人们就会对自己过去的历史感兴趣，会通过古代遗留下来的遗物和遗迹思考过去的历史。作为一门学科，考古学研究的对象是物质遗存，包括遗物和遗迹。他指出，考古学利用的资料虽然是物质遗存，但要恢复的古代人类历史则包括各个方面，不限于物质文化。考古学可以通过物质遗存了解古代社会的结构和演化、美术概念以及宗教信仰等精神文化的历史。

夏鼐还指出，考古学研究的是具有社会性的实物，不是孤立的一件器物，作为考古学研究的对象的实物资料，是通过考古调查和发掘而获得的。考古调查、考古发掘的资料要经过室内整理，再编写成报告，才能成为研究资料。所有非考古调查、考古发掘所获得的资料，都不是考古学的研究对象，也不是真正的考古学，而只能称为“金石学”和“古器物学”。通过考古学所获得的这些社会性的实物，我们可以研究一个社会或一个考古学文化的特征和传统。从横的方面来了解每一时期人类的各种活动和这些活动之间的相互关系，从纵的方面可以研究人类各种活动在时间上的演化，进而阐明这些历史过程的规律。为此，夏鼐强调：“作为一门历史科学，考古学不应限于古代遗物和遗迹的描述和系统化的分类，不应限于鉴定他们的年代和确定它们的用途（即功能）。历史科学应当是阐明历史过程的规律。”①

各国考古学研究的时间范围都是有人类活动以来的古代历史时期，所以它的上限是人类出现。各国考古学都有它们的年代下限。例如，英国考古学的年代下限为诺曼人的入侵（1066 年），法国考古学的年代下限为加洛林王朝的覆灭（987 年），美洲各国考古学的年代下限为哥伦布（约 1451—1506 年）发现新大陆（1492 年）。一般说来，中国考古学的年代下限一般定在明朝的灭亡（1644 年）。考古学与远古的恐龙时代、近代史、现代史是无关的。

近一时期以来，英国有“中世纪考古学”，其年代下限延伸到资产阶级革命的开始（1640 年）；又有所谓“工业考古学”，其年代下限更延伸到 18 世纪和 19 世纪的工业革命初期。在美洲，则有所谓“历史考古学”或“殖民地时代考古学”，它们的年代范围在哥伦布发现美洲之后，直到 18 世纪末或 19 世纪初美洲各国在政治上获得独立。但是，英国的所谓“工业考古学”、美洲的所谓“历史考古学”或“殖民地时代考古学”，实际上是利用考古学的方法研究近代史，所以不能算作真正的考古学。

相反，也有人把考古学的年代范围局限于史前时代，即没有文字记载的

① 夏鼐：《什么是考古学》，《考古》1984 年第 10 期。

古代。这样，便把许多文明古国的历史时代也都排除在考古学研究的年代范围之外，这也是不妥当的。考古学不研究近代和现代，而是研究古代，这是必须肯定的。但是，考古学所研究的"古代"，除了史前时代以外，还应该包括原史时代和历史时代。就中国考古学而言，历史时代不仅指商代和周代，而且包括秦汉及其以后各代。所谓"古不考'三代'以下"是不对的。当然，历史越古老，文字记载越少，考古学研究的重要性也越显著。要究明人类没有文字记载的史前时代的社会历史，就必须在极大程度上依靠考古学，因而史前考古学与史前史就等同起来了。

作为实物资料的遗迹和遗物，考古学的研究对象是实物资料。有些人望文生义，只看重一个"古"字，以为只要是考证古代的事物，不管是根据文献资料，还是根据实物资料，都可算是考古学。其实，考古学研究的对象是物质的遗存，即古代的遗迹和遗物，这就是它与依靠文献记载研究人类历史的狭义历史学的最重要的不同点。考古学和历史学，是历史科学（广义历史学）的两个主要的组成部分，犹如车的两轮，不可偏废。但是，两者的关系虽很密切，却是各自独立的。它们都属"时间"的科学，都以研究人类古代社会历史为目标，但所用的资料大不相同，因而所用的方法也不相同。有人把依靠文献资料以研究人类古代历史的狭义历史学也称为考古学，这是不符合近代考古学的基本含义的。

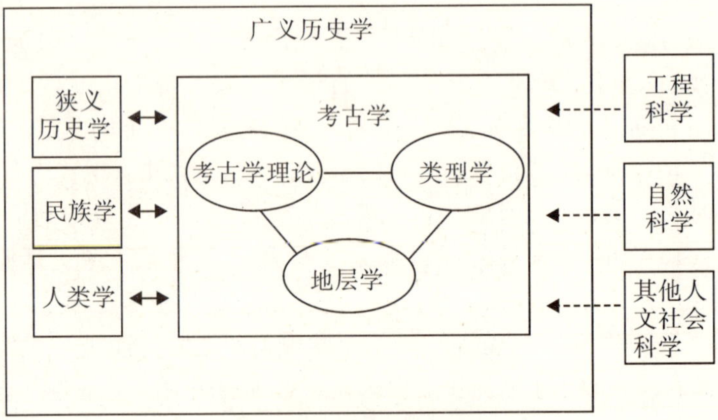

考古学科的定位示意图

考古学虽然对发现、了解和保护我们自身的历史起着重要作用，但由于这门学科研究对象的特殊性而充满了挑战。首先，许多地下的文物或由于容易腐烂，或由于人为和自然作用的破坏而无法保留下来，考古学家今天所能研究的只不过是古代人类残存下来的一小部分遗物。其次，从物质遗存来研究历史有一种特别的难度等级，这就是英国考古学家霍克斯（C. F. Hawkes）所说的，研究技术和经济较为容易，研究社会结构比较难，研究意识形态最为困难①。

因此，考古学所研究的大多是人类物质文化中不易消失或残留至今的内容，任何从考古调查和发掘入手的历史重建只能反映过去人类生活的某个侧面。于是，考古学家的工作就只能像侦探一样，将残缺、凌乱而又错综复杂的证据和线索拼凑起来，以便重现已逝社会的一种约略图像。考古学这门学科的精髓，也就在于努力发展精密的方法来研究过去。有些人认为考古学就是拿着铲子在田野里挖掘和采集考古标本，其实这仅仅是考古匠人。现代考古学已经超出了发掘技术的范畴，不仅包括发掘、记录、采集、描述的过程，同时包括了采用各种科技手段和方法来提取信息，并用一套科学理论根据收集的证据来对人类的发展历史作出阐释的过程②。

综上所述，我们可以把考古学定义为："考古学是根据古代人类及其活动所遗留下的遗迹、遗物，以及与此有关的古代自然物遗存来研究古代社会历史的科学。"

第二节 考古学的研究对象

考古学最基本的研究对象是古代人类遗留下来的实物，但不仅仅局限于实物，还包括古代人类遗留下来的各种现象，与遗物和现象息息相关的自然和社会环境，以及生产力的发展水平。现代考古学通过与其他学科的交融，已经产生了若干边缘学科和分支学科，它们各自的研究对象虽然都属于考古学研究对象的大类之中，但也有所区别，有的重视人工遗物，有的重视自然遗物，也有的重视通过自然科学技术手段经实验室分析处理所得到的资料和信息，它们都属于与古代人类生存密切相关的信息，而重要的不同是，这些信息保留在不同层次的研究对象中，现代考古学大致可以将考古学的研究对象分为器物、器物组合、遗址和聚落形态四个层次。

---

① Hawkes C. F., Archaeological Theory and Method: Some Suggestions from the Old World. *American Anthropologist*, 1954, 56: 155-168.

② 陈淳：《当代考古学》，上海社会科学院出版社，2004年。

一、器物

考古学上器物的狭义概念就是指一件工具、武器或器皿，比如石斧和陶罐等。但广义上的器物是指由人类活动所造成的所有物体，它涵盖了所有形态的考古发现物，从陶器、青铜斧到屠宰的动物骨骼、炭化的稻谷、废弃的茅屋乃至遗留在石头上的岩画。由此可见，考古学器物的概念似乎要比我们习用的工具和器皿更广泛一些，它泛指人类生产和消费的所有物品，只要是人类活动的产物，只要某一物体的特征不是由自然因素所造成，那么在考古研究中它就可以被归入人工器物的范畴。比如，无数的石片碎屑既不是刻意生产的工具，也没有被使用过，但它们是人类在石器生产中产生的废弃物，所以也保留了人类活动的信息，无疑属于人工器物的范畴。留有人类屠宰痕迹的动物骨骸与保留了人类炊煮活动的灰烬和火塘也可视为人工器物，同样是考古研究的重要材料。

二、器物组合

器物组合是指发现在特定共生关系之中的一批器物，它们的共生关系可能反映了一个群体共同的文化行为。比如同一文化层中出土的箭镞、篮子、石杵、石斧、陶器和装饰品，它们反映了整个社会群体共享的行为方式和意识形态，因此被称为组合。对一个特定考古学组合的分析，可以了解一个群体共同的行为，这种共同行为的分析可以结合建筑和聚落形态的研究而更加深入。

三、遗址

遗址是指发现有过去人类活动遗迹的地方，它们的大小规模和使用长度差异很大，有小型的、仅仅利用了几个小时或几天的临时营地，也有被居住数百上千年的大型城市。遗址可以只有一层文化层，也可以由许多相互叠压的不同文化层所构成。这些早晚有别的文化层可以是同一个群体的连续栖居，也可以是不同社会群体前后利用的结果。遗址的分类有许多方法，有的根据它的时代和所含文化内涵进行分类，比如将它们称为旧石器时代遗址、新石器时代遗址或者汉代的墓葬等；有的可以根据它们的埋藏位置予以分类，比如洞穴遗址、旷野遗址等；较常见的是根据功能加以分类，比如居住遗址、埋葬遗址、祭祀遗址、屠宰遗址、石器制造场、矿冶遗址、陶器制造场、沉船遗址等。

一般来说，遗址是考古分析的主要单位，它们代表了某个时间范围内居住在这一居址里人们的活动。但是，考古学的研究希望了解更大范围里的社会活动和它们的历史变迁，比如一个区域内有许多分散的群体栖居，它们以相同的生存方式和居住形态维系在一起，这种共同的生存系统和从这种生存系统中反映出的人类活动信息便构成了一个完整的考古学文化。文化的行为是通过组合和遗址的分析来了解的，在考古学上表现为固定重复出现的器物组合和其他遗迹，如聚落形态和葬俗。考古学文化是特定时空分布的许多遗址中所保留的物质遗存，相当于一个拥有共同文化传统和特征的社会群体。

四、聚落形态

聚落形态是指人类居址和遗址在自然地理区域中的分布形态，其特点取决于许多因素，包括气候、地貌、环境、技术和经济的发展水平。在比较原始的发展阶段，人类的聚落形态主要是对生存环境进行适应的一种反映，但到了社会发展的高级阶段，它的形态更多地反映了当时社会的规模和等级结构。

第三节　考古学研究的最终目标

考古学家和考古学爱好者最喜欢追问诸如“过去是什么样子？人类是怎么生活的？他们的生活方式是否多种多样”这样的问题，因此他们经常把考古学与考古学研究的一个目标——“重建过去”联系起来。然而，除此之外，我们必须发展严格的方法论，解译考古遗存。因为过去所保留下来的材料总是有限，我们不可能完整地重建过去，在认识古人“技术方面”的问题之外，更重要的是我们要提炼隐藏在技术背后的行为、生态和思想。考古学家的终极目标就是发展比以前更为可靠的推理方法去探求这些方面的问题的答案。作为一门历史科学，考古学的研究不应限于对古代遗迹、遗物的描述和分类，也不应限于鉴定遗迹、遗物的年代和判明它们的用途与制造方法。考古学研究的最终目标在于阐明存在于历史发展过程中的规律。当代国际考古学界具体实践中有三个层次的任务：初级层次、中级层次和高级层次。[①]

一、初级层次

初级层次是指对于考古学对象本身的研究，即物质文化史的重建，复原古代文化历史，就是从时空背景来研究古代遗址、器物、工具和建筑，建立起一个区域里的人类文化在千百年里甚至上百万年的发展序列。这项工作主要包括了对考古发现材料的罗列和描述，以考古材料的时空分布为基础来复原某种文化的发展过程。

二、中级层次

中级层次是指对于表现在考古学研究对象的组群关系和空间结构上的古代社会组织的研究，研究家庭、氏族、部落、国家等组织形态，以及战争、贸易、婚姻等人群关系模式，即复原过去人类的生存方式。复原过去人类的生存方式自考古学诞生之日起就是考古学家关注的焦点之一。为什么他们如此重视人类过去的生活方式呢？因为人类过去的生活方式，既反映了古代人类生产力发展水平，也包含了古代人类的社会意识等方面的大量信息，同时也反映了人类本身的产生和发展。于是欧美的许多考古学家先驱，开始从动物骨骼、炭化的种子以及其他人类实物的残迹来重建古代人类的生活方式。为此，他们请来孢粉专家、动物专家、植物学家等，观察研究考古遗迹。这样在考古学中，就将文化的时空变化和人类的栖居形态、生存策略和古生态环境结合到了一起。

三、高级层次

高级层次是指在大量社会研究个案的基础上，开展社会文化比较研究，探索社会文化发展规律。有的历史学家，其中包括考古学家，不承认历史发展存在客观的规律。他们认为，除了论证历史事实之外，只有史料鉴定学和历史编纂学，而没有阐明历史发展规律的广义的史学。这当然是错误的。20世纪60年代是国际考古学理论与方法发生重大变革的一个转折点，从那时开

---

① ［美］布里恩·M. 费根著，曹楠译，莫润先、陈星灿校：《考古学的目的》，选自中国社会科学院考古研究所编：《考古学的历史·理论·实践》，中州古籍出版社，1996年。

始，国际上出现了新考古学派，他们主张复原社会文化的发展进程。美国许多考古学家提出，考古学必须创造和发展新的研究手段，对主导种种不同的文化历史现象的潜在原因进行总体理论的阐释，然后通过仔细设计的考古发掘和研究来进行检验。他们认为，考古学应当用更加严谨和细致的方式来收集和分析材料，将他们放到一个可以被检验的理论框架中进行。他们还认为考古学的目的，不仅仅是重建历史，它还必须对主导历史文化发展的动力作出理论的阐释。这种观点虽然承认历史发展有客观的规律，但却把这种规律与自然界的规律混为一谈。现代，这种主导历史文化发展的动力也不仅仅局限于从客观的实物的研究中得出，而开始更多地关注古代人的思维在这种动力进程中所起的作用，因为任何古代的遗留物都是由人完成的，其中不免掺入古人的意愿和审美方面的精神诉求，努力构建人类思维和主动创造能力对塑造社会文化的作用是目前考古学研究的目标。正如恩格斯所说的："在社会历史领域起作用的是人，而人是富有意识的，经过深思熟虑而行动，或受热情驱使而行动，并抱有预期的目的……但这丝毫不能改变历史进程服从内在规律这一事实……但对于历史的研究，尤其是对于个别年代和个别事变的研究，则是十分重要的。"总之，我们一方面要重视社会发展的规律，一方面又不能把考古学写成简单的社会发展史。

尽管各国考古学有着不同的发展背景，对这门学科的目标和定位也有着不同立场，但更深入和更全面地从考古资料来了解古代社会是全世界考古学家的共同心愿。只不过中国是有着世界上独一无二的悠久历史的国家，使得中国考古学家对重构国史情有独钟，而世界其他许多国家没有如此丰富的历史记载，他们的考古学必须依赖理论和方法的拓展来重建过去的历史。不管怎样，我们应当同意，如果没有理论和方法的完善与提高，把提炼古代人类活动的信息作为考古学阐释的基础，我们就不可能进行考古研究，重构国史也只能流于一句空话。因此，考古学是一门我们了解自身历史的学科，这门学科发展史的本身也是需要考古学家自己不断解放思想、摆脱偏见、提高认识能力的过程。

第四节　考古学的分支

考古学是一个学科的总称，没有一位考古学家可以成为整个学科的行家。所以，大部分的考古学家都是专门于一个分支的研究，甚至于研究中国考古学，一位学者也不可能通晓从史前阶段到较近历史阶段考古学的全部内容。

按照研究的年代范围、具体对象、所用手段和方法等的不同，考古学可以划分为史前考古学、历史考古学、田野考古学及各种特殊考古学等分支。

一、史前考古学和历史考古学

从研究的年代范围上划分，考古学可分为史前考古学和历史考古学两大分支。也有人主张在两者之间加入原史考古学而成为三大分支，即把年代久远和文献记载较少的夏商周三代分离出来，作为原史时期，但从实际意义上来说，原史考古学的概念和范畴并不确定，重要性也不如前两者。

史前考古学的研究范围是未有文字之前的人类历史，历史考古学的研究范围则限于有了文献记载以后的人类历史，两者的界限在于文字的发明。世界各地，文字的发明有早有晚，所以各地区史前考古学的年代下限和历史考古学的年代上限各有不同。

史前考古学和历史考古学都以遗迹和遗物为研究对象，这是它们之间的共同性。但由于历史考古学必须参证文献记载，而史前考古学则没有任何文献记载可供依据，所以两者的研究任务也有所不同。史前考古学承担了究明史前时代人类历史的全部责任，而历史考古学则可以与历史学分工合作，相辅相成，共同究明历史时代人类社会的历史。

由于史前考古学主要是研究旧石器时代和新石器时代，历史考古学主要是研究青铜时代尤其是铁器时代，两者所研究的遗迹和遗物在性质上有一定的差异，所以它们的研究方法也有所不同。从与其他学科的关系来说，史前考古学要充分与地质学、古生物学、古人类学和民族学等学科相结合，历史考古学则必须与历史学相配合，同时还要依靠古文字学、铭刻学、古钱学和古建筑学等分支。从断定绝对年代的手段来说，史前考古学在很大程度上要依靠物理学、化学等自然科学的技术，而历史考古学则主要依靠文献记载和年代学的研究。

在欧洲，宗教长期影响着人们的思想。很长时期内，科学界都普遍相信《圣经》的说法，认为地球万物和人类是由上帝在7天内创造出来的，相信厄谢尔（J. Ussher）大主教于17世纪计算出来的创世时间在公元前4004年是正确的。这个时间将人类的历史限制在6 000年里。直到1859年达尔文的进化论问世，科学家才有了足够的时间尺度来考虑人类漫长的史前史。

史前考古学不仅仅是要了解人类的历史从何时开始，这门学科的战略性探索有几块重要的基石，其中最受关注的就是人类起源、农业起源和文明与国家的起源。20世纪20年代，当中国猿人化石在北京周口店出土时，科学界认为这就是最早的人类，我们的历史由此上溯到距今50万年以前。今天，东非的考古发现已经将人类的历史延伸到近距今300万年前。

大约1万年前，生活在世界上许多地区比如近东、中国的黄河及长江流域、中美洲和印度河谷的人类几乎同步开始了驯化动植物的实践，“人类社会第一次革命”的农业在地球上出现。大约3 500年前，这些地区又先后诞生了远古文明和早期国家。不同地区的人类社会为何会有这样相似的发展轨迹，这些地理上互相隔绝的社会发展有什么共性和差异，成为史前考古学探究的重要课题。

文字记载，可以给历史考古学家提供很大帮助。比如，甲骨文上的记载使我们能复原出商王室的谱系，并由此证明商文明的确实可信。金文上的铭刻，为我们了解那个时代的政治、经济、文化等内容提供了丰富的资料。简牍、帛书、石鼓文、古代文献等都是考古学家可借用的重要信息。

大约在公元前2500年至公元900年繁盛于中美洲的玛雅文明，发展出一种复杂的文字系统，用一种复杂的图案刻在石头、玉器、木头和书本上，以记载宗教、政治和天文事件。虽然目前只有部分的文字得到破译，然而就像中国的甲骨文和青铜器铭文一样，这些文字所提供的珍贵信息是考古学物质文化研究所根本无法办到的。商博良（J. F. Champollion）和罗林森（H. G. Rawlinson）在分别破译了埃及的象形文字和两河流域的楔形文字后，创立了埃及学和亚述学，使两个地区增加了近3 000年的文明史。

玛雅文字

商博良与埃及象形文字

二、田野考古学

“田野考古学”的名称，是20世纪初正式提出来的。但当时的田野考古学主要是勘察地面上的遗迹和遗物，依靠地图进行调查，有时则要根据调查结果，测绘地图，作为记录的附件。此后，世界各地的田野考古转入以发掘为中心，并扩大调查的对象和范围，方法逐渐完善，技术快速进步。各种自然科学的手段相继被采用，许多机械设备被用作调查发掘的工具。利用航空照相和卫星照相、磁力探查和地抗力探查等方法发现遗迹和遗物，用三维激光扫描、红外线摄像、全站仪定位和用其他各种特殊的摄像技术测量与制图，为进行花粉分析、植硅石分析、淀粉残余物分析、血液残余物分析、脂肪酸分析、环境指代指标分析和各种物理化学断代而取样，以及将发掘出来的遗迹保存于现场等，都使得田野考古学的工作面扩大，技术性增强。调查发掘的对象也由一般的居住址和墓葬扩大到道路、桥梁、沟渠、运河、农田、都市、港口、窑群和矿场等各种大面积遗址，从而使得考古工作者必须与各有关学科的专家协作，才能完成全面的、综合性的研究任务。

罗林森与楔形文字

有的学者认为，由于在研究内容上，特别是考古资料的整理和研究上，田野考古学与史前考古学以及历史考古学是重复的，因此不宜将其作为一个独立的分支来看待。我们认为，考古学研究是一个整体，田野调查发掘和室内整理研究有着密切的联系，不能截然分割。由于调查发掘工作有一套完整的方法论，而且还使用许多特殊的器材和设备，又要广泛采用自然科学的手段，这就使得田野考古学有其相对的独立性。把它作为考古学的一个重要的分支，是理所当然的。

三、特殊考古学

作为考古学的一个分支。使用特殊考古学这一名称，是为了与史前考古学、历史考古学、田野考古学等考古学的主要分支相区别。它包括上述三大分支以外的其他各种分支。这些分支有的是按研究对象不同而分的，如环境考古学、美术考古学、音乐考古学、宗教考古学、工业考古学、古钱学、古文字学、铭刻学、动物考古学、植物考古学、农业考古学、冶金考古学、土壤考古学、沙漠考古学、天文考古学等；有的是按所用手段和方法不同而分的，如航空考古学、水下考古学等。因为这些分支多与自然科学技术关系密切，故又被总称为科学考古学或科技考古学。

严格意义上讲，以上这些特殊的考古学中，有的可以作为一门独立的边缘学科存在，而有的只能附属于考古学之内，后者才是真正的考古学分支。分支学科是指某一学科内部的分裂，或表现为对原学科某研究领域的专门化，或使某些研究手段特殊化，或使用特殊的技术，但均未形成一个学科应有的完整体系，因而只能隶属于原来的学科。从目前来看，只有环境考古学和民族考古学可以看作是独立的学科，而其他的都应算作是考古学分支。这里我们择其要一并介绍。

1. 环境考古学

人类是生活在环境中的，自然环境（地质、地貌、气候、水文、土壤等）、生物环境（植被、动物群、昆虫、微生物等）和人类是人文生态系统中相互依存和相互制约的三大要素。在人类的历史进程中，自然环境和生物环境为人类提供着生存条件，环境的改变对古代人类的生活和行为的改变具有强烈的影响，有时甚至是决定性的；而人类的活动反过来又在不断地改造着自然环境的面貌和生物环境的构成。因此，复原古代环境和了解其变化规律对考古学研究具有极其重要的意义，并由此形成了环境考古学这一研究领域。环境考古学是揭示人类与其文化形成的环境和人类与自然界相互影响的学科，是环境科学与考古学相结合的产物。它的研究目的在于通过了解古代环境变迁与人类文化发展之间的相互关系，进而认识古代人类的生活方式和解释人类文化的发展与过程。它的研究对象，包括人类形成以来整个第四纪时期同人类有关的环境问题。研究的重点是新石器时代及历史时期初期人类文化与自然环境间的关系。环境考古应属于考古学的研究范畴。

环境考古的概念于20世纪30年代提出，在20世纪60年代形成一门学科。该学科与第四纪地质学、地貌学、水文学、古动物学、古植物学、物候学、土壤学、古气候学等关系密切。因此环境考古学是一项多学科的综合研究，在研究手段上乃至研究人员的组成上都是多方面的。随着环境考古的发展和技术手段的完善，许多重大考古学课题的解决，都有赖于环境考古学的支持。如可通过遗址生态环境的复原，全面了解当时人类的生产和生活；探知环境和气候的变化对人类文化的影响；研究环境与人类起源和演化的关系；了解农业起源与环境的关系等。

对环境考古学而言，了解古代环境变化是为了认识这些变化对人类生活的影响。事实上，几乎所有环境因素的改变都会直接或间接地影响古代人类的生活。例如，植物和动物是人类的两大食物来源，一个区域内的植被和动物群的变化将会直接影响当地人类的食物取向，并由此在一定程度上改变其生产方式。再如，古代人类的居住场所大多选择在水源的附近，因此水域面积的变化以及河流的改道是导致人类聚落形态变化的因素之一。其他方面的例证还有，由于海平面的下降造成的陆桥与早期人类大迁徙的关系，与海平面升降直接相关的海岸线的变迁对人类获取海洋资源的影响，等等。总之，如何将环境研究与考古学研究紧密结合是环境考古学要考虑的首要问题，运用各种手段对古代生态环境进行复原应以解决考古学的问题为目的，这是环境考古学有别于其他环境科学的地方。

事实上，环境考古学的研究手段有很多种，其中最重要的一项是孢子花粉分析技术。孢粉相当于植物的精子，产生于植物雄花花囊中，其外壁坚固，可在土壤中保存百万年之久。孢粉的大小和形态，代表着植物的不同科、属。一般而言，遗址中的孢粉分布可反映古代当地植被的基本面貌及人类使用植物的基本情况。采用这一技术，可确定遗址各文化层的年代；了解古人类生活的自然环境及其变迁历史；了解古代与环境直接有关的文化发展状况，如农作物的起源和扩散等。

利用任何手段或技术对任何对象进行研究，都应遵循环境考古学基本的研究原则，而基本研究原则不同于研究方法，它是从研究的理论基础引申出来的方法论层面的理论，是对理论基础的具体说明。主要有三点：

（1）生态系统的相互作用原则。一定时空范围内的动植物及非生物的诸环境要素共同构成了一个生态系统，它们相互作用、相互影响。在这个生态系统中，人既是动物，同时又不同于一般动物，而是会使用工具和具有理性的动物，即他能够能动地适应环境；文化就是人类适应环境的结果与手段，技术则是人从自然环境中获取资源维持自身生存的关键。

（2）时空概念原则。生态系统是一个由诸多环境要素构成的非常复杂的系统，这些构成要素都会因时间的推移而不断发生变化，其中任何一个要素发生变化，都会引起其他要素的连锁反应，从而影响整个生态系统的平衡。在这平衡—不平衡—平衡的无数次循环中，一定地域内的生态系统就会呈现出不同的特征，从而形成生态系统因时空范围的变化而变化的显著特点。

（3）“以今证古”或“将今论古”原则。这一原则基于英国地质学家莱尔（Lyell）提出的“环境均变论”，其基本内容为：自然环境的变化是古今一致的，现在的地球环境是过去地球环境变化的结果与延续，这样，过去的环境变化与现在的环境变化就有了可比性。我们通过现在环境变化所表现出来的特征与过去环境变化遗留的特征进行对比研究，找出相同或不同点，就能逐渐恢复或重建过去环境变化的诸多方面[①]。

2. 美术考古学

考古学和古代美术史往往有共同的资料。古代美术史的许多研究对象，从旧石器时代的洞穴壁画、岩画到各个时代的绘画、雕刻、造像、各种工艺品及神殿、寺庙和石窟寺等，都属遗迹和遗物。考古学上的类型学和年代学等方法，也适用于古代美术史的研究。但是，作为考古学的一个分支，美术考古学是从历史科学的立场出发，把各种美术品作为实物标本，研究的目标在于复原古代的社会文化。这与美术史学者从作为意识形态的审美观念出发以研究各种美术品相比，则有原则性的差别。由于美术考古学的研究对象在年代上上起旧石器时代，下迄各历史时代，所以它既属于史前考古学的范围，也属于历史考古学的范畴。又由于作为遗迹和遗物的各种美术品多是从田野调查发掘工作中发现的，所以美术考古学与田野考古学的关系也相当密切。

3. 音乐考古学

音乐考古学是指依据音乐文化遗存的实物史料（发掘而得的或传世的遗物、遗址、遗迹，如乐器、乐谱、描绘有音乐生活图景的古代造型艺术作品等），借助考古学方法来探讨音乐史、乐器史直至历史上的音律形态、音阶形态等音乐学课题的一门考古学的分支学科。它的存在价值在于为考古学信息的解读提供了更广阔的领域，为音乐学特别是音乐史研究开辟了弥补文字史料不足的新领域与研究方法上的新途径。

例如，古陶埙的研究可以借助陶瓷考古的手段及其已有成果来鉴定它的形制、年代、文化属性等；《曾侯乙钟铭》的研究必须借助于古文字学与青铜器考古的成果；《敦煌古谱》的研究也必须依据古谱原件的文物考古研究。由此又引出古埙音阶问题，钟铭的先秦乐律学史问题、敦煌曲谱的译解问题等。其研究范围常常涉及古代乐律学、音乐形态学、音乐民族学的许多具体问题；也能从音乐学的角度起到反馈作用，以助益于考古学的研究。例如，对于商、周青铜编钟的音阶发展史的研究，可以反过来对发掘资料不全的古编钟提供断代根据。出土的编钟材料，首钟是否与其他编钟同套的问题，就可以依据于编钟音阶结构及其声学方面的测音研究而得出结论。因此，中国当代音乐考古学的内涵带有更多的综合学科、边缘学科的性质。

20 世纪 50 年代以来，随着古代乐器的不断出土，音乐考古研究取得了举世瞩目的成就。20 世纪 50 年代对河南辉县出土的商代铜铙、大小陶埙及信阳

---

① 袁靖：《环境考古学研究》，《中国文物报》，1997 年 12 月 7 日。

出土的战国编钟等进行的测音研究，是中国音乐考古的早期代表作。20 世纪 70 年代，湖北随州曾侯乙墓整套编钟的出土，以及随后进行的音乐学、物理声学等方面的研究，是音乐考古取得的突出成就之一。20 世纪 80 年代以后，音乐考古研究的范围拓展到了史前考古和历史考古的各个时期，在进行具体研究的同时，还发表了一些关于学科建设的理论性文章，标志着音乐考古学已进入一个较为成熟的发展阶段。

近年来，中国的音乐考古学比较重视的工作之一是对古谱的发掘和翻译。目前对敦煌古乐、西安古乐、北京智化寺古谱、福建南音以及河南、山西、西藏、新疆的寺院音乐资料都在积极进行研究，并取得了一定的成果，提出了建立古谱学的新要求。

4. 宗教考古学

宗教考古学是以有关宗教的遗迹和遗物为研究对象的考古学分支。在古代，宗教信仰普遍存在于人类社会，因此，在研究人类社会的历史时，必须把宗教活动也作为一个重要的方面。各个时代的神殿、寺庙、祭坛、祭具、造像、壁画、经卷和符箓之类，都是宗教考古学的具体研究对象，其中有的还具有一定的美术价值，所以宗教考古学与美术考古学的关系也比较密切。在宗教考古学中，欧洲的基督教考古学、北非及西亚和中亚的伊斯兰教考古学、南亚和东亚的佛教考古学是最为重要的，它们都属于历史考古学的领域。但是，早在旧石器时代和新石器时代，人类已有宗教性的活动，并有一定的遗迹和遗物，因此，宗教考古学这一分支，也应被包含在史前考古学的领域内。

5. 工业考古学

工业考古学主要是欧美发达国家对工业革命时期及以后的建筑和遗迹进行研究的学科，例如对英国的维多利亚火车站、古老的棉花种植园、风车磨坊以及英国和纽约的贫民窟等的研究。这一领域的研究和历史学研究关系密切，并需要建筑史方面的专门训练。但是，考古学界对工业考古学的性质存有不同意见，有的人认为工业考古学的年代下限到 18 世纪和 19 世纪的工业革命初期，实际上是利用考古学的方法来研究近代史，所以不能算作真正的考古学，从严格意义上说，它应该属于近代历史学的研究领域。

6. 古钱学

以古钱为研究对象的考古学，称为古钱学。由于古钱的铸造年代明确，它便成为考古学断代的最通常的依据之一。但是，作为考古学的一个分支，古钱学的研究有着更为广泛和重要的意义。古钱学的目标，不仅要判别各种古钱的铸造年代，而且还要通过对钱的形状、质料、重量、铭文、图纹和铸造技术的考察，究明它们的发行者和发行地点，确定它们的价值，研究铭文、图纹的意义和风格，从而为经济史、文化史乃至美术史的研究提供材料。通过对出土古钱在地域上的分布情形的考察，还可以研究世界各个地区在经济贸易和文化交流方面的情况，并为判断当时的交通路线提供线索。由于古钱是历史时代的产物，因此古钱学属于历史考古学的范围。

7. 古文字学和铭刻学

作为考古学的分支，古文字学和铭刻学的研究对象必须是铸、刻或书写于遗迹和遗物上的文辞，与一般的书籍文献不同。含有文辞的遗迹和遗物，大体上可分两类。一类如墓志、碑碣、印章、甲骨、简牍、泥板、帛书和纸书等，文辞是器物的主要内容；另一类如纪念性建筑物、雕刻品、绘画、货币、度量衡器、镜鉴、工具、武器和各种容器等，铭文处于附属的地位。古文字学和铭刻学的任务在于识别铭辞的文字，判读词句的意义，区别不同时代、不同地区的字体，后者在使用拼音字母的国家里称为“古字体学”。就已经发现的古文字而言，古印度文字、契丹文字和玛雅文字等，虽然已有不少单字能够识别，但还不能顺利判读文辞。但是，埃及古文字、苏美尔文字、迈锡尼文字（线形文字 B）和商周甲骨文字等，则已能详细解读，从而对究明古埃及文明、苏美尔文明、迈锡尼时代的希腊文明和中国的殷商文明起了很大的作用。此外，对铭文的研究还可以判明遗迹和遗物的年代、制作者、所有者、所在地、用途和制造目的等。由于铭辞存在于遗迹和遗物上，其可靠程度大大超过文献的记载，不仅可补文献记载的不足，有时还可纠正其错误。因此古文字学和铭刻学对原史考古学和历史考古学的研究有着很重要的意义。

8. 天文考古学

天文考古学已成为现代考古学的一个新的分支，它利用考古学的资料和手段，运用天文学的知识和方法，研究古代人类文明的有关遗迹和遗物，并最终揭示古代文明起源与天文学起源之间的关系。正因为如此，天文考古学更多地关注史前时代。

天文考古学兴起于 20 世纪初对英国著名的索尔兹伯里巨石阵的研究，但它作为一个独立分支学科的诞生还要晚得多。1965 年，美国天文学家霍金斯在他关于古代人类如何利用巨石阵进行天文观测的论著中，首次提出“天文考古学”的概念，从此，天文考古学便在考古学和天文学两个领域中确立了自己的地位。

中国天文考古学研究以中国考古学的发展为基础，但在中国现代考古学兴起之前，历代出土品实际上已为天文考古学提供了一些研究资料，所以中国天文考古学的发展道路并不像西方那样经历了由遗迹研究到遗物研究的转变，反而正好相反。在20世纪初，汤金铸等人对汉代晷仪的讨论可以视为中国天文考古学研究的开端。一直到了20世纪40年代，石璋如有关殷墟墓葬和建筑的布建方位的阐释，才第一次将考古学与天文学真正地结合起来。20世纪60年代以后，夏鼐关于西汉星图及二十八宿起源的一系列论述引起了广泛关注。后来有关史前墓葬的布列方向及天象彩陶、曾侯乙墓二十八宿星图、马王堆汉墓帛画《五星占》及《天文气象杂占》、双古堆汉代圆仪、银雀山汉墓竹简、兴平西汉漏壶、仪征东汉铜圭表和各代墓室星图相继发现，天文考古学研究成绩斐然。更有意义的是，中国社会科学院考古研究所对东汉建武中元元年（公元56年）营建于洛阳南郊的灵台遗址的全面发掘，让我们首次直观地了解了当时国家天文台的真实面貌。这一时期的研究主要集中在对具有明确意义的古代天文遗物的考察，这与严格意义的天文考古学还有一定区别①。

进入20世纪90年代，天文考古学研究又开拓了一片新的领域。有的研究者开始涉及未知天文遗迹的考证与研究，如冯时对河南洛阳西水坡45号墓的探讨，首次揭示了新石器时代相关遗迹的天文学含义，论证了史前时期的恒星观测和宇宙系统，实现了中国天文考古学研究和天文学史研究的重要突破。进入21世纪，冯时等人又对陶寺遗址上的石排柱进行了论证，指出它们应该是古代用来观测天象的设施。1996年，冯时出版了《中国天文考古录》②，利用考古学资料对史前人类在天文学方面的创造进行了系统阐释，成为中国天文考古学的第一部专论。他的研究利用的考古资料可上溯至近万年前，这不仅意味着史前时期的天文考古学研究已使文明起源的探究成为可能，而且丰富了中国天文考古

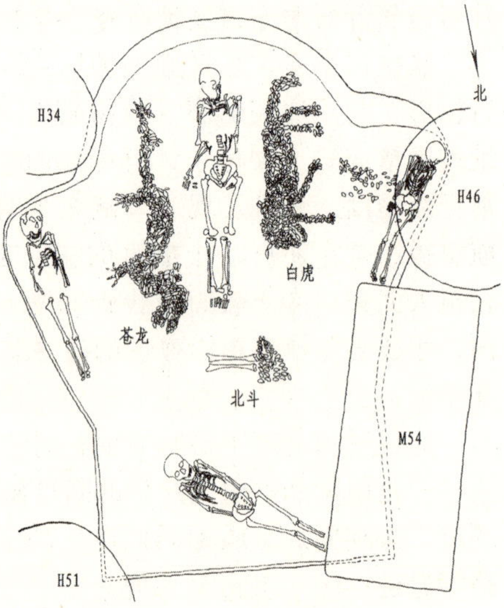

西水坡45号墓及星象意义

① 中国社会科学院考古研究所编著：《中国古代天文文物图集》，文物出版社，1980年；中国社会科学院考古研究所编著：《中国古代天文文物论集》，文物出版社，1989年。

② 冯时：《星汉流年——中国天文考古录》，四川教育出版社，1996年。

学的内容和方法，初步建立起了中国天文考古学的体系。

9. 遥感与航空摄影考古学

遥感与航空摄影考古学是自然科学和技术科学中的遥感科学、地学与社会科学中的考古学有机结合的产物。遥感与航空摄影考古学开始于第一次世界大战的末期。当时英国、法国和德国的考古学者利用空军侦察地形时所摄的航空照片，来探寻地面上的古迹。战争结束后，此项工作进一步开展，其中英国考古学者的工作最出色，奠定了航空考古学的基础。“遥感”是20世纪60年代西方首先使用的新名词，一般是指从空间飞行器上装备的光学、电子、微波等传感器对地球表层的自然现象、资源状况、环境变化及人文景观等因素进行探测。而航空摄影是以上诸种“遥感”手段中在考古学研究中运用最多的方法之一。

遥感与航空摄影考古所包含的理论和方法很多，主要包括地球物理勘探、测量、航空摄影勘察和卫片、航片分析等。其中以航空摄影勘察、航片、卫片考古学分析为主，文献研究、考古调查发掘及地球物理勘探为辅。

航空摄影考古是采用多种形式在不同时间、从不同角度在空中对地面进行摄影，利用地貌形态、地物阴影、霜雪、植被及土壤湿度等多种因素在遗址地区形成的不同标志，解释地面或地下遗迹的特征。由于视野广阔，很容易把在地面上较难发现或杂乱无章的现象概括出一个有规律的整体。遥感与航空摄影考古还有一个显著的特点是可以在很短的时间内投入较少的人力，在很大面积地区开展文物普查或考古专项调查。有人做过统计，在相同范围内，用遥感与航空摄影考古的方法在人力和效率上要比传统的踏查方法提高几十倍甚至上百倍。

通过遥感与航空摄影显示和判别出来的遗迹，大体上可分三类：

一是由阳光斜射时产生的阴影显示出来的，如堤坝、城墙和坟丘等遗迹；

二是利用因土质不同而产生的土色明暗判别出来的，如坑穴、壕沟和道路等遗迹；

三是从谷物、野草等植物的绿色深浅差异而判明的，如村落、都市、农田、道路、运河等遗址。此外，没入海中的遗迹有时也可通过空中摄影而发现。腓尼基的两个海港——推罗和西顿延续到罗马时期的港市被发现，便是著名的例子。

遥感与航空摄影考古在我国的起步较晚，虽然在早期也有过对航片的分析研究，但学科专门机构的设立则晚至20世纪90年代中期。在吸收国外先进的理论和观点的同时，我国的考古学者和遥感专业技术人员几乎不约而同地发现了在卫片、航片中蕴藏了丰富的文物考古内容，也做了许多有益的尝试，并取得了可喜的成果。1984—1985年，地质矿产部、北京市文物队等部门利用航空遥感、图像目视解译及地学相关分析技术，结合地面验证，对北京地区的长城进行了调查，准确测出了北京境内长城的长度为629公里，全线城台为827座，再现了这一地区长城分布全貌。1987年以来，江苏镇江博物馆与上海华东师范大学地理系合作，利用遥感技术中的计算机图像处理方法，分析了1964年冬拍摄的镇江地区的黑白立体照片，并根据以往掌握的该地区的台形遗址和土墩墓资料建立解释标志，绘制成图，判别的有效率达90%以上，通过这一方法新发现的古代遗址达100余处。1987年，安徽省文物考古研究所与省地质遥感站合作，利用美国陆地卫星资料和红外航空照相，并结合野外调查，为安徽省寿春古城遗址绘制了解释图。后经发掘验证，判读准确无误。中国社会科学院考古研究所通过对新疆库尔勒—轮台地区古城址、汉长安城和殷墟的航片与美国陆地卫星的TM影像进行判读分析，发现了一些未知遗迹。1994年，国家文物局、中国历史博物馆与德国波鸿鲁尔大学史前史专业签订了在中国开展遥感与航空摄影考古合作意向书。1996年，文化部、国家文物局将发展遥感与航空摄影考古列入“中国文博事业九五发展规划和2010年远景目标”中，并将“在中国启动航空摄影考古的工作”列为文化部1996年工作重点。同年4月，在中国历史博物馆成立了中国航空考古工作小组。4月26日至5月28日在洛阳地区开展了第一次航空摄影考古工作，勘察了洛阳汉魏故城、洛南隋唐城、邙山古墓群、偃师商城、二里头遗址等90多处古代遗址和墓葬。1997年又进行了内蒙古东部地区古代大型遗址的飞行勘察，重点勘察了夏家店下层文化山城，辽上京、中京、庆州、祖州、祖陵、庆陵，金界壕边堡，元上都，应昌路故城等遗址，取得了圆满的成功。同年，在航空考古工作小组的基础上，配备大量的仪器设备，成立了遥感与航空摄影考古中心。该中心还进行了黑龙江七星河流域、内蒙古西部地区、陕西关中地区、陕北、新疆、四川成都平原等地的航空摄影考古工作。2001年，中国科学院、教育部、国家文物局合作成立了遥感考古联合实验室，为多学科协作攻关、优势互补，共同推进、提高学科发展水平创造了良好的条件。遥感与航空摄影考古学成效甚大，可以看成是田野考古学中的一支生力军。

湖南澧县城头山古城航拍图

10. 水下考古学

水下考古学是对淹没于江河湖海下面的古代遗迹和遗物进行调查、勘测和发掘的考古学分支学科，是陆地田野考古向水域的延伸。历史上由于地震、火山喷发、海啸等自然灾变，一些位于水边的居址、港口、墓葬等沉没于水中；在一些古代航线下，还保存有大量古代沉船和文物。水下考古除发掘水下的古代遗址、打捞沉船和水下文物外，还研究古代造船术、航海术、海上交通和贸易等。工作中使用大量专门技术，以解决水下作业的难题。水下考古的萌芽可上溯到16世纪意大利人在海底探寻沉船。到了20世纪初期，水下的考古调查在世界各地进行，最有名的是瑞士湖上居住遗址的确认，墨西哥奇琴伊察玛雅文化遗址的“圣池”中寻求牺牲人和祭品，在突尼斯马赫迪耶港的海上探索满载古希腊美术品的罗马沉船。但由于潜水条件的限制，调查时不能做精细的操作和记录。1943年发明了潜水肺，第二次世界大战后又改进了各方面的设备和条件，这才使真正的水下考古学得以成立。从20世纪60年代起，先是法国人在马赛附近的海底发掘沉船，接着美国考古队在土耳其附近海底发掘希腊罗马时代和青铜时代晚期的亚瑟·亚达沉船遗址，不仅获得船中许多古物，而且还为研究古代造船术、航海术、海上交通和贸易提供了重要的新资料。水下考古学的对象从沉没物、沉船扩大到淹没于湖底、海中的都市和港口等遗址，而勘探、发掘及摄影记录的手段和方法也大为改善，使水下考古学以显著的速度不断取得成果。

西沙水下考古发掘

我国的水下考古工作起步较晚，始于20世纪80年代。1986年9月，国家决定发展水下考古事业。国家文物局委托中国历史博物馆承担了这项任务，为此设立了当时中国唯一的水下考古专业机构——水下考古学研究中心。1987—1990年，通过派人出国学习和与外国水下考古研究机构合作的方式，培训了一批水下考古专业人员。经过二十余年的努力，这支专业队伍在中国的四大海域——渤海、黄海、东海、南海先后进行了多项水下沉船遗址及其他水下文物遗迹的调查、发掘工作。目前我国的水下考古事业不仅填补了学科空白，而且已从开创阶段进入持续发展阶段。广东、福建等省的文博机构也相继建立了水下考古专业队伍。2010年，国家文物局下属的中国文化遗产研究院建立水下考古学研究中心，并与广东省文物考古研究所水下考古研究中心一同完成了南澳Ⅰ号沉船的水下考古发掘，并被评为当年的“十大考古新发现”。

第五节　考古学与其他学科的关系

考古学是一门涉及面极广的科学，与其他许多学科都有关系，必须得到这些学科的支持和协助，才能完成各项研究任务。与考古学有关的学科，大体可以分为自然科学、工程技术科学和人文、社会科学三大方面。

在自然科学方面，有自然地理学、地质学、气象学和生态学等学科，主要是协助研究遗址所在地区的地史和天然资源，从各个方面复原当时的自然环境。生物学（动物学和植物学）和体质人类学，主要是用以鉴定发掘出土的植物遗存、动物和人类的骨骸，提取遗留的物质，并判定它们的年代。物理学和化学则应用于对遗迹的勘探、对遗物成分和性质的分析、对遗迹和遗物的保护和年代测定。

在工程技术科学方面，建筑学和土木工程学应用于对遗址的发掘、测量、制图，对发掘出来的遗迹进行复原或在现场加以保存等。采矿冶金学、陶瓷学和染织学应用于对工场址、矿址、窑址等遗迹的考察，对铜器、铁器、陶瓷器、玻璃器、纺织品等遗物的分析和研究。造船学则专门应用于对发掘出来的造船工场遗址和船舶的遗物进行考察与研究。

在人文、社会科学方面，历史学、民族学、民俗学、语言学、艺术学、人文地理学、社会学、宗教学、经济学、政治学和法学等，都是分别就遗迹和遗物所提供的有关该学科的资料，进行研究和解释。美术史学和建筑史学主要是研究发掘出来的美术品和各种建筑物遗存，就其样式、风格、年代、建筑技术以及保存方面的问题，作出判断和说明。历史学除了为发掘出来的种种遗迹和遗物提供文献上的解释并帮助判断它们的年代以外，还广泛地就古代的政治组织、社会结构、经济制度以及涉及精神文化方面的各种问题提供文献上的资料，作出详细的说明，以补考古学在这些方面的欠缺和不足。

这里我们特别介绍几种与考古学关系较为密切的学科：

一、考古学与环境科学的关系

环境科学研究的领域包括气候、地貌、动物、植物、土壤、矿产等方面，这些自然方面的因素与人类的生存和发展息息相关，甚至考古学与环境科学中的第四纪地质学、地理学、生态学、地貌学、古生物学等相互融合而形成了一门独立的新的学科——环境考古学。而在这其中，植物考古学、动物考古学和埋藏学最能体现环境科学和考古学关系的密切程度。

考古遗存的埋藏学研究，是环境考古学的重要内容之。一般认为，埋藏学是研究古生物死亡、破坏、风化、搬运、堆积和掩埋过程，并以此来探讨生态环境和人类活动之间的关系问题。

二、考古学与动物学的关系

动物考古学的研究对象，是各个时期考古遗址中出土的动物遗存。通过对这些动物骨骸的鉴定与解释，研究者研究古代居民居址附近的生态环境、他们狩猎的对象、对食物的选择、家畜的饲养，以及这些谋生活动对环境的影响等问题。通过对许多史前遗址出土动物骨骼的鉴定研究，研究者认识到北方新石器时代最早驯化的家畜是猪、狗和鸡，南方则是猪、狗和水牛。一些研究者通过不同遗址狩猎动物和家畜的统计研究，讨论了不同时期人类生存活动特点、祭祀方式和埋葬习俗等方面的问题，深化了考古学的综合研究。

动物学与考古学的关系，主要表现在以下几个方面：

（1）旧石器时代遗址中出土的动物骨骼，全部是野生动物的。通过对这些动物群的特征、组合与更替研究，以及对其中的绝灭种属与现代种属的对比和比例统计，可以有助于确定遗址的相对年代及划分地层。

（2）分析出土动物的种类，可以了解当时人们的狩猎对象和狩猎季节。

（3）根据动物群的特征和地理分布，再结合其他方面的资料，还可以了解当时的自然环境和气候情况。

（4）全新世早期，家畜在世界各地陆续出现。研究这些石器遗址中的兽骨，可以究明家畜的起源。

（5）通过对世界各地遗址出土的兽骨的对比研究，还可以究明各种家畜饲养业在地域上的发展和传播，从而了解古代各地区之间的经济文化交流。

（6）从对野生动物骨骼与家畜遗骨的数量统计及比重的研究，可以推断出渔猎经济与畜牧经济在当时人类经济生活中所占的比重。

（7）如果墓葬中发现的动物遗骨和骨骼所用的骨料，不属于本地区所产的动物，则可据此分析当地居民和外地居民之间的交往与交换的情况。

三、考古学与植物学的关系

植物考古学是分析和研究考古遗址中出土的植物遗存的学科，主要研究手段有孢粉分析、浮选法、水选法、灰像法、硅酸体法、碳－14 年代测定法等。研究古代的气候、植被、居民对植物类食物的选样、栽培植物的起源、古代农业的发展状况，以及这些谋生活动与周围生态环境相互影响的关系等问题。

植物学与考古学的关系主要表现在：

（1）通过对遗址中的古代苔藓、蕨类植物的孢子和种子植物的花粉等遗存进行分析，可以了解当地古气候、古地理的变化，对石器时代的断代有重要意义。

（2）对上述植物遗存的研究，还可以复原古代人们的生活环境及其文化发展状况。例如，根据文化层中农作物花粉的显著增加，可以判断当地居民栽培作物经济的增长。

（3）利用碳－14年代测定法来研究古代农作物遗存，可以了解早期农作物的种植区域、农作物的变更时代，以及农业的发展水平。

（4）遗址和墓葬中常见的植物遗存有木材、纤维和种子（谷粒、果核和瓜、菜籽）等。通过对木材的鉴定，可以了解各种木器的材质，进而推定它们的制法和效用；通过对纤维的鉴定，可以了解纺织品的质料和农业与纺织业的发展状况；通过对种子的鉴定和数量的统计，可以了解农作物品种和居民的生活条件等。

四、考古学与地质学的关系

考古学的基本方法之一——地层学就是来源于地质学，地质年代的划分也是旧石器时代考古学分期的基础。地质学在一般考古学中的应用，主要是对岩石和矿物的鉴定。旧石器时代和新石器时代的大量石器，以及各个时代的许多石制品，其中包括宝石、半宝石等非金属矿物，都可用岩石切片的方法，用显微镜鉴定其性质和产地。

第四纪地质学与考古学，特别是与旧石器时代考古学的关系极为密切。它们之间的相互关系主要表现在：

（1）第四纪地质学的研究成果是旧石器考古研究的必不可少的依据之一。根据第四纪地质学的研究，可以确知早期人类所生存的第四纪更新世，是地球上气候剧烈变化的时代。北半球的高纬度地区、中纬度地区和低纬度地区的高山，在更新世（250万年前至1.2万年前）出现过几次大规模的冰川活动。冰川的进退，形成了寒冷的冰期和较温暖的间冰期（或雨期与间雨期），两者的多次交替导致了海平面的大幅度升降，进而导致了气候带的转移和动植物的迁徙与灭绝等一系列事件的发生。这些都对早期人类的体质变化、古文化的发展和居住范围的变化产生了极大影响。

（2）人类本身是地质历史的产物。我们知道，地质变化是有规律的。人类早期的活动遗迹通常作为地质现象被埋藏在地层中。由于早期人类的生存对自然环境的依附性极大，因此，早期人类的遗迹在地层中的分布是有一定规律的。从这个角度来看，第四纪地质学是旧石器时代考古研究中的一项不可或缺的重要内容。

（3）旧石器时代考古调查，需要运用第四纪地质资料，旧石器时代文化遗迹、遗物的时代确定，必须依据第四纪地层的划分对比和对哺乳动物的分析研究。同时，旧石器时代文化遗存的研究，又能为第四纪地层的划分提供依据。两者相辅相成。

五、考古学与体质人类学的关系

体质人类学在考古学上的应用，除了旧石器时代和新石器时代的史前考古学之外，还包括各个历史时代的考古学。从骨骸判断死者的年龄和性别，是体质人类学研究的基本项目之一。经过性别、年龄鉴定的墓葬中的人骨资料，便可成为探讨当时的丧葬习俗、婚姻制度和社会组织形态的重要线索。在新石器时代考古学上，这对研究原始氏族社会的发展和解体过程也有重要的意义。此外，对墓主人性别、年龄的鉴定，还有助于了解当时居民的劳动分工和某些特殊的习俗。分析同时代墓群中死者年龄的分布，还可以从侧面观察当时居民生活条件的优劣情况。

由于人类活体的外貌特征与骨骼的形态特征密切相关，所以可通过对古人骨骼的观察进行人种学的研究。结合考古学资料和古文献资料，研究古代各民族在体质上的关系，也是人类学研究的一个重要课题。虽然分析某处古遗址居民的人种类型不等于能解决他们的族属问题，但对某民族的居民进行人种学研究也可为探索族源提供线索。研究不同时代不同地区的人骨资料，可以了解古代居民的体质演变及其分布的规律；而体质上的多型性在同一遗址的出现，则可以了解当时有关迁徙和征战等问题。此外，根据骨骼病态学的研究，还可以了解古代有关疾病和环境的状况。

体质人类学与考古学的关系十分密切，不论是史前考古，还是历史考古，都要依靠体质人类学，具体表现在：

（1）从骨骼判断死者的年龄和性别是人类体质学研究的一项重要内容。经过鉴定墓葬中的人骨资料的性别、年龄，可以帮助探讨当时的丧葬习俗、婚姻制度和社会组织形态。

（2）研究和确定人类体质发展阶段，是划分新旧石器时代文化发展阶段的重要依据之一。

（3）在新石器考古中，体质人类学对研究原始社会民族制度的发展和解体有重要作用。

（4）将随葬品和死者的性别联系起来研究，可以了解当时的两性劳动分工。

（5）大规模墓区的人骨的性别、年龄的调查，能够获得两性年龄分配与平均寿命等资料，有助于了解古代居民的生活状况和人口组成情况。

（6）判断含有宗教巫术和图腾因素的随葬品的性别归属，可以了解当时当地居民的宗教信仰和氏族社会的性质。

（7）分析古代居民的人种类型，可为探索族源问题提供线索。研究不同时代地区的人骨资料，可以了解古代居民的体质演变及其分布规律。如果同一遗址中发现多种体质类型的人骨，则可分析当时有关居民的迁徙和征战等问题。

（8）古代居民的人骨，有时有人为造成畸形的情况，如头骨人工变形和拔牙等。研究这些人骨资料，有助于了解古代的风俗和宗教活动。研究畸形人骨的种类、出现频率和分布范围，可以探索古代文化交流和民族迁徙的历史，还可以从骨骼上考察古病理，追踪某些现代疾病的起源和发展。

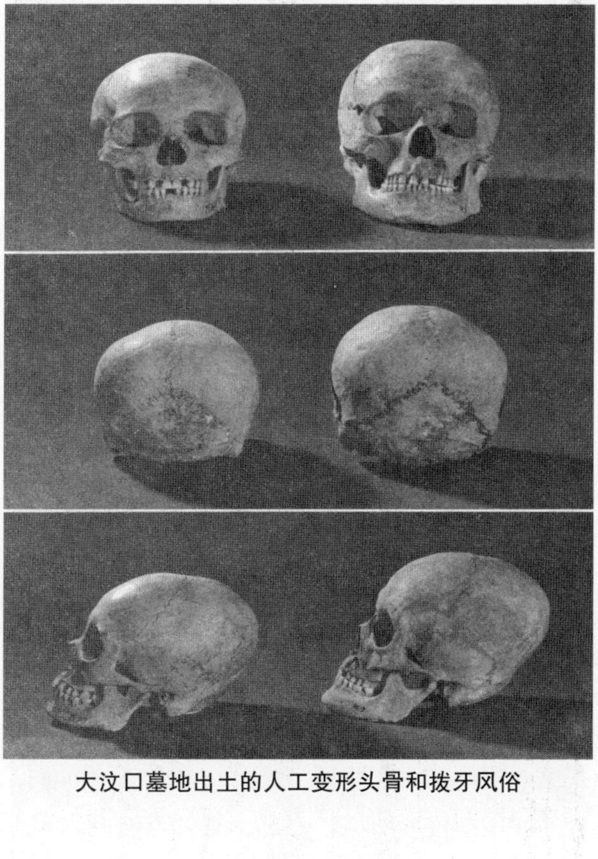

大汶口墓地出土的人工变形头骨和拔牙风俗

六、考古学与民族学的关系

民族考古学是考古学与民族学、文化人类学相结合的一个交叉性学科，也有人将民族考古学看作是一个分支学科，或者看作是考古学的一种特别的研究方法。民族考古学之所以逐渐被人们所接受，有着多方面的原因。首先考古学研究的是古代人类的文化；传统民族学的一个研究重点是保留到近代的原始民族的文化，而有些原始部落在一定程度上反映了早期人类文化的特点，因此，民族学和考古学研究的结论常常有共通之处。由于考古学家面对的是大量“死”去了的古代实物资料，尤其是史前考古学家更是如此，很多考古学现象仅仅依据实物资料往往无法解释明白；而民族学家通过深入调查，他们的研究可以通过“活”的资料很快得到证实。因此，一些敏感的考古学家往往能够从民族学资料中获取可资对比的材料，来解决考古学中遇到的疑难问题。这种古今类比，确实为考古学的发展开辟了又一个重要的途径。

中国学者很早就意识到，民族学资料对于考古学研究具有十分重要的意义。具体表现在以下几个方面：

1. 史前社会组织的研究

汪宁生通过大量民族学材料，对新石器时代“大房子”进行了重新研究，为恢复仰韶时期的社会组织形式提出了新的见解。还有一些研究者根据民族学材料，研究了史前墓葬反映的社会组织状况。汪宁生认为研究史前社会组织形式，不能仅仅着眼于某一方面的考古材料，要充分考虑考古材料的局限性以及不同时代和不同地区的差异，还要对相关的民族学材料进行综合分析，只有在全面把握各方面材料的基础上，才可能对某一地区特定时代的社会组织形式作出较为准确的判断。

2. 史前生产方式的研究

这是史前考古学研究的一个难点，因为考古学家所面对的主要一些生产工具，它们如何使用，使用的效率又怎样，只有通过民族学材料才可能了解清楚。因此，但凡研究史前农业和采集生产活动，研究者都要从相关的民族志中寻求可供类比的材料，进行综合考察。

3. 史前信仰和习俗的研究

宗教信仰和风俗习惯是社会生活的重要内容，在共同社会背景下生活的人类群体中的每一个人，都要遵循共同认可的风俗与习惯，都有共同的宗教信仰方式。对于史前信仰和习俗的研究，为许多学者所看重，这方面的著述数量相当多，涉及的课题有史前居住方式、埋葬方式和习俗、崇拜对象和信仰方式、饮食生活习俗等。

4. 器物功能的研究

考古学家直接面对着大量的古代器物，传统上他们对这些器物功能的研究主要是依据其质地、形状和出土状况等，这些研究确实也一次又一次地获得了巨大成功。但是也有许多问题并没有得到完全解决，有的甚至一点儿也没有解决，特别是对一些比较独特的器具，采用这样一些常规方法更是不能一下子真正地解释清楚。如此就不得不用民族考古学研究的方法，来解决难度较大的这一类问题。童恩正对铜鼓的研究、宋兆麟对飞石索和标枪头的研究等，都是比较成功的例子。

5. 文字起源的研究

符号与文字是人类交流思想、传承文化、记录信息的重要手段，对符号的创制和文字起源过程的考察，是史前考古学的一个重要研究课题。汪宁生对中国文字起源的研究、王恒杰对大汶口文化刻划符号的研究，都是通过大量民族学材料对考古所获得的符号和文字资料进行的诠释。

第三章　考古学简史

考古学的英文词根 arche 源自希腊文，意思是“开始、来源、起源”。一如亚里士多德所言：“追求的最佳途径就是从开始追随事物，观察它们如何产生以及它们如何发展。”在欧洲中世纪，archaeology 用得很少，而其探究的领域是在其他方面而非专指人类的历史。

直到近代，考古学才发展成为一门科学。近代考古学发祥于欧洲，后来普及到世界各国。从 15 世纪开始，欧洲新兴的资产阶级处于上升的阶段，他们在发展生产力的同时，也相应地发展了科学、技术和文化。这样，考古学也随着各门科学的产生而在欧洲出现了。

北宋以来的金石学是中国考古学的前身，但直到 20 世纪 20 年代，以田野调查发掘工作为基础的近代考古学才在中国出现。中文“考古学”的词意有着传统国学考证的意味。这是因为 19 世纪末，日本早在中国之前引入考古学，为了找到合适的译法，日本学者从中国宋代吕大临的《考古图》的书名得到启发，将其译为“考古学”。20 世纪初，当考古学引入中国时也采纳了这一译法。

第一节　世界考古学简史

考古学在欧洲的出现，有它的历史背景。首先是欧洲的文艺复兴促进了人们对古典时代的语言和美术史的研究，从而开始了对希腊罗马时代的雕刻和铭刻的搜集，又进而对基督教圣地巴勒斯坦地区的古迹和古物发生兴趣，后来这种兴趣还扩大到对近东地区的埃及、巴比伦等地更为古老的古迹和古物的寻访与搜集。

当时，在西欧和北欧，法兰西、英吉利、德意志、瑞典、丹麦等许多资本主义民族国家相继成立。这些国家没有像希腊罗马那样古老的历史文献，于是它们企图凭借先民遗留下来的古迹和古物，宣扬古代历史，以增进爱国主义思想和民族自豪感。这也是近代考古学产生的原因之一。

地质学和生物学的发展，推翻了《圣经》中关于上帝造人的神话。尤其是到了19世纪中叶，达尔文《物种起源》、莱尔《从地质证据来证明人类的古老》和赫胥黎《人类在自然界中的地位》的出版使人们懂得人类的出现至少在数十万年之前，并认识到人类是由猿类演化而来的。于是，史前考古学产生了。它以进化论的理论为指导，按照近代自然科学的传统，以严格的科学方法从事研究，使作为科学的近代考古学从此得以成立。

纵观世界考古学的发生、发展的全部过程，可以按照阶段的不同，将它分为萌芽期、形成期、成熟期、发展期和继续发展期。

一、萌芽期

萌芽期约从1760年到1840年。18世纪末，法国资产阶级革命促进了考古学的成长。当拿破仑远征埃及时，有研究埃及的学者同行，在埃及寻访古迹和古物。接着拿破仑又从意大利、西班牙等地掠夺古物，作为战利品，并在法国建立博物馆。他派亲族统治意大利，并大规模地发掘公元79年火山爆发时被埋没的庞培城址。特别是拿破仑的部下在埃及发现了罗塞塔石碑，碑上的三体文字为学者们考释埃及象形文字提供了重要的钥匙。1822年法国学者商博良释出了这种象形文字，奠定了埃及学的基础。

另一方面，德国温克尔曼（1717—1768）开始利用古代的遗物，而不是专靠古代的文献，从事欧洲古代史的研究。他以保存在罗马等地的许多古代美术品为资料，写成名著《古代美术史》。有的学者称他为“考古学之父”，可见他对考古学影响之大，尽管古代美术史并不等于考古学。

二、形成期

形成期从1840年到1867年。19世纪中叶，考古学终于发展成为一门严谨的科学，这首先应该归功于史前考古学。由于史前时代没有任何文献记载，对史前史的研究必须完全依靠考古学，而史前考古学的发展又推动了整个考古学的发展。1819年，丹麦皇家博物馆馆长汤姆森从该馆所藏的史前古物着眼，提出了著名的“三期论”，认为史前时代的丹麦经历了石器时代、铜器时代和铁器时代三个时期。不久沃尔索又进而把“三期论”用于野外古迹的分期，并以发掘工作中所见的地层关系作为证明。1843年，沃尔索发表了《丹麦原始时代古物》一书，使“三期论”从此成为史前考古学的研究基础。

由于丹麦没有旧石器时代文化遗存，对旧石器文化的研究，是从英、法两国开始的。法国布歇·德·彼尔特在索姆河畔首先发现旧石器，并认定是原始人类所用的工具。1859 年英国考古学家和地质学家核查了布歇·德·彼尔特的发现，确认此地的旧石器是与已经绝灭的动物化石共存的，从而证实了他的学说。1865 年英国的卢伯克（1834—1913）使用希腊语的词根，创造了“旧石器”（Palaeolithic）和“新石器”（Neolithic）两个名词，以表示两个石器时代的存在。当时，进化论已成为欧洲思想界的主流，它为史前考古学开辟了前进的道路。于 1856 年发现的尼安德特人的头骨化石，不久也被引用为进化论的物证，彻底否定了上帝于公元前 4004 年造人的神话。后来，拉尔泰（1801—1871）又用古脊椎动物化石作标准，把旧石器时代分为三期；莫尔蒂耶则用第一次发现的地点作为各期的名称。这种分期法和定名法，至今仍为考古学界所通用。

1853—1854 年在瑞士境内发现的“湖居”遗址，有着许多保存良好的遗迹和遗物。湖居遗址中除了新石器时代的遗存以外，还包含有铜器时代和早期铁器时代的遗存。1846—1864 年在哈尔施塔特的发掘和 1858—1860 年在拉登的发掘，证实了欧洲的史前时代应包括早期铁器时代，这两处地名便被用作欧洲史前考古学中的两个分期的名称，后来又成为两个文化的名称。

作为近代考古学形成的重要标志，1866 年在瑞士召开了第一次“人类学和史前考古学国际会议”。这使得考古学作为一门科学，在国际学术界得到了普遍的承认。到 1912 年为止，这个国际会议共开过 14 次。1932 年改名为“先史学和原史学国际会议”，在英国首次举行。1986 年在英国举行的第 11 次会议第一次加上“世界考古学会议”的副标题。迄今为止，世界考古学会议已经举办了 15 届。1867 年在巴黎举办的规模宏大的世界博览会，其中有一个“劳动历史陈列馆”，以史前时代的劳动工具为主要陈列品。莫尔蒂耶负责欧洲各地标本的选定和陈列，马里埃特则负责埃及考古学标本的选定。这样，考古学在广大群众中也产生了重要的影响。

三、成熟期

成熟期约从 1867 年到 1918 年。这时期考古学的研究出现了空前的兴盛局面。这主要表现在类型学的发展和史前考古学的系统化，自然科学的方法被应用，田野调查发掘工作开始科学化，近代考古学从欧洲、北非、西亚普及到东亚和美洲。

这一时期已开始采用自然科学的方法。例如，20 世纪初，地质学家把欧洲的地质年代确定为四个冰期和三个间冰期。于是，考古学家把旧石器时代文化与冰期、间冰期的划分联系起来进行分期。各冰期的绝对年代最初是根据地层的厚度来推测的，极不可靠。1910 年瑞典德耶尔（1859—1943）提出了季候泥层分析法，判定斯堪的纳维亚地区泥层的绝对年代可以上推到 1 万年左右。不过这一分析法的应用只限于一定的地区，而且必须将考古资料与地质年代学的泥层联系起来，才能判定。此外，蒙特柳斯除了对欧洲青铜时代的相对年代进行分期以外，1904 年还对各期的绝对年代作过推测。

在这一时期，考古学最重要的发展是发掘方法的改进。可以说，真正的、科学的考古发掘，是从这时期开始的。首先是明确了发掘的目的不是为了挖宝，而是要把地下的古迹和古物揭露出来，了解它们原来的位置、布局和后来的变化，这样就可以使由于时间的推移而被灰烬和泥土掩埋起来的人类的历史得到重现。

19 世纪后期，德国和奥地利的考古学家在希腊和意大利发展了考古发掘的技术。在庞培古城遗址，意大利的考古学家进一步发展菲奥雷利的发掘方法。在近东，1870 年以发现荷马史诗中的特洛伊古城而闻名于世的谢里曼，除了在发掘中采集全部遗物并注意地层关系以外，他还要求充分做好包括绘图、照相在内的各种记录，迅速整理资料，及时发表报告。英国的皮特里在埃及的发掘工作中，更讲求发掘方法的科学化，他于 1904 年写出《考古学的目的和方法》一书，总结了自己的工作经验。在英国，皮特里的前辈皮特—里弗斯则被视为科学考古发掘的创始者，早在 1880—1900 年，他便已用上述的科学方法在英国克兰伯恩蔡斯地区发掘居住遗址和古墓。这样，考古学也就被承认是利用实物的证据以探索古代人类历史的一门科学了。

四、发展期

发展期约从 1918 年到 1950 年代。第一次世界大战结束后，各国的考古研究工作很快就恢复开展起来，使考古学的发展进入了一个新的时期。这一时期，不仅有更多的考古新发现，更重要的是在理论方面有了发展和提高，调查发掘工作更加科学化，自然科学和科学技术方法广泛应用，考古工作在地域上进一步扩大，成为世界范围的考古学。

作为考古学的基本概念之一，“文化”代替了“时期”。从前的所谓“阿舍利时期”、“莫斯特时期”之类，这时都改称“阿舍利文化”和“莫斯特文化”等。这主要是因为考古学的“文化”有地域上的局限性，一种“文化”不能代表世界范围内的一个时期，各种不同的“文化”往往在同一个时期中并存，实际上是各自代表具有同样文化传统的共同体。明确了考古学“文化”

这一基本概念之后，考古学研究就必须有更多的资料和对资料更为精细的分析，而研究的结果就能更符合客观的实际。

在田野考古学方面，调查发掘工作的科学性又有了显著的提高。最能代表这一时期田野考古学的水平的，是英国的考古学家惠勒。他总结前代田野考古学家们的经验并加以发展，除了提高发掘的技术以外，还强调要提高发掘的目标。他主张考古学家要掘出古代的“人民”，而不仅仅是掘出古代的文物。由于田野考古工作水平有了新的提高，世界各地的许多重要的遗迹才能运用新的技术和方法进行发掘，而发掘出来的遗物也能得到妥善的处理。1923 年英国的卡特在埃及发掘图坦哈蒙墓，1926 年英国的吴雷在伊拉克境内的乌尔发掘苏美尔王陵，都获得了成功。这与 19 世纪中期在埃及和两河流域的发掘相比，已经不可同日而语了。

第一次世界大战以后，各种自然科学和技术科学都得到了快速的发展，它们在考古学上的应用比前一时期更为广泛和普遍。例如，在勘察方面，除利用空中摄影技术探索地面上的遗迹以外，还利用“地抗力”的测定法以探测埋藏于地下的遗迹。在分析、鉴定方面，则应用地质学、物理学和化学的方法判别岩石、矿物和金属制品的质地与成分，应用体质人类学、动物学和植物学的方法以鉴别人骨的性质、兽骨的种类和农作物的品种等。结合考古发掘，进行古代土壤和其中所含孢子花粉的分析以了解古代的植被面貌，也是从这个时期开始的。

这一时期的特点，还表现在随着国际政治形势的变化和学术知识的传播，考古工作进一步在全世界范围内普及，促进了考古学研究的世界化。中国的考古发掘工作就是在这个时期正式开始的，而且很快就取得了重大的成果。

日本考古学发端于 1877 年，美国人莫尔斯在东京郊区发掘了新石器时代绳纹文化的遗址大森贝塚。1884 年日本学者在东京弥生町发现弥生文化的陶器，此后的发掘证明弥生文化已有铜器和铁器。在年代序列上，继弥生文化之后的是古坟文化，它属于日本的原史时代。1918 年鸟居龙藏发表题为《有史以前的日本》的著作，对前一时期的考古工作进行了总结。1934 年在奈良县开始对藤原宫遗址进行调查发掘，把田野考古工作的范围扩展到了历史时代；1949 年在群马县岩宿发现“无土器时代文化”，又将史前考古学的研究推进到了旧石器时代。为了引进西欧近代考古学的理论、方法和技术，滨田耕作曾到伦敦大学向皮特里学习，归国后在京都大学举办考古学讲座，培养了许多新的考古学家。

埃及以外的非洲地区曾被看作“黑暗大陆”，没有什么古代文化可言。但在这一时期，不仅法国人在地中海沿岸的突尼斯等地发现了迦太基和罗马时代的遗迹与遗物，而且在非洲各地都发现了旧石器时代和新石器时代的文化遗存。步日耶曾在20世纪40年代对出土的旧石器作过研究，还临摹了南非的岩画。20世纪30年代以来，布鲁姆在南非，利基在东非发现了南方古猿的化石，它们可能是直立人的直系祖先，与之共存的据说有打制的砾石工具，以后被称为奥杜韦文化。因此，有人认为东非也许是人类最初的摇篮。

美洲的考古工作也获得进一步开展。墨西哥和秘鲁是美洲古代文明的两个中心，最受重视。秘鲁的特略发现了查文遗址，发掘工作证明查文文化是秘鲁最早的文明，年代约从公元前900年到公元300年。墨西哥的卡索发现了蒙特阿尔万遗址，它是萨波特克文化的中心，年代约当公元前600年至公元600年。但是这一时期更多的考古工作是由美、英等外国学者做的，他们对墨西哥的玛雅文化和奥尔梅克文化等都做过分析和研究。美国学者在美国境内，主要是研究史前时代的印第安文化，研究方法的特点在于考古发掘与民族志调查（调查现存的印第安人部落）相结合。1926年，在新墨西哥州的福尔瑟姆发现美洲当时所知最早的石器，年代约在公元前9000年至公元前8000年。

综上所述，由于考古工作在地域上由欧洲、近东扩大到全世界，前一时期以小范围内的研究为基础而建立起来的单线演进的人类社会发展史体系，已经不适用于全世界这个庞大的范围。这就是为什么考古学“文化”的概念必须取代过去的“时期”的概念之原因。这种发展也为建立全球范围的“世界考古学”体系打下了基础。

五、继续发展期

约从1950年代至今，考古学进入了一个新的发展期，其特点基本上是前一时期各个特点的继续发展，中华人民共和国考古学的兴盛则是这一时期的新特点。

在20世纪60年代，美国兴起以宾福德为首的所谓“新考古学派”，主张考古学应该是一门研究“文化过程”的科学，研究的目标在于探求“文化动力学”的规律。他们创制或借用一些新兴的术语，以阐述他们的范例和理论。他们把总结人类行为的规律或法则看作考古学的最终目标，但显然过高估计了考古资料的信息含量和考古学家的释读能力，因为考古材料的不完整性严重地限制了他们在概括人类行为基本特征时的应用。

第二次世界大战后，自然科学和技术科学快速发展，在考古学上的应用也更为广泛、更为重要。如电磁测定法用于探寻遗迹，放射性碳素测定法、钾—氩法、热释光测定法、古地磁测定法等用于测定遗迹和遗物的年代，X射线荧光分析法、电子探针显微分析法、中子活化分析法等用于分析遗物的成分等，使得考古学研究得到很大的进展。用电子计算机贮存并分析各种考古资料，也是这一时期开始的。尤其是放射性碳素断代的广泛应用，使考古学家能确知各种史前文化的绝对年代，从而就它们之间的年代先后序列作出确切可靠的结论，这可以说是史前考古学上的一次革命。过去，欧洲的考古学家们认为，欧洲新石器时代和青铜时代文化的绝对年代较晚，是受到近东地区文化的影响才发展起来的，经过放射性碳素断代，才知道它们其实并不晚，很可能是独自形成的。这使得柴尔德在他的遗著《欧洲社会的史前史》一书中也改变了以前自己在这一问题上的看法。此外，由于航空技术和摄影技术的提高，特别是人造卫星上天之后，航空摄影发展为航天摄影，使得前一时期创立的航空考古学又有了显著的进展。潜水设备的改进，则使水下考古学在这一时期得到正式的确立。

这一时期内，随着考古调查发掘工作的广泛开展，新的发现不断增多，加上自然科学方法在年代学上的进一步应用，史前考古学的年代上限大大向前推进了。早在1925年被雷蒙德·达特在南非发现的南方古猿化石，直到这一时期才被承认，并被命名为“汤恩小孩”。与此同时，肯尼亚学者利基在奥杜韦的第一和第二层发现了能人化石，截至1978年，已出土了10个个体，其年代早于直立人。地层中也有奥杜韦文化的砾石器，从而提早了人类及其文化的历史。R. 利基继其父老利基之后，和其母M. 利基在肯尼亚发现了更多的南方古猿化石，据钾—氩法测定，它们的绝对年代集中在距今250万—450万年之间。近年来，考古学家更是在西非的乍得发现了更早的南方古猿，年代为600万—700万年前。这些成果引起了国际考古学界的极大重视。在新石器时代方面，农业起源的年代也大为提早。例如，在西亚的两河流域，通过在耶莫和耶利哥等处的发掘，发现了从渔猎生活到农业定居生活的过渡性的文化遗址。在中美洲的墨西哥，发现了处于开始栽培阶段的玉米遗存，后来还在中美洲和南美洲各地发现其他早期的农作物遗存，为美洲农业的起源提供了新证据。

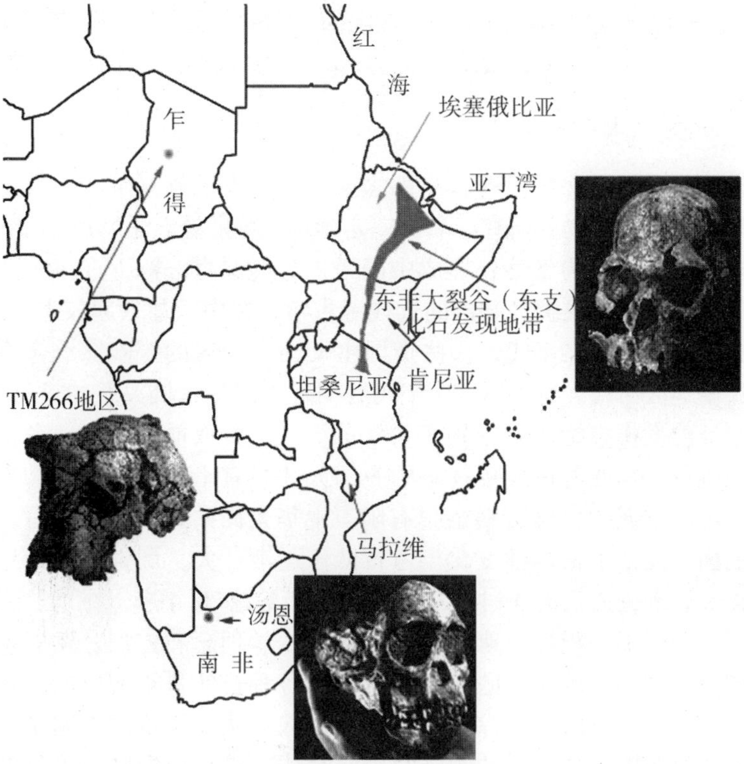

非洲发现的南方古猿化石

这一时期考古学研究的另一趋向，是历史考古学受到高度的重视，年代下限被逐渐向下延伸。在欧洲，除了“中世纪考古学”和“中世纪以后时期的考古学”以外，甚至还提出所谓“工业考古学”；在美洲，则把“殖民地时代考古学”和“历史时代遗址考古学”合称为“历史考古学”。历史考古学受到重视，是考古学进一步发展的必然结果。但严格说来，欧洲的“工业考古学”和美洲的“历史考古学”都不能算作真正的考古学。这也许是对过去学术界过于偏重史前考古学的矫枉过正。

中国考古学是世界考古学的重要组成部分。在这一时期，中国的考古学获得了空前的发展，其研究的成果不仅丰富了中国考古学的内容，而且也充实了世界考古学的体系。

第二节　中国考古学简史

中国作为世界上文明发达较早的国家之一，很早就有学者注意进行古代遗迹的考察和古代遗物的研究。具有一定学术系统的金石学，产生于1 000年前的北宋，到清代更为发达，形成中国考古学的前身，留下许多重要的研究成果。但以田野调查发掘为基础的近代考古学，在中国却兴起较迟。从19世纪末到20世纪20—30年代，一些帝国主义国家派遣的探险队、考察队，潜入中国边疆地区活动。20世纪20年代后期，中国学术机关开始进行周口店、殷墟等遗址的发掘，标志着中国考古学的诞生。解放前的中国，考古工作不能很好地进行，掌握考古发掘技术的专门人才只有十几位，做过大规模发掘的遗址很少，掌握的科学资料也很有限。中华人民共和国成立以后，整个考古工作的面貌发生了根本性变化。考古队伍逐渐壮大，调查发掘的地域和时代空前扩展，理论方法的探讨百家争鸣。尤其是近20年来，在以马克思主义为指导的总前提下，积极吸取国外先进的考古学理念和方法，发展出了一套符合我国国情的创新思想，同时也注意利用各种自然科学的方法，考古研究工作不断开展，专题研究和综合研究不断深入，从而逐步建立起中国考古学的体系。通过与国外学术界的积极交流与合作，扩展了中国考古学的生存空间，推广了中华文化的内涵和价值，取得了举世瞩目的巨大成就。

一、中国的金石学

中国考古学诞生之前的情况同考古学最早萌生的西欧地区类似，中国考古学的前身同样经历了一个以收藏古物为认识过去的手段的时期。只是，中国的古器物学（在中国称为“金石学”）并没有像西欧那样直接进化到考古学，而是在清末民国时期的基本国情下，又受到了西方近代考古学思想的影响才迈出了决定性一步。

公元前4世纪的春秋战国时期，人们已经朦胧地懂得收藏古物的价值，甚至在当时京都洛阳建起了一个类似今日博物馆的“守藏室”。至公元10世纪的宋代，我国金石学研究已颇为发达，有志者开始编纂专著出版。例如，北宋元祐七年（1092年）吕大临编纂的《考古图》（此书名也是中国出现得最早的“考古”词汇，只是这个考古指的是考察古物或古代，而不是现代意义上的考古学），既绘有器形图，还记录了每器的尺寸、名称和出土地点。它比起 1842 年丹麦青年考古学家沃尔索所著的《丹麦早期古物》一书足足早了 750 年。

此后，又有宋徽宗敕撰的《宣和博古图》、薛尚功的《历代钟鼎彝器款识法帖》、欧阳修的《集古录》、赵明诚的《金石录》等。清代以来，分门别类的著作如雨后春笋，除继北宋以来的金石著作外，又增添了钱币、玉器、陶瓷器、碑刻等方面的著作，其中古文字研究成果尤为突出，对证史和补史均起到了重要的作用。因此，可以毫不夸张地说，中国是世界上建立博物馆最早、出版古物研究专著最早、萌发考古思想最早的国家。不过令人惋惜的是，这一切努力并不能形成一门独立的学科，至多只能说为近代考古学的形成奠定了坚实的基础。

二、近代考古学的传入

19 世纪末，欧洲的考古学已经日渐兴盛，趋于成熟。当时已有一些中国学者对他们的业绩十分注意，曾在著作中加以介绍。例如，1900 年章太炎在《中国通史略例》中介绍西洋史学思想时提及：“今日治史，不专赖域中典籍，凡皇古异闻，种界实迹，见于洪积石层，足以补旧史所不逮者。”1901 年梁启超在《中国史叙论》中，更讲到 19 世纪中叶以来欧洲考古学家将史前时期划分为石器时代、铜器时代、铁器时代三期，并将中国古史传说与其比附。1898 年安阳小屯村再次发现有字甲骨，引起了王懿荣、刘鹗等金石学家的注意。1900 年敦煌石窟又发现储存大量古代写本文书和其他文物的藏经洞。这是近代学术史上的两项惊人发现，成了中国考古学诞生的前兆。由于当时清王朝行将崩溃，帝国主义列强正加紧侵略和瓜分中国，考古遗迹得不到妥善的保护，更没有条件进行考古发掘。一些帝国主义国家纷纷派遣考察队潜入中国边疆，以考古研究为名，有的掠夺珍贵文物，有的测绘地图，刺探情报。他们以非科学方法进行调查发掘，致使许多古代遗迹遭到破坏，造成中国文化遗产的极大损失。最早来中国进行考古活动的是日本人和俄国人。中日甲午战争刚刚结束，鸟居龙藏到被日本强占的旅大地区调查古代遗址，不久又去台湾活动。俄国学士院的克列缅茨则在 1898 年率领考察队在新疆吐鲁番地区挖掘。1900 年以后的十余年间，仅在新疆及邻近地区作过多次考察的就有英国的斯坦因，瑞典的斯文赫定，德国的格林威德尔、勒科克，日本的大谷光瑞、桔瑞超，法国的伯希和，俄国的科兹洛夫、奥尔登堡等。被挖掘的地点主要有民丰尼雅遗址，罗布淖尔楼兰遗址，吐鲁番的高昌古城遗址、交河古城遗址和阿斯塔纳墓群，吉木萨尔的北庭都护府城址，敦煌、酒泉和额济纳河流域的汉代烽燧遗址，以及西夏到元代的黑城遗址。他们不仅窃取从这些遗址中采集的汉晋简牍、高昌文书、汉唐丝织品和其他珍贵文物，而且还劫取了克孜尔石窟、柏孜克里克石窟、库木吐喇石窟的精美壁画，斯坦因、伯希和、桔瑞超、奥尔登堡还从敦煌石窟骗取了学术价值极高的大量写本文书。与此同时，鸟居龙藏在日俄战争之后，将其调查足迹从旅大和辽东半岛，逐渐扩展到东北三省和内蒙古东部的大部地区。滨田耕作也在这个时期发掘了旅顺刁家屯的汉墓。另外，日本的伊东忠太、关野贞和法国的沙畹、色伽兰等人，又在内地一些省份进行古代建筑、石窟寺和陵墓的考察。法国传教士桑志华在天津建立的北疆博物院开展过黄河流域及白河沿岸的考古调查，在河套地区发现了萨拉乌苏遗址和水洞沟遗址。

从1920年前后开始，中国北洋政府开始聘请外国学者或与外国学术单位合作进行考古工作。1918年，中国政府聘任的矿政顾问、瑞典地质和考古学家安特生，与中国地质调查所负责人丁文江、翁文灏商定，共同进行古脊椎动物化石的采集工作，由瑞典方面提供经费、派遣专家，采集到的标本送瑞典研究后，分存瑞典博物馆和中国地质调查所两处。1921年，安特生和奥地利人师丹斯基在北京周口店采掘脊椎动物化石时，发现龙骨山遗址，后在瑞典整理所出动物化石，发现一枚人科动物的牙齿化石，引起学术界的关注。同年，安特生在河南渑池县仰韶村，发现以彩陶为显著特征的新石器时代遗存，并进行首次发掘，提出仰韶文化的命名。随后，他又去甘肃、青海进行史前遗址的调查发掘，将甘青地区的远古文化分为齐家、仰韶、马厂、辛店、寺洼、沙井六期。

第一次由中国学者主持的田野考古工作，是1926年从美国学习人类学归来的李济在山西夏县西阴村遗址进行的发掘。但这是一次国际合作性质的工作，由美国弗利尔美术馆与清华大学研究院共同进行，美方提供经费。这次发掘还不是由中国学术机关独立进行的考古工作，发掘的规模也较小。

北京大学研究所国学门早在1922年便成立考古研究室，马衡被聘为室主任兼导师。马衡是一位金石学家，当时并不知道怎样开展科学的考古发掘，在田野考古方面仅1923年查看了孟津、新郑出土铜器的地点及洛阳汉魏故城太学遗址。1924年，北京大学考古学研究室设立考古学会。1927年，日本东亚考古学会由滨田耕作、原田淑人等出面，邀请北京大学考古学会马衡、沈兼士等，在东京联合组成“东方考古学会”，当年在旅大地区共同发掘貔子窝（今皮口镇）附近的单砣子等遗址。不久中国学者陆续退出这一活动。1927年，以中国学术团体协会名义与瑞典探险家斯文赫定合组的西北科学考察团成立，北京大学教授徐炳昶（旭升）被推选为中方团长，黄文弼代表北京大学考古学会参加该团去新疆进行考古工作。这次考察工作持续到1933年，活动经费由斯文赫定提供。

这一时期，金石学家继续作出自己的贡献。特别是孙诒让、罗振玉、王国维三人，对甲骨文的研究有开拓之功，成绩尤为卓著。

中国著名的金石学家和早期考古学家：罗振玉、王国维、马衡、徐炳昶（由左至右）

三、中国考古学的诞生与初步发展

1928—1948年为中国考古学诞生与初步发展阶段。这一时期，考古学从诞生走向初具规模，田野考古主要限于周口店、殷墟、新疆以及黄河流域和长江下游的史前遗址，尚存在较多的年代缺环和地区空白，未能形成比较完整的体系。但终归开辟了中国考古学的道路，摸索出一套适合中国特点的田野工作方法，积累了一批通过正规发掘获得的科学资料，有些学者对甲骨、金文、墓志等铭刻资料进行研究，取得了新的成就。

1928年，“中央研究院”历史语言研究所成立，内设考古组。同年10月派董作宾前往安阳小屯进行调查试掘，准备大规模地展开工作。这是中国考古学诞生的重要标志。1929年，李济作为当时中国唯一具有近代考古学知识和发掘经验的学者，被聘任为中央研究院历史语言研究所考古组主任。同年，中国地质调查所新生代研究室及北平研究院史学研究会考古组分别成立。从此，中国有了自己的从事考古研究的学术机构。

1929年在裴文中的主持下，发现了第一个北京人的头盖骨化石。随后，发现了大批石制品和人类用火痕迹，使北京人的文化遗存得到确认。1933年由裴文中和贾兰坡发掘了山顶洞人遗址。

1928—1937年间，对殷墟进行了15次发掘，累计发掘面积达46 000多平方米。开始发掘小屯遗址的时候，发掘水平不高，主要目标是获取有字甲骨，还缺乏分辨复杂遗迹的能力。1930 年，在国外专攻考古学专业的梁思永学成归来，不久参与山东历城县城子崖遗址的发掘，辨识了仰韶文化以外的又一种新石器时代遗存，后来被命名为龙山文化。梁思永后来又进行安阳后冈遗址的发掘，从地层上解决了仰韶文化、龙山文化和商代文化的相对年代问题。他还参加小屯遗址的发掘，在发掘方法上进行了明显的改进。从此，殷墟发掘走上科学的轨道，取得了较大的收获。在小屯村一带，先后发现 50 多座夯土建筑基址，获得 22 000 多片有字甲骨和其他珍贵文物。在侯家庄西北岗商王陵区又发掘 10 座规模特大的商代大墓以及上千座“人牲”祭祀坑，从而为中国考古学和中国上古史的研究积累了极为宝贵的科学资料。与此同时，又发掘浚县辛村西周卫国墓地、汲县山彪镇和辉县琉璃阁的战国时期魏国墓葬，以及日照两城镇、永城造律台等地的龙山文化遗址。

1928—1933 年，由中外学者组成的中瑞西北科学考察团，在新疆及邻近地区活动。这一时期，中国学者所做的田野考古工作，主要有黄文弼在吐鲁番附近调查发掘高昌古城、交河古城遗址及高昌墓地，在塔里木盆地周围调查汉唐时代的城堡、寺庙、沟渠和屯戍遗址，在罗布淖尔附近调查发掘史前遗址和汉代烽燧遗址；袁复礼在吉木萨尔附近勘察并实测唐北庭都护府汉代烽燧遗址，且获汉代简牍 1 万余支；又在内蒙古和新疆发现一批以细石器为主要特征的新石器时代遗存。

1933—1935 年，北平研究院在徐炳昶领导下，进行宝鸡斗鸡台附近的发掘。后来由苏秉琦将沟东区的周秦墓葬进行了整理和分期研究，并且提出了探索周文化渊源的线索问题。该院又对河北邯郸附近的响堂山石窟作过比较详细的勘查。另外，西湖博物馆于 1933—1936 年在浙江的一些地方进行新石器时代遗址的调查，发现并发掘了良渚遗址。林惠祥等学者在东南沿海各省、台湾省和香港地区，华西大学的美国学者在四川广汉和西康道孚附近，都先后进行了考古调查。还有学者进行了六朝陵墓和古代窑址的考察。

“九一八”事变前，日本“东亚考古学会”在旅大地区发掘了牧羊城遗址及南山里汉墓、营城子汉墓等。“九一八”事变后，该会的活动扩大到东北其他地方，发掘了赤峰红山后遗址、渤海上京龙泉府遗址及元上都遗址；同时，还发掘了顾乡屯地点、集安高句丽壁画墓，并调查了辽代帝陵。此后，原田淑人等又以该会和“东亚文化协会”的名义，发掘邯郸赵王城和曲阜鲁灵光殿遗址。水野清一等于 1937—1944 年间 8 次前往山西大同，对云冈石窟进行详细的调查和实测，并在附近做过一些发掘。

四、中国考古学的全面发展

1949 年后至今，中国考古学进入了一个新的发展时期。这一阶段考古学的全面发展主要体现在以下几个方面：一是考古队伍的迅速成长；二是田野考古工作的扩大和发掘水平的提升；三是现代自然科学方法在考古学中得到广泛应用；四是中国考古学的体系逐渐完备；五是扩宽国际视野，关于考古学理论的思考逐步开展并走向深入。

中华人民共和国成立以后，人民政府颁布了关于保护古代文物的法令，恢复周口店、殷墟两项中断十多年的考古发掘。随后，在文化部设立文物局，主管全国的文物保护工作，在中国科学院设立考古研究所，专门从事考古研究工作。各大行政区和各省、市、自治区，也相继成立文物管理委员会，负责当地的文物保护工作，承担配合基本建设的清理发掘任务。北京大学创办了考古专业，培养考古专门人才。在考古发掘和研究的实践中，各地的考古队伍日益壮大起来。1979 年 4 月成立了中国考古学会，这是中国考古事业走向繁荣的重要标志。以后又相继成立古文字、古陶瓷、古外销瓷、铜鼓、楚文化等与考古学关系密切的研究会。

20 世纪 50 至 60 年代前期，中国科学院考古研究所和黄河、长江流域的部分省级文物单位，对史前时期的半坡遗址、北首岭遗址、庙底沟遗址、大汶口墓地、屈家岭遗址、北阴阳营遗址，商周时期的二里头遗址、郑州商代遗址、丰镐遗址、洛阳东周城、侯马晋城，以及汉唐两京城址、元大都遗址和其他重要遗址，分别进行了规模较大的发掘。但大面积揭露的遗址尚不甚多，各地田野工作的发展不平衡。20 世纪 70 年代后期开始，中国考古学正式进入了发现的黄金时期，除继续配合工程建设和抢救性进行的发掘外，几乎每个省都曾选择保存较好的史前遗址进行重点发掘。连工作力量最薄弱的西南边疆和北方沙漠草原地带，也都发掘过史前遗址，例如西藏昌都的卡若遗址就揭露了数十座房基。各地在此期间大面积发掘和勘察的重要遗址主要有：登封王城岗城堡、淮阳平粮台城堡、成都金沙遗址、二里头宫殿遗址、偃师尸乡沟商城、黄陂盘龙城遗址、周原遗址、纪南城遗址、曲阜鲁城遗址、凤翔秦国宗庙遗址、居延烽燧遗址，以及汉唐两京的某些遗址。还发掘许多结构复杂、埋葬丰富的大型墓葬，例如随州曾侯乙墓、平山中山王墓、广州南越王墓、长沙马王堆汉墓、满城汉墓，以及范围很大的西安秦兵马俑坑等。数量之多，分布之广，工作规模之大，都是过去所无法比拟的。

金沙遗址“兰苑”发掘场景

在此过程中，中国的田野考古更加完善，已达到较高的科学水平。20 世纪 50 年代初期，在辉县琉璃阁的发掘工作中，第一次成功地剔剥出一座完整的车马坑，曾被西方考古学家誉为考古发掘方法的新进步。多年来，中国的细致考古发掘，一直得到国际考古学界的广泛好评。考古工作者进行原始聚落遗址和氏族公共墓地的发掘，力求比较全面地揭露布局情况，复原当时社会生活的全貌，进行古代城址的勘察，着重了解它们的整体规划，先确定城垣范围和城门位置，再以城门为基点探寻主干大道和重要建筑遗迹。至于古今重合的城市，则充分利用文献资料提供的线索，根据地面现存的古代建筑和可以肯定的旧街道等遗迹，结合以重点钻探、发掘，也能较好地复原古城的平面布局。在清理许多大型墓葬的过程中，考古工作者妥善地处理了糟朽不堪的漆木器、丝织品、帛书、帛画，使之较好地保存下来；对于散乱的玉衣、铠甲、简牍，在清理过程中，特别注意各个零件的位置和相互关系，仔细观察和做好记录，以复原它们的整体。考古发掘还扩大到古代的矿场、铸铜和冶炼作坊、烧制砖瓦和陶瓷器的窑址，以及造船工场、沉船、桥梁等。这些情况说明，中国的田野考古已经真正成为科学化的学术研究工作。

国际上从 20 世纪 50 年代初期开始应用放射性碳素断代的方法，被视为史前考古学中一场划时代的革命。中国科学院考古研究所（1978 年后划归中国社会科学院）于 1965 年底建成中国第一个放射性碳素断代实验室，1972 年开始公布年代数据。后来，北京大学考古专业等单位，也相继建立了这种实验室。放射性碳素断代已成为中国史前考古学测定年代的必要手段。这为建立各种文化类型的年代序列，提供了更加可靠的科学根据。在探寻中国新石器时代早期的文化遗存，进行夏文化的探索和先商、先周文化的研究方面，放射性碳素断代也有重要的推动作用。其他几种断代方法，例如热释光断代、古地磁断代、钾—氩法断代、骨化石含氟量断代、铀系法断代等，也都已陆续采用。为了鉴别各种遗物的原料、成分、产地和制造工艺，除继续进行通常的化学分析及光谱分析、金相分析外，一些更为先进的测定方法，例如X射线荧光分析、中子活化分析、电子探针显微分析、X射线衍射分析、穆斯堡尔谱分析、同位素质谱分析等，也已在中国考古学中得到应用。尤其是对金属品、陶瓷器、玻璃器和纺织品，进行了较多的分析研究，取得了重要的成果。中国新石器时代居民的体质特征和种系属性的研究，基本上是近40多年来开展起来的。对许多氏族公共墓地的人骨资料，都曾进行体质人类学的鉴定研究，目前已经积累了大量资料，开始对中国新石器时代居民的种系分布问题提出一定的看法。通过对孢子花粉的分析考察古代的自然环境，鉴定作物标本的品种、动物骨骼的种属，探讨中国农业和家畜的起源，也有相当的进展。考古学在探寻古代人类活动中的作用无可替代，在建立了基本的年代序列和文化谱系之后更为重要的工作就是复原整个的人类活动。这包括探寻领域的扩展和新理论与技术的运用。前者如航空考古学和水下考古学，后者如过程主义考古学的理论等。甚至关于过去的任何一个方面都发展出了考古学新的分支学科，如妇女考古学、环境考古学、动物考古学、植物考古学等。

旧石器时代的考古研究，全国除新疆地区尚待探寻外，各个省、区都已找到旧石器时代遗存，并且发现了年代早于北京人的元谋人和蓝田人，提早了中国考古学的年代上限。特别是旧石器时代晚期遗址，从喜马拉雅山下至黑龙江畔，到处都有发现。各地发现的300多处人类化石和旧石器地点，代表了人类进化和旧石器文化发展的各个阶段。利用各种手段复原古人类的生活环境也取得了可喜的成绩，使中国旧石器时代文化传统的探索有了一定成果。新石器时代的研究，最重要的成果之一，是早期文化遗存的发现。继在黄河流域发现早于仰韶文化的磁山·裴李岗文化和长江流域发现河姆渡文化、马家浜文化之后，距今1万年左右的遗存和文化也相继被发现，大大拓展了对新石器时代研究的思路。东南沿海地区和西南地区、东北至新疆的广大边远地区，虽然未能完全弄清当地原始文化的序列和相互关系，但已发掘了大量的代表性遗址，提出几种文化的命名问题，研究工作开始深入。各地的原始文化，既有不同的文化传统，又有密切的相互关系，共同组成丰富多彩的中华远古文化。

新石器时代晚期中国已进入文明阶段的观点随着大量城址的发现和复杂社会结构的复原研究已得到大多数学者的认同，尤其是位于黄河流域300万平方米的陶寺古城和位于长江流域290万平方米的良渚古城的发现更加强了这一认识。

青铜铸造业的出现和中国文明起源的研究，取得了十分明显的进展，现有早期铜器标本的科学鉴定表明，中国至迟在4 000年前的齐家文化晚期已经进入青铜时代，比过去只知道殷墟铜器提早了好几百年。为探讨中国进入文明时代的历史进程，已把四五千年前的新石器时代和灿烂的殷墟文化之间的缺环连接起来。从1959年起，在同传说中夏人活动关系密切的河南西部和山西南部，围绕夏文化问题开展了较多的调查发掘，又对二里头文化和龙山文化进行了分期和划分类型的工作。1983年在偃师尸乡沟一带发现的商代早期城址，面积达200万平方米，城内又有规模较大的宫殿基址，代表了商代早期社会的发展状况。同时这座城址的发现与研究，对夏文化问题的解决，也是一个很大的促进。殷商时代的考古研究，过去主要限于商代后期和殷墟一地，现已上溯到商代早期，先后发现两座当时的都城遗址——郑州商城和偃师商城。同时，扩大了对商人活动范围的认识。北起长城内外，南至长江中游，都曾发现商殷时期的遗迹或遗物，其中较重要的有湖北黄陂盘龙城遗址、江西樟树吴城遗址、江西新干大洋洲商墓、四川广汉三星堆遗址、河北藁城台西遗址、江苏铜山丘湾社祀遗址、山东青州苏埠屯商墓，以及辽宁喀左、山西石楼、陕西城固、湖南宁乡等地接连出土的铜器。对郑州商代遗址和安阳殷墟都已进行详细的文化分期，又分别发掘宫殿基址、铸铜等手工业作坊、贵族和平民墓地。小屯附近还出土4 000多片刻辞甲骨。对整个商殷时期的文化发展及铜器、甲骨、玉器等方面，都进行了更加深入的研究。台湾地区的考古学者整理过去殷墟发掘的资料，系统研究所出青铜器等重要遗物，也有很大的成绩。

西周时期的田野考古工作，基本上是最近60多年来发展起来的。20世纪50年代通过丰镐地区的发掘，初步建立起西周考古的断代标尺。20世纪70年代以来，在周原遗址先后发掘了西周早期和中期的两处大型建筑基址，并且出土了一批周初的甲骨文，又曾多次发现了铜器窖藏。其他地方的重要发掘则有：洛阳东郊的西周王室铸铜遗址、北京琉璃河的燕国早期贵族墓地、山西侯马晋国都城和王陵遗址、周公庙墓地。各地成批出土的西周铜器，不少具有王世明确的长篇铭文，为西周铜器的断代研究提供了新的依据。春秋战国时期的一系列考古发现，是中国历史上这个社会经济大变革时期的实证材料。现已从考古学上明确，中国至迟在公元前7世纪的春秋早期已掌握了冶铁技术，并且是生铁铸件和块炼铁锻件同时出现。战国时期钢铁生产达到相当高的水平，出现以块炼铁为原料的渗碳钢制品。集中代表当时经济文化发展状况的列国都城，几乎都曾作过勘察工作，对其布局情况已有不同程度的了解。各地发掘的几千座东周墓葬，是研究当时不同地区社会经济和礼制变化情况的宝贵资料，其中，春秋中期的淅川下寺楚墓和战国初期的曾侯乙墓所出的失蜡法青铜铸件，曾侯乙墓保存完好的整架编钟、编磬和其他乐器，江陵楚墓出土的战国晚期的锦绣衣物，突出地反映出这个时期经济文化发展的实际情况。铜器铭文和竹简、盟书的大量文字资料，既对文献记载有重要的补充，又使中国古文字学研究中的薄弱环节得到加强。

中国最早的用失蜡法铸造的青铜器

过去不被重视的秦汉及其以后时期的考古研究，也有了很大的发展，年代下限延伸到明代。历代都城遗址的勘察发掘已经全面展开，主要包括汉长安城遗址、汉魏洛阳城遗址、隋大兴唐长安城遗址、隋唐洛阳城遗址、唐大明宫遗址、辽中京遗址、金中都遗址、元大都遗址。这些城址的布局都已基本勘察清楚，并且分别对当时的宫殿和其他重要建筑遗迹作过大规模发掘。后来陆续又对邺城遗址、南宋临安城、三国时代孙吴武昌城、六朝建康城、北魏平城及北宋汴梁城等遗址作过考察。考古资料足以说明中国都城建制的演变轮廓，其中包括平面布局、宫城位置、主干大道和里坊制度等，发展变化的规律非常明显。此外，对历代的地方城市也曾进行了一定的考察。秦汉及其以后时期的陵墓制度，是历史考古学的重要研究课题。历代帝陵方面的田野考古工作主要有秦始皇陵的勘察和陪葬墓、兵马俑坑等的发掘，西汉诸陵的调查和杜陵门址、寝殿的发掘，六朝陵墓的调查和若干帝陵的发掘，北魏方山永固陵的发掘，唐代和北宋诸陵的调查，以及南唐二陵、西夏王陵和明定陵的发掘。通过这些工作，大体明确了陵园平面布局的变化情况。各地发掘的不同历史时期的墓葬数以万计，积累资料较多的地区都已分别进行了各代墓葬的编年研究，其中既有广州南越王墓、长沙马王堆汉墓、满城汉墓、大葆台汉墓及唐代昭陵、乾陵的陪葬墓那样的高级贵族大墓，又有各级官吏、地主以至贫苦平民的墓葬。详细考察各个历史时期不同社会阶层葬制的发展变化，有助于增强人们对不同时期社会生活的具体了解。各地墓葬所出的数千方墓志，又对文献记载中的史实有许多补正。

手工业和科学技术方面的考古研究，是在有关科技部门的密切配合下进行的。所做工作主要有：发掘汉代及其以后时期的冶铁遗址，并对出土的铁器作系统的工艺考察，揭示中国古代冶金技术的巨大成就；对历代瓷窑遗址进行广泛调查和重点发掘，结合工艺考察资料，研究中国瓷器的起源和发展历史，探讨不同窑系的烧制技术和产品特点，并结合各地墓葬出土的瓷器，进行瓷器器形和纹饰演变的分期断代研究。积累资料较多、取得较好成绩的还有丝织品、度量衡器、漆器、玻璃器等方面的研究。

边疆和少数民族地区的调查发掘，也取得了重要收获，例如，东北地区的东胡等族的遗存，高句丽、渤海的城址和墓葬；北方地区的匈奴、鲜卑等族的遗存；新疆的汉代西域诸国和高昌回鹘、突厥等族的遗存；云、贵、川地区的西南夷系统青铜文化及南诏、大理的遗迹；西藏的吐蕃和古格王国的遗迹等。另外，又对额济纳河流域和敦煌附近的汉代烽燧遗址、内蒙古等地区的秦汉长城遗址、新疆吉木萨尔的唐北庭都护府城址、东北北部的金代界壕遗址重新进行了一定规模的勘察或发掘。这一系列工作，为研究各地古代少数民族的经济文化，阐明广大边疆和内地悠久的历史关系，提供了确切的实物证据。

中外关系方面的考古研究也备受重视。同“丝绸之路”有关的考古发现，主要是波斯萨珊朝银币、金银器、织锦和东罗马金币、玻璃器等文物。海上丝绸之路的考古研究也有相当程度的进展。近年来，考古学界又提出由四川、云南、贵州而南下的“南方丝绸之路”的概念，引起了广泛的讨论。

新出土的各种古文字资料，无论是过去已有相当积累的殷墟甲骨、商周金文、战国秦汉简牍、历代石刻和玺印，还是前所未见的周原甲骨、侯马盟书、马王堆帛书，其数量之多，内容之丰，都远远超过历史上任何时代的发现。这方面研究的主要特点是，同考古学紧密地结合，在全面整理各方面资料的基础上，开展更深入的研究。

如今，中国考古学已经走过近90年的岁月，已经从一个呱呱落地的婴儿变成一个茁壮成长的青年。随着社会的发展和人类的进步，考古学在社会中扮演越来越重要的角色。没有考古学的研究，人类就无法了解自己的过去，而一个不了解自己历史的民族，是无法找到民族归属感，也无法面对全球化浪潮下的文化冲击，最终无法真正屹立于世界民族之林的。新的世纪，考古学任重而道远！

第四章　考古学的理论与方法

考古学，是“用实物资料来研究人类古代历史的一门科学”。由于地下保存条件的特殊性及差异性，对于每一个考古工作者而言，面对的是一些零散且无头绪的实物。历史为我们留下了许多珍宝，也留下了许多普通人的遗存，正是依靠着一件一件的器物、一具一具的骷髅，考古学家才能构筑起过去的历史和社会。然而，没有人告诉我们它们是怎么使用的，如何组合的；也没有人告诉我们它们的社会属性。也就是说，这些器物、骷髅等遗存并不能自动地暴露古代社会和文化的秘密，考古学家需要用严密具体的方法，将这些古代的遗存从地下发掘出来，记录下来，然后经过细致的整理、比较和研究，以及实验室的化验分析，才能够参透其中蕴涵的一些奥秘。

正是在这样一个具有极大未知性的领域里，考古学家努力寻找着蛛丝马迹，由点及面，希望借以理清祖先的生活轨迹，并在此基础上探讨、研究古代社会的各个方面，如家庭构成、生产模式、社会组织、国家起源等，将历史生动鲜活地展现给人们。

考古学的一切工作都来源于发掘，但又不仅仅局限于发掘。考古学的研究是一个整体，具体的工作流程可以分为：调查或者发掘古代遗存，整理分析古代遗存，归纳分析古代遗存的模式，解释遗存的规律及其对应的社会与文化问题。

因此，考古学问题的研究层次可以分为以下五个部分：

（1）对单个遗物本身的构造及用途的把握。遗物是考古学研究的主要对象之一，我们对于古人生产、生活、社会组织各方面的认知和讨论，均建立在对单个遗物的了解把握上，没有对各个遗物的构造及用途的把握，一切讨论就会成为无源之水、无本之木。

（2）对遗物与遗物之间组合关系的认知。每一种器物，要想发挥其功能作用，前提之一便是该器物处在一个能适合自己生存的环境中。在每一种文化中，不同造型、功能器物，只有相互搭配，互相弥补，才能满足当时人们的基本需求。

（3）对遗迹与遗物之间空间位置关系的了解。不同组合、不同功能的器物，都是在适合的环境下才发挥出作用的，换言之，器物或器物组合功能的发挥需要一定的空间载体。在考古学上，最直接的表现便是遗物与遗迹之间的空间搭配。许多发掘都说明对遗迹与遗物之间的空间位置搭配的把握是了解遗迹功能的必要条件。

（4）对遗迹、遗物与人之间的关系研究。一切遗迹遗物都带有人类活动的印记，是当时人类现实生活的直接成果，反映了当时人类的生活状态、精神需求等，对该层次的把握是对上述三个认知层次的升华。

（5）在上述基础上对人与人之间关系的探讨，即对社会组织、家庭模式等的探讨。在对遗迹遗物本身及相互之间关系的把握的基础上探讨人与人的关系，才能对古代生活或社会有一个全面的了解，人类起源、农业起源、文明起源、国家起源等一系列问题的探讨才能成为可能，得出的结论才会有说服力。

考古学理论是通过对考古资料逐层的分析研究，得出的一些关于古代社会本质、规律性的总结和认识。以此来看考古学研究，可以把方法和理论加以区分。就目前的认识水平而言，考古学的基本方法有考古地层学、考古类型学和聚落考古学三种。比如，类型学是一种研究方法，而通过类型学的分层研究所得出的中国古代文明社会是多元一体的结论，这就是理论；聚落考古学是一种方法，而由聚落考古学的方法如果能够证明古代社会组织结构的发展是循着“游团—部落—酋邦—国家”这样一种发展道路，那么这就是理论。同样，认为中国国家的发展是由“古国—方国—王国—帝国”而递进的，也是一种理论。在考古学基础研究中，经常使用的还有一些被许多学科共用的理论，如文化进化论、文化传播论等。

第一节　考古学理论

一、考古学文化

虽然考古学的研究对象是古人遗留下来的遗迹和遗物以及与人类活动有关的自然物。必须对古代人的遗留物进行整合，在一定的时空范围内进行研究和对比，才能得出关于古代较为切实的结论。这种整合是进行考古学研究的基础，也是考古学方法和理论产生的基础，考古学上将这种整合的结果称为考古学文化。

（一）考古学文化的含义

“考古学文化”是指代表同一时代、分布于共同地区、并且有一群特征性的文化遗存，也叫“同一文化共同体”。这里三个要素，即“同一时代”、“共同地区”、“一群特征性”，缺一不可。相似的文化遗存，即使分布于邻近地区或同一地区的不同地域，如果不属于同一时代，则不能称为一个“考古学文化”。当然，“同一时代”、“共同地区”、“一群特征性”这三者也是相对的。这里要注意几个问题：

第一，同一个“考古学文化”，因分布地域的不同，文化面貌上又有一定的差异，这种情况就要用“文化类型”来区分，如同属黄河下游的龙山文化，一般分为“两城类型”、“城子崖类型”、“黄堌堆类型”、“校场铺类型”、“姚官庄类型”等。

第二，同一个“考古学文化”中不同时期的文化遗存，由于该文化刚被发现时，还不了解其先后关系，也常用不同的“文化类型”来区分，如仰韶文化的“半坡类型”、“庙底沟类型”，就是指同一文化的不同分期。

第三，一类文化遗存在发现初期，很难确定它是一种新的“考古学文化”，这时也被命名为“文化类型”。一旦这类文化遗存被较多的发现，并得到考古学界的公认，原来被称为“类型”的文化遗存就要改称“考古学文化”了。

（二）考古学文化的命名原则

考古学文化的命名方法概括起来有以下五种：

（1）以首次发现的典型遗址所在地的地名（县名、乡镇名、村名等）作为考古学文化的名称，这是最常见的做法，如中国旧石器时代文化中的周口店文化、丁村文化等。

（2）以遗址的名称作为考古学文化的名称，如欧洲旧石器时代晚期文化中的梭鲁特文化、马格德林文化；中国的山顶洞文化、观音洞文化等。

（3）以某一遗址的某一时期典型文化遗存作为考古学文化的名称，如庙底沟二期文化、后冈二期文化等。

（4）以具有特征性的遗物，作为考古学文化的名称，如中国新石器时代文化中的细石器文化、彩陶文化、黑陶文化等，这种做法在20世纪60年代以前被经常采用。但由于具有特征性（代表性）的遗物会在几种不同文化中存在，所以这种命名方法现在在考古学界一般不再使用。

（5）以族别名称作为考古学文化的名称，如吴越文化、巴蜀文化等。一般来说，这种命名方式多适用于时代较晚的青铜时代文化。

总之，考古学文化命名中要注意的最重要的问题是：被命名的文化遗存是否能够构成一种“考古学文化”。如果不能，则不宜对其命名。

（三）考古学文化的研究内容

考古学文化的研究，一般有以下几个方面的内容：

（1）考古学文化的分布范围，包括中心地区和波及范围；

（2）文化的基本面貌及其特征；

（3）文化的源流、发展及其演变；

（4）文化的时代和分期；

（5）与邻近地区文化的关系；

（6）文化内涵所反映的社会经济形态。

关于“文化内涵”，一般来说要从一两处典型遗址入手，做全面、深刻的研究，再进一步把握整个考古学文化的内涵。

考古学文化的研究中，一般要注意以下几个问题：

第一，一个考古学文化的起源、发展和演化，既同该文化所在地的地理条件、生态环境有关，又同当时人们的思想意识形态和宗教观念密切相关。在史前时代，生产力水平比较低下，人类对自然环境的依赖性很强，人类的生产、生活等各方面受自然环境的影响很大，这就必然影响到文化面貌。在文明时代，政治中心所在地的经济文化，对周围地区的经济、文化，影响较大，而对边远地区的经济、文化影响较小。

第二，同一种考古学文化，在其发展过程中，各个阶段的分布范围会有所不同，文化面貌也会不断发生变化。当一种“考古学文化”在演化过程中，其文化面貌未发生质变时，可称为同一文化的不同分期；当其文化面貌发生了质的变化，则应归纳为另一类“考古学文化”。考古学文化的发展演变及器物的演化，既与生产技术的发展变化紧密相连，也跟外来文化的影响及部落观念形态的变化相关。

第三，史前时期，不同的生态环境、不同内容的生产活动和生活习俗、不同的文化系统，是形成不同考古学文化系统的根本原因。每个文化系统自身发展所形成的文化特征决定每个文化的性质，相邻两个文化系统之间相互影响所产生的一些相似的文化因素，不反映文化的性质。两个不同系统的交汇地区和两个不同生态环境的交汇处，是考古学文化的过渡地区。过渡地区的考古学文化除受相邻地区的影响外，一般具有自身的文化特征。不能将过渡地区的文化归属于相邻地区的文化系统，而应根据其自身的文化特征来确立文化系统。如中国秦岭以南的鄂西北和豫西南以及淮河流域，是黄河流域文化和长江流域文化的交汇地区。它既受两大流域文化的影响，但同时又具有自身的文化特征，所以这一地区要根据自身的文化特征来确立考古学文化。

（四）考古学文化年代的确定

对于一个考古学文化，既要明确它的分布范围（包括中心范围和周边地区），又要明确它所处的年代，同样，对于各类的文化遗存，也既要研究其分布范围，又要判定其所处年代。这种分布范围和“所处年代”，是考古学研究的两个基本要素。

研究考古学文化的年代，判定文化遗存的年代，就是考古学中的“年代学”或直接称为“考古年代学”。

1. 相对年代

（1）相对年代的定义。考古学上的年代，可分为“相对年代”和“绝对年代”两种。“相对年代”是指文化遗址存在的先后关系，或者又是文化存在时序的年代。如“旧石器时代”和“新石器时代”，“前仰韶时期”，“仰韶时期”，“龙山时代”及其早期、中期、晚期等。

（2）相对年代的断定方法。相对年代的断定方法，也叫相对断代。它是一种判断文化遗存的时代相对早晚的方法，但并不一定知道它们的确切年代。相对年代的判断方法有多种：考古地层学的方法、考古类型学的断代方法、植物孢粉分析的方法等。其中，考古地层学、考古类型学是两种最主要的断代方法：①考古地层学方法。考古地层学判断相对年代在后面的考古学方法中将有详细介绍。需要注意的是，所谓来自于地质学的考古地层学的方法，就是先判断各个地层，确定各层文化堆积形成的先后顺序，然后根据这一先后顺序确定包含在各地地层中的文化遗存的相对年代关系。②考古类型学方法。考古类型学是一种借用生物进化论和生物分类原理，对考古发掘的遗物、遗迹进行科学地整理分类、分析和比较研究的方法。它是指把考古发掘出土的遗迹和遗物按照一定的规律进行排比，并与地层学相互验证，从而达到确定相对年代的目的。如果说考古地层学是田野发掘阶段的考古方法论，那么考古类型学就是室内整理和研究阶段的方法论。关于考古类型学的方法论在下一节的考古学方法中将会详细介绍。

（3）排列分析法。排列分析法实际上是一种器物年代学的方法。用排列分析的方法，确定器物的相对年代，在美国应用得非常普遍。这种方法立足于这样一种原理：从人类历史发展的角度看，任何一种器物都是易变的，它们流行的时间一般来说都很短暂，因此可以根据它们的流行程度和兴衰过程来建立年代学，并用图表的方式将各种器物的相对年代关系排列出来。再根据物质文化发展规律，在一定的地理范围内，那些含有相似器物频率的遗址年代应当是一致的或者非常接近的。一旦建立起这种器物类型的排列图形，我们就可以将新发现的遗址及其器物归入到仔细编排的器物排列图中去，从而确定它们的相对年代。应当指出，做器物的排列分析，细致的采集是最重要的。我们必须对不同的器物的质和量作出非常精密的类型学研究。

（4）动物群方法。旧石器时代的人类以狩猎和利用各种大小动物为主，这些动物的骨骼常常被保留在河流与洞穴的沉积之中。与古人类共生的许多动物大都已经灭绝。这样，利用古脊椎动物学的理论，根据更新世动物群的演化关系，对不同时代和区域的动物种群进行分类研究，从而可以从动物群的演化过程来建立和判断相对年代关系。这就是动物群方法。

（5）孢粉分析方法。“孢粉”是孢子和花粉的总称。从植物学上讲，“孢子”是指苔藓蕨类植物的繁殖细胞，它主要是一种无性繁殖。“花粉”则是种子植物（被子植物和裸子植物）的繁殖细胞。孢粉分析法是一种利用埋藏在古地层中的植物孢粉，来研究古植被和古气候及其变化规律的方法。孢粉研究，不仅可以帮助确定一个遗址或者文化层的相对年代，而且还可以确定一个村落中不同房屋的不同年代。

2. 绝对年代

（1）绝对年代定义。考古学上，把遗迹、遗物形成的具体时间或者某一考古学文化存续的具体范围，叫做绝对年代。

（2）绝对年代的判定方法。

①历史考古学领域绝对年代的判定。在历史考古学领域内，判定绝对年代的方法，主要依靠文献记载和年历的研究（比如中国古代闰月、日月食之类），但作为具体的判断年代的依据，则有内证、外证之分。“内证”是指考古调查员发掘所得实物资料如碑碣、墓志、简牍以及其他各种器物中的纪年铭文，这是判定绝对年代的可靠的证据。“内证”虽然可信，但必须要注意两点：第一，碑碣是否是从他处转移而来，或者建筑物已多次重修而旧碑被长期遗留使用。如果是这样，该碑上的纪年铭文便不足以判定年代；第二，器物上的纪年铭文，虽可证明是该器物本身的年代，但如果该器物被长期使用，就不能据此判断其出土的文化层或者墓葬的绝对年代。“外证”是指判断遗物、遗迹年代的证据为书籍记载和口头传说。“外证”的可靠程度不如“内证”，因此“外证”的使用要更加审慎。因为书籍记载未必符合实际，口头传说更是如此。

②史前考古学领域绝对年代的判定。在没有任何文字记载的史前考古学

领域，绝对年代的判定，很大程度上要依据自然科学的方法，具体内容可见第五章相关内容。

（五）考古学文化时代的划分

考古学根据生产工具的变革，将人类古代社会分为石器时代、青铜时代和铁器时代。石器时代又分为旧石器时代和新石器时代。有些学者在旧、新石器时代之间，分出了一个“中石器时代”；在新石器时代和青铜时代之间，又分出了一个“铜石并用”或叫“金石并用”时代。

中国的石器时代、青铜时代和铁器时代，大体上与原始社会、奴隶社会、封建社会相当；而在西欧、北欧等地区，整个石器时代、青铜时代和早期铁器时代都处在史前时期。

1. *石器时代*

（1）旧石器时代。

考古学上，将人类早期使用打制石器的时期，称为旧石器时代。

旧石器时代考古学是英国银行家兼博物学家卢伯克爵士首先提出来的。他在1865年出版的《史前时代》一书中采用三项标准将石器时代划分为旧石器时代和新石器时代两个阶段。其三项标准是：①动物群，旧石器时代存在灭绝动物，新石器时代均为现生种。②经济形态，旧石器时代是采集、渔猎，新石器时代部分依赖农业生产。③技术，旧石器时代采用纯打制技术，新石器时代出现了磨制技术。

旧石器时代大约从300万年前开始，于距今1.2万年至1万年之间结束。近300万年的旧石器时代占据了现在整个人类历史的99%以上，是一个极其漫长的时代。

旧石器时代的分期，考古学上一般采用两分法或三分法：两分法，即把整个旧石器时代分为旧石器时代早期和晚期；三分法是把整个旧石器时代分为早期、中期和晚期。因三分法的划分与古代人类体质发展的三个阶段（直立人或猿人、早期智人或古人、晚期智人或新人）相一致，故现在考古学界对旧石器时代的分期多采用“三分法”。

旧石器时代，人类以采集和渔猎为生，只能以天然的产物作为食物，生产性的经济尚未出现。这种经济称为“掠夺性经济”或“攫取性经济”。旧石器时代，人类的劳动工具以打制石器为主，也使用木器、骨器、角器和蚌器。

表 4－1 旧石器时代的分期

<table>
<tr><td colspan="3">地质时代</td><td>绝对年代（万年）</td><td colspan="3">考古分期</td><td colspan="2">人类分期</td><td>社会形态</td></tr>
<tr><td colspan="3" rowspan="2">全新世</td><td rowspan="9">0.4
1.2
3—5
20
100
200
300</td><td colspan="3">新石器时代</td><td colspan="2" rowspan="2">现代人</td><td rowspan="2">父系氏族</td></tr>
<tr><td colspan="3">中石器时代</td></tr>
<tr><td rowspan="6">更新世</td><td rowspan="2">晚期</td><td>后期</td><td rowspan="6">旧石器时代</td><td colspan="2">晚期</td><td rowspan="2">智人</td><td>晚期（新人）</td><td>系氏族</td></tr>
<tr><td>前期</td><td colspan="2">中期</td><td>早期（古人）</td><td>向氏族过渡</td></tr>
<tr><td colspan="2">中期</td><td rowspan="3">早期</td><td>后期</td><td rowspan="3">猿人
直立人</td><td>后期</td><td rowspan="3">血缘婚
血缘公社</td></tr>
<tr><td colspan="2">早期</td><td>前期</td><td>早期</td></tr>
<tr><td></td><td></td><td></td><td></td></tr>
</table>

旧石器时代处在地质时代的新生代第四纪的更新世。学者研究认为，更新世发生过几次冰期与间冰期，地球上的气候与自然环境发生过几次大的变化。物竞天择，适者生存。这些变化使地球上的生物、动物和植物也发生了巨大变化，许多生物就此灭绝。研究古生物的变化可以了解更新世各个时期的气候和生态环境。灭绝的生物有些以化石的形态保存在地层中，所以，研究古生物化石既是古生物学家的任务，也是史前考古学家的责任。

（2）中石器时代。

中石器时代作为旧石器时代和新石器时代的过渡阶段，其经济生活仍为采集和渔猎。工具主要是打制石器或琢制石器（琢制石器是介于打制和磨制之间的一种形态，与打制石器的主要区别在于制造方法更加精细，因而制作的石器也比较精致，但仍然没有出现磨制的一种石器）。磨制石器还没有出现。中石器时代也称为“续石器时代”、“上旧石器时代”或“外石器时代”。在地质时代上，它处在全新世早期，属于冰后期。

中国是否存在“中石器时代文化”，目前考古学界还没有定论。从近几十年所公布的考古资料成果来看，“中石器文化”只能作为某一特定地区的一种“石器文化”，而不是世界各个地区普遍存在的一种石器文化，也就是说，由于早期人类社会发展的不平衡，世界上并不是每个地区都经历过“中石器时代”。

（3）新石器时代。

考古学上，把人类社会早期主要使用磨制石器的时代称为“新石器时代”。

新石器时代产生的主要标志是原始农业、家畜饲养业和磨制石器的出现。陶器的发明是新石器时代最重要的发明之一。陶器虽然出现在新石器时代早期，但一般来讲，它是在农牧业与磨制石器之后产生的。故现在考古学上，把陶器还没有出现的新石器时代早期阶段称为“前陶新石器时代”或“无陶新石器时代”。从世界上看，两河流域、希腊半岛等地，都经历过“前陶新石器时代”。我国的华南地区和黄河流域也发现了“前陶新石器时代遗址”。

因经济文化发展的不平衡和生态环境的不同，世界各地的新石器时代的开始和结束的年代也各不相同。如西亚地区（两河流域），大约在公元前9000—前7000年，属于“前陶新石器时代”，公元前4000年新石器时代结束。我国的华南地区大约自公元前9000年进入“前陶新石器时代”，约在公元前2000年初新石器时代结束。

新石器时代早期，原始农业已经产生，磨制石器普遍使用，随即制陶业也开始出现；新石器时代中期，原始农业得到了很大发展，磨制石器由局部磨光向通体磨光过渡，彩陶大量流行；新石器时代晚期，原始农业处于兴盛期，石器多为通体磨光，并出现了玉器和小型铜器，陶器以灰陶为主，并普遍使用轮制技术。

（4）铜石并用时代。

铜石并用时代，也称为金石并用时代，它是指从新石器时代到青铜时代的过渡时期。这一时期，人们开始使用红铜（纯铜）工具，已经掌握了铜的冶炼技术。一般用冷锻或铸造制作红铜器，但石器仍然是主要的生产工具，铜器只用来制作小型的手工工具与饰物。

世界上并不是所有地区都经历过铜石并用时代。大洋洲的土著居民在殖民者入侵前，一直停留在石器时代，过着采集和渔猎的生活，没有经历过铜石并用时代；撒哈拉沙漠以南的非洲，在公元前1000年，直接从北方引进了铁器制作技术，直接由石器时代进入到铁器时代。

至于中国，曾出现过铜石并用的现象，如马家窑文化与齐家文化中，既有红铜器，又有青铜器，当然也有大量石器。但是中国是否经历过铜石并用时代，学术界还有不同意见。大多数学者认为，中国的龙山时代处于国家和文明诞生的阵痛阶段，是中国铜石并用时代的代表时期，其时间大约自5 500年至4 000年前。

2. 青铜时代

考古学上，把继石器时代之后人类使用铜锡合金器物的时代称为青铜时代。青铜是铜锡或铜铅或铜锡铅的合金。它与此前的红铜（纯铜）相比较有三个明显优点：

其一，熔点低。红铜的熔点一般为1 083℃。如加锡15%，成为铜锡合金后，熔点就降低到960℃。

其二，硬度强。一般红铜的硬度是布林氏硬度计的 35 度。如加锡 5%，成为铜锡合金后，其硬度增到 65 度；如果加 10% 的锡，其硬度就增到 165 度。

其三，青铜铸件不易出砂眼。因加铅的青铜熔液流动性好，不易吸收空气，浇铸时气泡少，就能铸造出锐利的锋刃和细密的纹饰。

正因青铜器有这些优点，所以它出现后很快就取代了以前的红铜器。但由于锡矿较少，加之开采与冶炼又需要相当高的技术，因而，青铜器主要用来制造兵器、礼器和日用品，生产工具仍以石器为主。

中国最早的青铜容器是发现于河南偃师二里头遗址中的酒器——爵。其合金的成分还不太稳定，合金配比处于草创阶段。到商朝晚期和西周早期，青铜器制造技术达到了高峰。

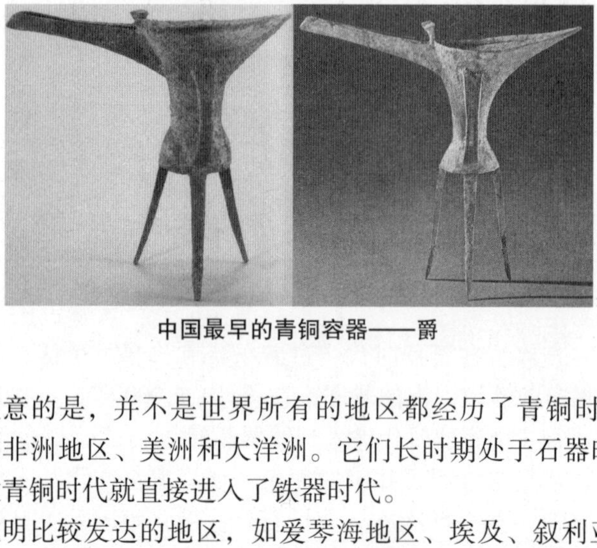

中国最早的青铜容器——爵

这里要注意的是，并不是世界所有的地区都经历了青铜时代。如日本、撒哈拉以南的非洲地区、美洲和大洋洲。它们长时期处于石器时代，因各种原因没有经过青铜时代就直接进入了铁器时代。

在古代文明比较发达的地区，如爱琴海地区、埃及、叙利亚、美索不达米亚、印度和中国等地区，青铜时代是与奴隶制的社会形态相适应的。

另外，欧洲的大部分地区，中亚、西伯利亚等地区，在青铜时代尚未有文字，仍处于史前时代。

青铜文化在世界各地发展也不平衡。目前公认的世界上最早制造和使用青铜器的地区是在公元前 4000 年的伊朗南部、安那托利亚和美索不达米亚一带。而中国的青铜时代起源于黄河流域，从公元前 21 世纪至前 5 世纪，大体相当于夏、商、西周和春秋时期。

3. 早期铁器时代

考古学上，人类的生产工具和武器以铁为原料的时代，称之为铁器时代。

定义虽如此，但事实上，考古学研究中铁器时代文化主要是指铁器使用的初期阶段和某些民族史前文化中的铁器文化阶段。

就全世界而言，早期铁器时代从公元前2000年末期开始，到公元1000年中期逐渐普及于欧亚大陆。

埃及、巴比伦、印度和中国等，则是在青铜文化高度发达之后进入铁器时代的；希腊、罗马在早期铁器时代进入到文明时代；欧亚大陆的其他地区和非洲内陆地区各民族，在史前时代的最后阶段进入了早期铁器时代；美洲印第安各民族在殖民者到来之前还不知使用铁器，所以印第安文化中没有早期铁器时代。

铁器与红铜器、青铜器相比，具有无可比拟的优势，如它质地坚硬，矿藏分布比较普遍，价格又比较低廉。正因为如此，在世界各民族的古代文化中，铁器出现后就很快普及于社会生产的各个领域。

铁器的使用和普及，对人类历史的发展起到了划时代的作用：第一，它使一些民族在早期铁器时代，就由史前阶段跨入了文明时代；第二，它使一些民族在早期铁器时代，就由奴隶社会发展到了封建社会；第三，它对各文明古国边缘地区各族的经济、文化的发展起了很大的推动作用。铁器传入原来较落后的民族地区后，使之迅速跨进了文明时代，并创造了自己独特的铁器时代文化。如中亚和欧亚大草原的游牧民族，铁器传入后，他们创造了极富特色的斯基泰文化（中亚）和萨尔马泰文化。

如希腊自公元前10世纪以来，普遍使用铁器，整个希腊社会快速前进。到公元前8世纪，希腊各地先后建立了奴隶制的城邦国家，希腊古典文明逐渐形成。正是铁器时代这一历史事件，使希腊人在文化创造上取得了人类历史上其他民族难以企及的文明成果。

从中国来看，据考古资料显示，中国在商代就已经开始使用铁器，但那时的铁是陨石锻造出来的，并且与铜配合使用。西周晚期至春秋早期的河南三门峡虢国墓地出土了目前所知中国最早的冶炼铁器——玉具铁剑。以上两例都说明铁器在初创阶段的珍贵。春秋时期的长沙龙洞坡墓、长沙识字岭314号墓，都出土了少量铁制工具，器类简单、形制薄小，说明当时铁器制造尚处于早期阶段。到战国中叶后，铁器普及到全国各地。春秋战国的铁器铸造虽还处于初级阶段，但它在社会生产、生活中发挥了巨大作用，使中国社会由奴隶制时代发展到了封建时代。但青铜器在这一时期还在使用。到了东汉时期，铁器才最终取代了青铜器。

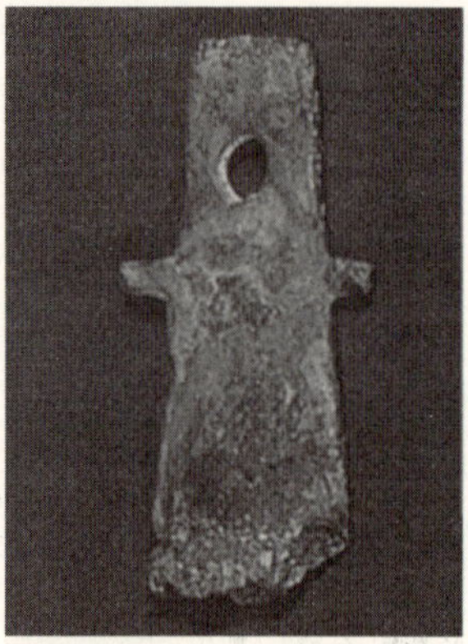

中国商代的铁刃铜钺，其中的铁为陨铁

二、中国的区系类型理论

如果说早期的中国考古学曾经从西方吸收了不少营养，带来中国早期考古学的一个黄金时代的话，那么随着重重国难的打击，这个黄金时代被中断了。1949 年以后特别是 20 世纪 50 年代后期中苏关系破裂之后，这些必要的联系差不多完全被切断了，中国考古学长时间地处于与世隔绝的状态之中。因此中国的考古学理论是结合中国的国情，在西方考古学理论和方法的影响下创立的，是考古学中国化的结果。

区系类型理论是苏秉琦先生受到类型学研究的启发，在不断地思考、总结后形成的一个自成体系的建构考古学文化时空、谱系的中国考古学基础理论。它在中国的发展历程可以分为以下几个时段：

1941 年，苏秉琦将斗鸡台 40 件陶鬲分成三大类（型）、四小类（亚型）和九组，并以共出关系为据区分相对年代，这是我国学者首次实践通过分型定式寻找单种器物间的不同演化轨迹、确定年代的考古类型学。

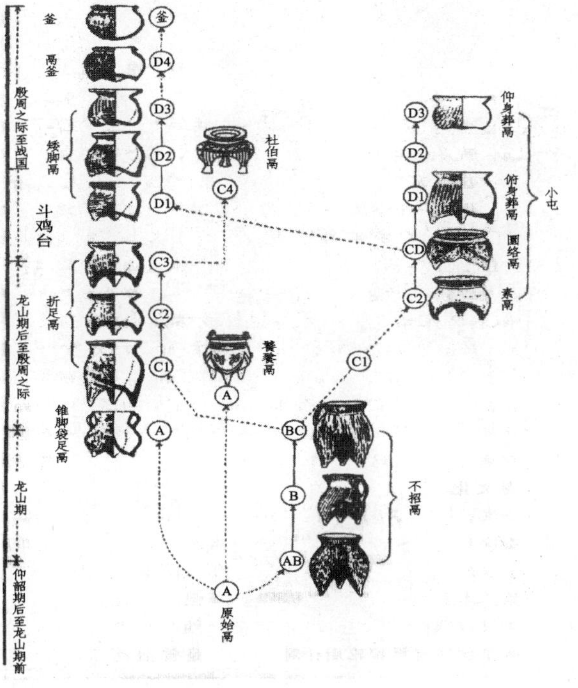

苏秉琦先生所做的陶鬲的演变（引自苏秉琦所著《中国文明起源新探》，引用时略作改动）

1959年苏秉琦在《洛阳中州路（西工段）》结语中，将洛阳东周墓葬分成四个组合、七期，实践了包括成组器物在内的遗迹单位的型式学。

1965年苏秉琦又在《关于仰韶文化的若干问题》中，将仰韶文化划分为若干地域类型，按类型寻找来龙去脉并分期断代，将考古类型学再次上升到包括遗迹和遗物在内的考古学文化的型式学，根据类型学研究来划分一个考古学文化的发展阶段和区域类型的问题。

1981年在《关于考古学文化的区系类型问题》中，苏秉琦先生将全国范围的古文化分成六个大区、十余个小区，在小区下梳理源流、分期分类与断代，形成了一套对全国范围古文化的型式学研究，即陕豫晋邻境地区、山东及邻省一部分地区、湖北和邻近地区、长江下游地区、以鄱阳湖—珠江三角洲为中轴的南方地区、以长城地带为重心的北方地区。

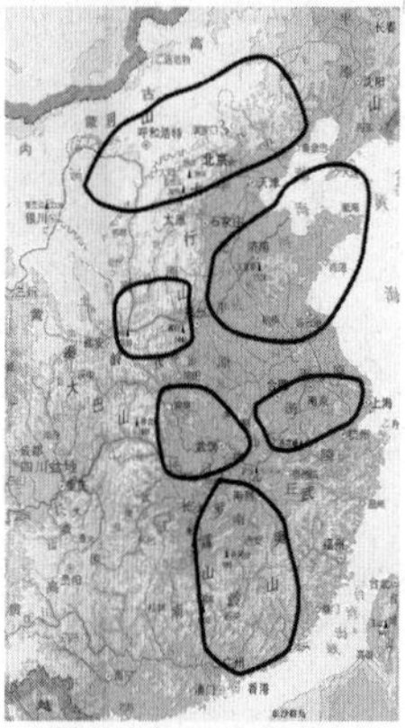

区系类型理论下的中国六大区

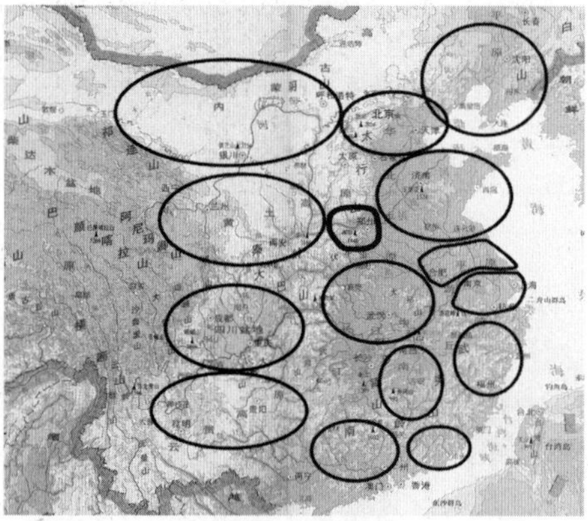

“重瓣花朵”的多元一体格局

1987年，严文明在苏秉琦研究的基础上，提出了中国文明“重瓣花朵”式的起源模式，即各地文化独立发展，并逐渐归于“花心”，即中原地区，形成了中国文明满天星斗、多元一体的格局。

用类型学方法，分区域、分系统地寻找各考古学文化的来龙去脉、相互关系，即文化发展的谱系——血亲、姻亲关系，使中国考古学研究的面貌焕然一新。今天，我们说中华文明多元一体，华夏族在中华文明起源中起了主导作用，中原地区是中华文明孕育的中心舞台等，都是用这些方法从庞杂的考古学资料中提炼出来的概括性精华。

建构我国境内早期古文化的区系类型，是以大量的田野考古资料为基础的，区系类型学方法又是各地区开展大规模考古调查和发掘工作的指导思想。苏秉琦倡导的区系类型学方法在我国的考古学实践中得到了广泛的贯彻，新中国成立以来逐步建立起来的各层次考古专业人才培养体系，基本上都遵循这一理论方法的指导。

三、西方的考古学理论

（一）西方考古学理论的发展进程

考古学虽然是一门研究人类历史的学科，但是它的发展深受当代科学思潮的影响，并受到科技手段的制约。在考古学诞生后的很长一段时间里，考古学的研究主要是为了解决年代学的问题，而且研究的方法主要是描述。到了第二次世界大战之后，在年代测定技术有了重大突破之后，考古学家从器物类型学研究的年代学问题上解放出来，利用各种方法来解释环境的变迁和人类文化形成的原因。这些进展将考古学引向新的方向，使得这门学科摆脱了单纯描述和编年的简单操作，朝着解释史前文化多元演化的方向探索发展。

20世纪下半叶，在电脑数码技术、统计方法和科学哲学思想的影响下，考古学迅速发生变化。各种理论如文化生态学、系统论、结构考古学、象征考古学、马克思主义考古学、认知考古学等呈现出百家争鸣的场面。各种科技手段也被引入考古材料的分析中来，包括遗传学、古病理学、骨骼微量元素分析、沉积环境分析、埋藏学和遗址形成过程分析、器物微痕分析等。考古学不但在理论阐释上，而且在分析手段上向着多途径或学科交叉的方向发展，使得考古学家能够更加清楚地了解历史，并对社会演变的原因作出可信的解释。

在20世纪60年代以前，美国考古学界的情况与中国目前的情况有些相似，考古学家受人类学家博厄斯历史特殊论（又称文化相对论）的影响，认为每一个文化都有其特殊性和相对的价值，每一个考古学文化——一群具有独特特征的考古器物组合，就是一种“已经逝去的古代生活”的物质残存，遗址中器物组合的变化，就意味着文化的变化或者意味着一个新的人群的到来，而个别新因素的发现，则被看作是不同文化之间交流、影响的体现，文化因素的采借、传播是文化变化的主要原因。

考古学家们以此为指导，在美洲各地从事一项又一项的田野发掘，用地层关系和器物比较的方法，寻求各种器物组合即考古学文化演变的时空秩序和年代学框架，进行着印第安人不同地区文化序列和文化谱系的确认与重建。这些与中国考古学家最近三四十年的思考及做法是大体接近的。美洲的史前史极为短暂，充其量也不过两三万年，所以，当树木年轮断代法和碳-14年代测定法问世不久，考古学文化谱系和编年工作在各个地区建立之后，考古学界已经不再满足于建立在地层学和类型学之上的传统的文化史的研究，对以传播、迁徙等概念解释文化变迁的模式也提出质疑。有识之士主张拓展考古学的研究领域，将人类学的文化功能观、文化生态学和经济学等理论引入考古学研究，使考古学家“阐释”考古现象的能力大为提高。

在新、旧观念激烈交锋的前提下，最终在20世纪60年代，美国率先产生了新考古学,[①] 使西方考古学无论从观念、理论体系还是方法手段来说,都发生了阶段性的大变化。新考古学在打破旧有的清规戒律、促使考古学由描述向阐释、由经验主义向实证方法的过渡方面起到了决定性作用,从而极大地促进了考古学研究向纵深方向发展,其对学科理论与方法的建树功不可没。

以宾福德为首的一批美国年轻考古学者受新进化论人类学的影响,认为文化是人类对于环境的超肉体的适应方式,可以划分为社会组织、技术经济、意识形态三个亚系,而考古学文化相应地也就可被分为社会组织产品、技术经济产品和意识形态产品三个部分。简言之,文化系统包括了物质、社会和精神生活三个子系统。考古学家的任务就是通过对这三类产品的发现、分析,重建人类行为,从而达到追寻文化发展的动态过程及隐藏于这一过程背后的规律的目的,因此新考古学又被称为"过程主义考古学"。

他们认为,以前的考古学对于说明整个时空内人类生存之物质及文化上的异同现象已经作出了重要的贡献,却没有任何解释,即没能揭示出文化系统中的各种因素不断组合、分裂的动态过程及结构和功能的演变。其原因就在于以前的考古学家仅仅把考古学材料的异同放在"时间—空间"这一单一的参照系统中来考察,而没有运用"我们目前所知的文化系统的结构和功能特征的全部知识"。

他们希望仍然从人工产品的结构和风格变化入手,通过人工产品的原初功能,来寻找文化系统的结构与变化的轨迹。于是,社会技术性产品——"把个人结合到一个内聚性的团体中,以有效地维持其本身所使用的技术工具";经济技术性产品——"与自然环境发生直接联系时具有原初功能"的产品;以及意识形态产品——"能够代表和反映社会系统的意识合理化并提供个人受教育的符号环境"的产品,这三类人工产品就成为考古分类和研究的新的基点。

新考古学强调,人工制品必须被当作整个文化系统的产品来考察,每一件人工制品不仅提供了关于经济的资料,也提供了关于社会组织和意识形态(审美意识和宗教信仰等)方面的资料。例如考古遗存中最为常见的陶器,既可以归入经济技术类,反映当时人们制陶技术、食物加工技术和食物构成情况;又可以归入社会技术类。通过它们在遗址中的分布,学者能够研究当时

---

① 参见[美]路易斯·宾福德著,米如田译:《作为人类学的考古学》、《考古学的系统论与文化进程研究》、《美国新考古学的发展》,中国历史博物馆考古部编:《当代国外考古学理论与方法》,三秦出版社,1991年;曹兵武:《考古学的新思维——新考古学述评》,《中国历史博物馆馆刊》1993年第1期;孙祖初:《从"从事考古学"看宾福德新考古学》,《东南文化》1997年第1期。

的社会组织情况，而它的造型及纹饰则又反映了当时人们的审美传统及宗教信仰。

1962—1967年，新考古学者主要致力于证明传统考古学的不足以及自身概念、目标的完善，他们与传统考古学者进行了激烈的论战。与此同时，他们还在美国西南部选择一些面积较小、地层简单的新石器时代遗址进行发掘，采用当时最先进的树木年轮断代法，尽可能准确地确定每一房屋、灰坑及遗迹的时代，然后对所有出土物进行综合性的排比、分析。结果发现，在那些被确定为同一时期、同一活动面上的各单位的考古遗物之间，差别是十分惊人的：遗址内不同部位、不同房间、屋里屋外甚至屋内灶坑周围与其他地方所出的陶片等，在种类、数量等方面都不一样。这就说明不同的考古器物组合不仅只是意味着不同的时期或不同的文化类型，它们同时也可以意味着功能和人类行为方面的差异。考古学研究不能只面对那些所谓的典型的器物，而应当面对出土物的全部；不能只注意考古遗存的时代和风格变化的脉络，同时也应当注意社会、文化和人类行为的结构。

从1967年开始，他们走上了探索方法论——即考古遗存的处理与解释的艰难道路，开始了新考古学发展的第二个阶段，而且越来越多的学者、越来越多的相关学科加入了这一行列。为了探求考古遗存与人类行为之间的关系，宾福德本人先是深入寒冷的阿拉斯加极地地区，与现代的狩猎者爱斯基摩人生活在一起，观察他们猎获食物、贮藏食物、消费食物以及人口移动等行为方式与各营地遗存之间的关系，并发掘记录他们遗留下来的各类遗址。他发现，社会组织、人员流动以及行为习惯等，都可以对考古遗存的面貌有特定的影响。为了研究人类制作、使用工具与遗弃的兽骨等遗物之间的关系，他又先后到南非和澳大利亚的原始部落中跟土著人学习石器的制作，并进行实地的观察。同时，他还仔细研究了动物解剖学、各类动物对于人类的经济价值以及风化、搬运等因素对于动物骨骼保存状况的影响。郎艾克在菲律宾南部土人中，对考古遗存中最常见的陶器的制作、流通、使用和废弃的全过程的各个环节，进行了长时间的综合性跟踪观察和记录分析，试图为考古学家对陶器的解释摸索道路。从20世纪70年代初期至今，他几乎每年都要花费相当长的时间在该地区进行资料采集工作，现在这一项目仍未完结。还有许多人也加入了考古学方法论的探索和讨论，所有讨论都围绕着这样两个根本性的问题：①如何在考古学操作中区分各类不同的人工产品，即在考古学研究的初级阶段对考古材料做功能和结构的界定；②如何将各类不同的人工产品的结构和变化这种具体性的东西还原为行为、社会系统的结构和演进，甚至还原为观念这种抽象的知识。

为了排除把握器物风格时所掺杂的主观性，杜绝因此而为解释的随意性留下可能的空间，新考古学家认真学习了自然学科，它们的思维、推理、求证的过程以及所积累的认识成果，仔细研读了当代科学哲学家如奥本海姆、亨普尔、库恩等人的著作，同时电子定位、筛选、浮选、理化分析、高精度测年、数学计量等旨在提高考古学材料的种类、数量和分异度的新技术、新手段被主动地大量引进，系统论、控制论和“假设—演绎—验证”等思维方式和社会科学理论模式得到了普遍的应用；多学科交叉和跨学科性综合研究成为一种新的方向，其结果是充分扩大了蕴涵在考古遗存中的各类社会、技术及自然信息，并出现了埋藏学、实验考古学、考古生物学、考古地质学、考古数学、环境考古学、遗址区位分析等新的分支学科。这些使新考古学家在处理考古遗存时具有前所未有的深度和广度，同时也使他们更加坚信，考古遗存不仅有时间与空间上的变化轨迹，而且也有特定的文化功能，它们的背后都蕴涵着人类不同的行为类型，从而在文化系统中具有不同的意义。从中，他们又找到了解决第二个问题的钥匙，即“行为”这个中介。行为的种类和时空分布直接与人工产品相联系，而且又是行为者观念、意识和社会组织的一种反映，行为是介于具体与抽象之间的一个具有操作性的概念。他们相信，一旦人类行为方式的类别和结构清楚了，“考古学就能处理社会系统进化的问题了”。

到20世纪70年代，新考古学的方法论已初成体系，除了前述的边缘性分支学科外，还包括探索考古学文化不同侧面的考古人口学、聚落考古学、墓葬考古学、社会考古学乃至妇女考古学等，并有了“中程理论”或称“过渡理论”的名词，来概括它们的性质和作用。通过这些理论，考古学家们从考古器物到文化变化，或从现代社会科学理论的模式出发再到具体的考古材料，穿梭往返于“今”、“古”之间，对人类文化史上许多重大的问题诸如食物生产的起源、城市与国家的产生、社会的日益复杂化等问题进行了新的探索。

新考古学的方法论可以总结如下：受哲学上逻辑实证主义的影响，新考古学派主张考古学的论证应该是明确的，结论的得出不应来自所谓的个人权威经验，一切结论的得出，应该是在逻辑实证的框架范围之内的。而结论本身必须是开放的、可以检验的。他们反对归纳法，认为只有演绎法才是科学的方法，在实际工作中，提倡对考古资料的观察，提出假说，来解释所观察到的各种现象；然后把这些假说同自成体系的经验资料相对照来检验这些假说的准确性，保留与事实相符的部分，摒弃与事实相矛盾的部分，对假说进行修改和补充，然后再收集资料加以验证，如此循环往复，使假说逐步完善。

考古学中的假说并非来自凭空的想象，它们有些来自人类学和民族学资料，来自于实验考古，来自于历史文献，更多的则来自对考古现象的综合和归纳。应当指出的是，他们认为这种假说一旦被证明，则无需再进行大量的考古工作，就能推测得知地下所埋藏的“秘密”。这一点也成为后来考古学家最多诟病之处。

20 世纪 70 年代末和 80 年代，包括新考古学的代表人物宾福德等在内的一些人就对新考古学的一些看法提出了怀疑。我国的夏鼐先生也提出了“这是对于传统考古学流于繁琐的一种反抗，但是矫枉过正，流于片面性”① 的观点。新考古学的另一重要人物伊恩·霍德认为，人们对过去的一切研究都是从现在出发的，而“现在”也只是人类进步过程的一个环节，是有局限性的，用我们从现代世界的日常生活中获得的知识和经验去认识与理解过去，就难免带有逻辑上的相对性和成见。他还指出了新考古学研究中另一致命的弱点：过于科学化、机械化，从而忽视了人的主观能动性对人类意识的瞬时性，忽视了人类知识的形成过程方面的特点及其连续性对人类行为的影响。20 世纪 80 年代，他一反新考古学的传统做法，转而将注意力集中于人类行为的背景、价值、文化符号的寓意等抽象领域的研究，并相对于新考古学的过程主义，将自己的研究称为后过程主义或背景论的考古学；② 另外，当代哲学与社会科学的许多重要思潮诸如女权主义、文化霸权主义、现代主义与后现代主义等，也开始波及考古学，影响并规定着一些考古学家观察考古遗存的眼光和方法，甚至正在渐渐形成一些新的边缘学科如认知考古学、女权主义考古学等。

（二）西方考古学理论对中国的影响

综上所述，20 世纪 60 年代以来，西方考古学界正在发生着一场革命，而且迄今尚未完结。20 世纪 80 年代末中国改革开放之初，当国外学术界的新思想、新方法、新观念和新成就铺天盖地汹涌而来时，中国的考古工作者则由于经济建设的全面铺开、出土文物的大批增加，而忙于层出不穷的发掘、整理和年代学框架及文化谱系最终完善与细化之中，忙于进一步论证经历了艰难曲折的发展历程而刚刚成熟的“区、系、类型”的学说之中，对国外考古学的这些新东西吸收较慢。到 20 世纪 80 年代末，当社会的价值观念趋向多

---

① 夏鼐：《什么是考古学》，《考古》1984 年第 10 期。

② ［英］科林·伦福儒，曹兵武译：《对考古学解释的反思》，中国历史地球博物馆考古部编：《当代国外考古学理论与方法》，三秦出版社，1991 年；［英］伊恩·霍德，曹兵武译：《后过程的考古学》，中国历史博物馆考古部编：《当代国外考古学理论与方法》，三秦出版社，1991 年。

元化，考古学前一阶段的任务大体完成并面临新的转机之时，西方考古学这些成体系的观念与方法开始对中国考古学界显示出极大的冲击力量。

前述关于“考古学文化”概念的讨论仅仅是一个开端，随着中外交流的进一步铺开，中国考古工作者的思考与探索很快就波及考古学的许多专门领域，对西方考古学的学习与借鉴也由零星的翻译、介绍转变为系统性地引进、批评性地接受和有针对地实践。

20 世纪 80 年代中期以来，中国考古学的面貌发生了很大的变化，环境考古学、聚落考古学、数学与计算机考古学、实验考古学等考古学的分支学科已被中国学者明确提出并付诸实践，而古食谱分析、石器与陶器的微痕观察、浮选、水下考古、航空考古、孢粉分析、微量元素的提取等新方法，也开始被应用。在传统的年代序列与文化变化的基础上，考古学的研究领域得到了极大的拓展，生产技术、社会组织、聚落形态、观念信仰乃至人与文化、与环境的关系问题等，都已开始受到注意并取得了初步的成果。在此基础上中国文明的起源等重大的社会文化问题的研究，第一次超越了从概念到概念或以现象的罗列代替具体的论证的简单模式，开始触及文化与社会的本质以及变化的动态过程，比如考古学所关注的三大起源问题——人类的起源、农业的起源和国家文明的起源已不再是简单地引用概念和罗列考古现象，而是从动态的前提下考察演变的过程，只有这样，才更接近于实际情况，并且也具有更高的视点。许多人甚至在各种各样的会议上坐在一起讨论本门学科的目前状况与未来的发展道路等问题。与此同时，一些单位和个人已开始组织考古学、人类学、地质学、生物学、理化分析等方面的学者，试图通过对具体遗址的多学科综合性发掘和研究，探索在新理论的指导下，收集资料、整理资料、分析资料并获得关于人类文化和行为的具体认识的途径与经验。

第二节　考古学方法

就目前的认识水平而言，考古学的基本方法有考古地层学、考古类型学和聚落考古学三种。

一、考古地层学

考古地层学是从地质学中引入的，根据考古学的特点加以改造和系统化后成为考古学的基本方法之一。它是通过对文化层堆积和各种遗迹的层位及相互关系的分析研究，以确定它们之间的先后或共时关系。考古地层学是用于指导田野考古工作的方法论，也是其他各类研究的基础。

近代中国考古学源自西方，西方考古学的地层学首先是从地质学中借鉴过来的。17 世纪后期，丹麦人斯坦诺发现了地质学中的斯坦诺定律，认为最早的地层首先形成，最晚的地层最后堆积；到 18 世纪，地质学家威廉·斯密斯开始用斯坦诺定律来观察实际地层，并依据每一地层中包含的不同化石，认为地层的序列代表了年代的早晚序列。19 世纪 30 年代，法国人查尔斯·赖尔发表了《地质学原理》，标志着地层学作为一种方法的最终成熟并且在地质学中开始被普遍接受。

从文艺复兴时期开始，西方的考古发掘已为数不少，对古典时代，对古人的兴趣，已经促使西方上流社会的一些绅士淑女们常常在节假日里到自己的后花园或者更远的地方，去挖掘古代的遗物，并拿来摆进自己的书房，作为知识和地位的象征。然而，他们根本不顾什么地层，他们感兴趣的只是地层中的东西——古罗马、古希腊时代那些聪明的祖先留下来的辉煌的艺术作品和珍玩而已。

将地层学原理引进考古学的第一人是 19 世纪 70 年代的亨利希·谢里曼，这个从小就对荷马史诗中的世界怀有梦一般向往的德国贫苦牧师的儿子，靠经商赚足了钱，然后，在 46 岁事业如日中天的时候，毅然退出了商界，踏上了那片荷马诗歌中热情赞颂过的古老土地。谢里曼逐层发掘，并按比例绘图，他的做法在当时是划时代的。但是，拿今天的标准来看，他的一些做法还是相当原始的。他像剥葱头一样，将地层一层一层地揭去，一连发现了早晚相接的 9 座古代城址，一批接一批的珍宝，使他目不暇接，连他心中渴慕已久的特洛伊城都被挖过了，他竟还不自知。

19 世纪末，英国著名考古学家费林德斯·彼特里用地层排列法发现了一个毫无历史记载的埃及的“前王朝”时期。而当皮特·里弗斯用实际的例子说明了认识同一层位出土物共存关系的重要意义之后，作为考古学重要方法的地层学才真正成熟，按地层发掘并按比例绘制发掘的平、剖面图开始成为考古工作的基本原则。

画家绘制的谢里曼在特洛伊发掘现场

1921 年安特生发掘仰韶村时首次在中国运用地层学方法，但是安特生本人是一个地质学家，所以发掘基本上是地质学中地层学的照搬。从此开始到李济主持安阳殷墟的发掘，都试图运用地层学方法，然而由于种种原因，运用得并不很成功。1931 年，梁思永从美国留学归来，主持安阳后冈发掘，发现并从地层上区别出仰韶文化、龙山文化和小屯三叠层，标志着考古地层学在中国的成熟。20 世纪 50 年代以后，经夏鼐等老一辈考古学家的推广和提倡，考古地层学成为中国考古工作者田野发掘的圭臬。俞伟超概括说："考古层位学讲文化层依次叠压，逐渐形成，时间有序，文化发展。"① 根据地层学原理，考古学家层层揭剥，并将不同地点同一时期的文化层归纳合并，依序排列，从早到晚，从猿到人，从旧石器时代到新石器时代再到历史时期，使得人类及其文化的演化环环相扣（当然其中也有不少缺环），历史的骨架清晰可辨。

二、考古类型学

考古类型学是借鉴生物分类学而产生的考古学基本方法之一。它是通过考古遗存形态的比较和分析，以研究其变化规律和相互关系。一般说来，类型学研究要以地层学为依据，其结论也需要经过地层学的检验，所以，两者有着密不可分的关系。考古类型学的运用范围极为广泛，它不仅可以做具体

① 俞伟超、张爱冰：《考古学新理解论纲》，《考古学是什么》，中国社会科学出版社，1996 年，第 164 页。

遗物和遗迹的研究，也可以对遗址甚至是考古学文化进行分析。文化因素分析、考古学文化的区系类型，都可以看作是考古类型学方法的延伸。

有的学者说："地层学是科学地取得考古资料的方法论；类型学则是科学地归纳、分析考古资料的方法论。"有人甚至说："田野发掘之后，类型学就是考古学。"① 通过从早到晚、依次叠压的地层，我们获得了人类及其文化的时间框架。而通过类型学，我们获得了人类文化的物质结晶——器物发展的逻辑过程，获得了对部分人类文化因素之间的关系——其传承、变异、交流、取代、发展等的理性认识，使时间的框架中具有一些实质性的内容，从而使考古学家可以很自负地说，辉煌的迈锡尼、克里特、希腊文明，都是由公元前六七千年左右从小亚渡海过来的一群农民的后代建立的，他们还有登峰造极的埃及文明，都与创建了美索不达米亚文明的人有血缘上和文化上的亲属关系；中国文明则是由公元前7000—前2000年这段时间里，黄河与长江流域的人们在其不间断的劳动、交往、联合、斗争中孕育出来的；玛雅及美洲大陆的所有印第安文明，则是在末次冰期的最盛期由东北亚进入美洲的猎人的后代们，经过数千年的生息、演变发展起来的。

考古类型学的发现、发展和运用，也有一个与考古学相始终的漫长而动人的故事。由于种种原因，它在中国的发展和成熟，道路则更为曲折。

在人类的实际生活中，分类很早就已经发生，然而分类作为人类有意识地认识世界的规律性，作为探讨事物背后的本质的手段，特别是它成为考古学的基本方法，则是近代科学产生以后的事。1807年，应几个文化人的要求，丹麦政府开始筹建一个古物博物馆，试图对史前遗物进行综合性的、系统的收藏、研究和展览。这是世界上最早的现代博物馆的雏形之一。通过一批人的努力，这个博物馆的收藏品迅速增加，他们便自然而然地试图对这些藏品进行分类。然而，由于当时史前学概念中还缺乏年代顺序的深度，所有这些史前时期的遗物，都如同是裹在一层迷雾之中。1813年，韦代尔·西蒙森在《概论我国历史上最古老最强大的时期》中写道："斯堪的那维亚最早的居民所使用的武器和工具起初是石质和木质的，这些人后来学会了使用铜……然后会使用铁。这样看来，他们的文明可以分成石器、铜器、铁器三个时代。"1816年，汤姆森担任了博物馆的馆长，这时，古物藏品与各种没有多少意义的古玩都杂乱无章地堆放在哥本哈根大学图书馆的一间房子里。在布置藏品陈列时，汤姆森采用了西蒙森首倡的三期说，武器和工具被依据制作材料分

① 李科威：《考古类型学的进化观与文化动力学问题》，《东南文化》1992年第2期。

成三组，代表三个依次承继的时代。汤姆森将三期说写进了博物馆的参观指南，并于1836年在《北欧古物知识手册》中正式发表。这样，古代文化遗物第一次从古物学的穷途末路中走了出来，被视为人类文化进化逻辑秩序的体现。这是考古学史上一个十分重要的篇章，用另一个重要的丹麦古物学家沃尔赛的话来说，这是“第一束清晰的光束……透过了北欧和整个世界史前学的黑暗”①。

1903年，瑞典人蒙特柳斯在《东方和欧洲古代文化诸时期》中专辟一章，对类型学的方法和原理做了集大成式的总结。这一章在20世纪30年代曾被译成中文以专刊出版，名为《先史研究方法论》②，对以后的中国考古学家产生了深远的影响。

1930年，梁思永在研究山西夏县西阴村的仰韶时期陶器时，为便于检查、讨论，借鉴体质人类学的记录方法，将口沿、器底、柄把等不同部位分别给予不同的符号，每一符号又根据变化程度分为不同层次，这样，一件器物便被化为一组代号，见其代号，便知器物的基本型制。20世纪40年代，苏秉琦研究宝鸡斗鸡台发掘的瓦鬲时，集梁思永和蒙特柳斯之所长，他在梁思永观察记录方法的基础上，引进蒙特柳斯的变化和时间的概念，将同一类器物的不同演变轨迹区分为不同的类，是为“型”；每一类内又寻其演化过程的不同阶段，按其顺序依次编号，是为“式”；不同“型”与“型”、“式”与“式”之间有不同的相互共存及传承演变关系，是为“谱系”③，这样的划分，既体现时代区别，又包含文化性质的差异，是一个很大的进步。经过30多年的努力，最终形成了区、系、类型理论。

考古类型学，是一种借用生物进化论和生物分类原理，对考古发掘的遗物、遗迹进行科学的整理分类，分析和比较研究的方法。因此，考古类型学依靠的是研究对象的特征。但任何器物都有无数特征，一般来说，陶器考古类型学中所指的主要特征群有四个方面：其一，形态特征，比如器物的形状和大小、构造；其二，装饰特征，比如一些工匠刻意造就的一些装饰和颜色；其三，技术特征，如用来制作器物的原料和制造方法；其四，功能特征，主要指器物的用途。

考古类型学的基本原理有以下几个方面：

---

① ［英］格林·丹尼尔著，黄其煦译：《考古学一百五十年》，文物出版社，1987年，第27—42页。

② ［瑞典］蒙特柳斯著，腾固译：《先史考古学方法论》，商务印书馆，1937年。

③ 苏秉琦：《瓦鬲的研究》，《苏秉琦考古学论述选集》，文物出版社，1984年。

（1）一般来说，考古出土的各种器物的形态和样式，取决于人们生产、生活的需要，同时又受到意识形态，如审美观、价值观等方面的影响。在历史发展的过程中，如果这些因素基本无变化，已有的器物形态就会稳定不变；如果这些因素发生变化，已有的器物形态则会发生相应的变化。

（2）同一大类共同体在同一时期内，生产、生活方式和观念等方面具有一致性和稳定性，器物形态也具有相对稳定的共同特征。

（3）人类文化是多种多样的，不同的人类共同体，由于生产、生活方式的差异和价值观、审美观的不同，其生产物的形态或者说器物的形态也不尽相同。这种器物形态的差异，反映了文化的地域或民族特点。

（4）人类社会不断地由低级向高级演化，各种文化因素也不断发展变化，器物形态也随之相应改变。因此，器物形态的稳定性是相对的，变化性则是绝对的。考古类型学就是要依据器物的形态特征，找出其从早到晚的演变系列，研究其演变规律。

那么，怎样来划分器物的类型呢？

首先，在考古地层学确定了遗物、遗迹的早晚关系的基础上，对每一个文化层的出土物或器物进行分类。

“类”是大的分类单位，一般是按器物的质料和用途划分的。如按器物的质料来划分的，可分为石器、木器、骨器、铜器等若干大类。

一般来说，陶器作为早期人类使用的日用品，容易损坏，相对使用的时间较短，易更新，易变化。因此，同类的陶器，生产和使用的年代相同的可能性最大，以陶器来判定器物相对年代的准确性也很高。陶器是在考古研究中，特别是史前考古研究中最受考古学家重视的一类器物。

除陶器外，骨器的使用时间也不长，也适宜作为断代的依据，其缺点是骨器本身繁荣时代特征不明显。

石器，由于器型的变化比较缓慢，一般不能反映时代的变化，不宜用来断代；但石器中一些时代特征较强的器类，如不同形制的有段石锛、穿孔石刀等，用来确定相对年代，还是比较好的。

大类划分后，还可以按器物的用途再分为许多亚类，如可分为生产工具、武器、装饰品和艺术品等。每一亚类器物中，又可按照器物的具体功能再细分为许多“次类”，如生产工具中可细分为农业工具、手工工具、渔猎工具等；生活用具中可分为炊器、水器、食器等。这样每一“次类”器物，都由许多用途相同或相近、形态各异的器物组成。例如，炊器类的陶器主要有鼎、鬲、釜等；水器有瓶、壶、罐、缸等。

其次型，是在分类之下的次一级分类单位，是器物的质地、制法、用途等器物形态共性的概括。它主要依据器物的主要形态进行划分，一个型就是一个器物的发展序列。如小口尖底瓶，瓶是“类别”，“小口尖底”是型别。

再次是在分类、分型的基础上，对器物进一步分式。

“式”是器物型别之下的次一级分类单位，是该型器物在一定阶段许多个体共性的概括，代表了这一阶段该型器物的突出特征。一个型包括了若干式，分别代表这一型器物各个阶段的演化特征，反映了一个完整的器物演变序列。

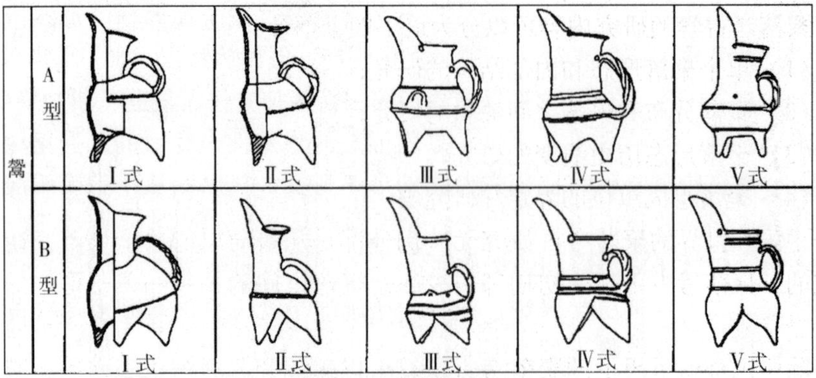

山东龙山文化陶鬶的演化

划分器物类型，断定相对年代时要注意两点：

第一，考古发掘中，常常是多种型别（类别）的器物在同一时间范围里共存，构成比较稳定的型别器物组合关系。这种型别器物组合一般变化较慢，是一个时代特征的集中反映。而在较晚时期，或另一时期，型别器物组合又发生了变化，在原有的组合中某些型别器物消失了，而又新增了某些新的型别器物。这种型别器物组合的变化，反映了较大的文化期别的差异。

第二，由于器物的质地、用途、类别不同，器物的制造和使用也存在较大的差异。一般来说，墓葬中的随葬品，特别是专为死者制造的冥器，多是同时整套制作并一次性埋葬的，因此其同时性最大，根据冥器来判定墓葬及其随葬品的相对年代，也就最为准确。

三、聚落考古学

聚落考古学是受到地理学和民族学上的聚落形态理论的影响和启发而产

生的。简单地说，“聚落考古学是在社会关系的框架之内来做考古资料的研究”①。聚落考古学是考古学研究发展到一定阶段才出现的一种研究方法，它以聚落遗址为研究单位，并通过对聚落遗址内部结构和外部关系的研究，以探讨古代社会的组织结构、亲属制度、人口、宗教等各个方面的问题，为复原古代社会历史找到了一条有效的途径。聚落考古学已成为中国考古学的基本方法之一，它与考古地层学、考古类型学相比，处在一个较高的层次，并且是以前两者为基础的。

聚落考古学的研究内容可以分为以下四个部分：

（1）单个聚落形态和内部结构的研究；

（2）聚落分布和聚落之间关系的研究；

（3）聚落形态历史演变的研究；

（4）聚落组成单位的界定和研究。②

中国和世界的聚落考古研究无一例外都是从最简单的单个聚落开始进行研究的，聚落考古出现的初期都很少注意聚落之间的关系和聚落形态的历史演变。

除中国外，世界上的聚落考古研究可以美国和苏联为代表，严文明这样评价美苏两国聚落考古学的异同：“苏联的聚落考古是在马克思主义社会发展史理论的框架下进行的；而美国的聚落考古则是在新进化论和文化人类学理论的框架下进行的，所以经常采用人文地理学和民族学关于聚落研究的模式来解释考古资料。两者不尽相同又有相通的一面。”③

聚落考古学在西方逐渐成为一种被普遍接受的考古学方法，是和考古学的发展及研究目的的转变联系在一起的。其在中国的发展，除受到西方的影响之外，也有自己发展的轨迹可循。

20世纪30年代以前，西方考古学的重点集中在发现新材料，并以此来研究文化的分期、年代序列、起源和发展、相互关系等所谓文化史的工作方面。到30年代后期，一些考古学者对上述研究方法和内容产生了不同看法，要求改变这一局面。他们认为考古工作者不仅要研究“物”，而且要研究“人”，研究社会。较早提出这一问题的是英国考古学家戈登·柴尔德（Vere Gordon

---

① 张光直：《考古学专题六讲》，文物出版社，1986年，第86页。

② 参见严文明：《聚落考古与史前社会研究》，《文物》1997年第6期；张忠培：《聚落考古初论》，《中原文物》1999年第1期；栾丰实、方辉、靳桂云：《考古学理论、方法、技术》，文物出版社，2002年，第121页。

③ 严文明：《聚落考古与史前社会研究》，《文物》1997年第6期。

Childe)。柴尔德本人的田野考古实践并不多，他的这些想法主要不是产生于自己的考古实践，而在很大程度上是受到了苏联考古学影响的结果。

从20世纪20年代末到30年代初，苏联考古界酝酿着重大的变化。一批年轻学者提出要用马克思主义来指导考古学研究，他们批评传统的考古学是单纯器物观，器物形态研究是先入为主的偏见；批评类型学是用生物学观点解释历史的庸俗进化论，强调考古学要研究人和人类社会①。尽管他们自己对马克思主义和考古学都谈不上有多么深的研究，他们的批评也不免有片面和过于武断的地方，但他们思想敏锐，富有革命热情和实践精神，在考古学的发展上仍然作出了一定的贡献。其中一个突出的事例便是对乌克兰境内特里波列文化的研究。特里波列文化早在19世纪就由赫沃伊科等人进行过考古调查和研究，但不得要领。苏联的年轻学者决定开展大规模的田野考古工作，以便用新的观点重新研究特里波列文化。当时由苏联科学院和乌克兰科学院联合组成了特里波列考古队，从1934—1940年期间进行了一系列考古调查与发掘，揭示了属于特里波列中期（BII期）的科罗米辛Ⅱ和符拉基米洛夫克以及特里波列晚期（CⅠ期)的科罗米辛Ⅰ等许多铜石并用时代的聚落遗址。同时对早年发掘的皮亚尼什科夫（BI期）等聚落遗址也有了全新的认识。科罗米辛Ⅰ共有39座房子，围成内外两个圆圈。由于在房子内发现了妇女塑像，曾被解释为母系氏族社会的典型聚落遗址。符拉基米洛夫克位于布格河流域，遗址面积达800×900（平方米），是特里波列文化中最大的村落遗址。1940年发现有房屋154座，后因卫国战争发掘中断。1946年又发掘了15座房子，加上调查资料，可知该遗址至少有200座房屋，分为几个圆形区。发掘者认为这种现象是氏族不断扩大分化在聚落形态上的反映。为了更好地研究聚落遗址所反映的社会组织状况，特里波列考古队在田野考古发掘中进行了一系列改革，创立了按坐标划分探方以便进行大面积揭露的方法。后来别的国家也陆续采用了类似的方法。由此可见苏联是最早采用聚落考古方法的国家②。

在美国，比较全面地评判考古学研究现状并提出自己看法的是瓦特·泰勒（Walter W. Taylor）。他在1943年向哈佛大学人类学系提交的博士论文《考古学研究》中，不仅尖锐地批评了当时美国传统考古学派文化史的研究路线，同时也提出一种新的研究方法——“缀连法的研究方式”，即位置联系和功能研究的方法，把考古学发现的所有现象有机地联系起来进行研究，把年

---

① ［苏］B. A. 布尔金等著，刘茂译：《苏联考古学的成就和问题》，《史前研究》1985年第4期。

② 严文明：《聚落考古与史前社会研究》，《走向21世纪的考古学》，三秦出版社，1997年，第105页。

代学和功能联系起来，把不同的人工物及特征的研究联系起来。①

在上述历史背景下，戈登·威利在秘鲁的维鲁河谷采用了一种新的方法，即聚落考古学方法，开展调查、分析和研究。1953 年他发表的《维鲁河谷聚落形态之研究》，成为美洲考古学史上一个划时代的里程碑。此后，聚落考古学方法被越来越多的人所接受和实践，适用的研究领域越来越宽，如社会结构与功能、史前人口、社会组织、科学、宗教、政府等。

聚落考古在中国的系统开展相对较晚。1984 年 8—9 月，张光直应邀先后在北京大学和山东大学做考古学专题讲座时，第一次把西方考古学中的聚落形态研究方法系统地介绍给中国考古学界。而在这之前半个多世纪的考古发掘和研究中，国内也曾对一些聚落遗址进行过较大面积的勘察，所以，部分学者认为中国的聚落考古开展得并不甚晚。对此，应该有一个正确的估价和基本的认识。

20 世纪 30 年代发掘的殷墟宫殿区和王陵区，曾揭露出成组成片的宫殿基址和墓葬，有人认为这是中国考古学发展过程中聚落考古的开始。但由于当时的发掘并没有固定的分区和定点，也没有一套完整的发掘和研究计划，因此，只能说在形式上接近聚落考古大面积揭露的现象，本质并不相同。

20 世纪 50 年代初期，中国考古界全面学习苏联的经验，表现在聚落考古学方面，是学习和借鉴特里波列发掘中大面积揭露的考古发掘方法，其直接体现就是用这一方法来指导西安半坡遗址的发掘。在发掘中，主持者意识到这是一处保存较好的原始氏族公社的聚落遗址，作为最终成果的发掘报告的副标题就是这样标明的②。从这个意义上说，半坡遗址的发掘可以看作是中国考古学中聚落考古的开始。不过半坡是一个延续时间很长的多层遗址，包括了仰韶文化从早至晚的各个时期，如果从聚落考古的角度来看，那里应该有先后相继的几个聚落而不是一个聚落，这是和特里波列很不相同的。可惜发掘者在这一点上没有给予足够的注意，以至造成一定的失误③。不管怎样，半坡的发掘在我国新石器时代考古历史上还是具有划时代意义的。后来对宝鸡北首岭、华县元君庙、华阴横阵村、临潼姜寨等一系列仰韶文化遗址或墓地乃至兖州王因、汤阴白营等其他文化遗址和墓地的发掘与研究，都可以说是半坡式聚落考古的继续与发展。

20 世纪 80 年代以后，随着中国考古学界对考古学理论与方法问题讨论的

---

① 杨建华：《外国考古学史》，吉林大学出版社，1995 年。

② 中国科学院考古研究所等：《西安半坡—原始氏族公社聚落遗址》，文物出版社，1963 年。

③ 严文明：《半坡仰韶文化的分期与类型问题》，《仰韶文化研究》，文物出版社，1989 年。

深入和西方聚落考古学方法的传入，采用聚落考古学方法开展考古发掘和研究，进而探讨和解决古代社会方方面面的问题，特别是探索中国文明起源等重大课题，逐渐为人们所重视。这一时期开展的一些考古工作，或者一开始就是主动的，或者由被动转变为主动，均从主观要求上开始采用聚落考古学方法，如二里头、长岛北庄、敖汉兴隆洼、蒙城尉迟寺、邓州八里岗、周原遗址等，都是采用聚落考古学方法开展工作并取得相当成就的实例。

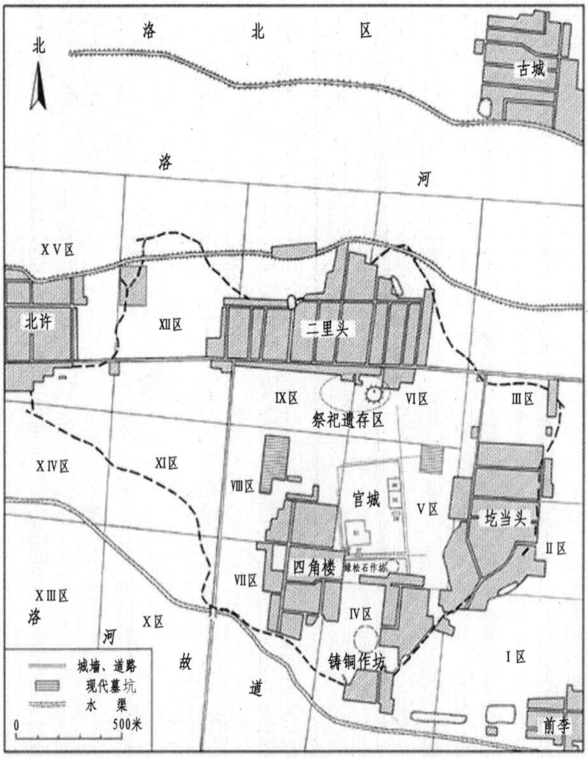

二里头遗址聚落考古成就——搞清了聚落的范围、布局和功能，明确了二里头作为中国第一座王都的重要地位，因此被誉为“中华第一都”

20世纪90年代以来，由于《中华人民共和国涉外考古工作管理办法》的出台和实施，除了国内学者独立进行的工作之外，一些考古单位开始和国外的考古研究机构及学者合作，采用聚落考古学的方法开展考古调查、发掘和研究工作，如山东大学和美国耶鲁大学、芝加哥自然历史博物馆等在山东日照地区开展的区域系统调查和聚落考古研究；中国社会科学院考古研究所和澳大利亚拉楚比大学、美国哈佛大学等在河南巩义地区、洛阳地区进行的区域系统调查和研究；内蒙古自治区文物考古研究所和美国匹兹堡大学等在内蒙古赤峰地区开展的区域系统调查和研究。这些工作在一定程度上促进了聚落考古学方法的推广。

第五章　自然科学与考古学的进步

由于考古材料残缺不全的特征，古代遗存往往只会留下一鳞半爪的遗痕，为了看得更清晰、更透彻，不论在野外调查发掘，还是在室内的整理分析以及系统的研究解释过程中，考古学家常常借助最先进的科技手段。随着科学技术的不断进步以及考古学与其他学科相互协作关系的不断发展，碳-14 断代、热释光断代、古地磁断代、成分分析、中子活化分析、DNA 分析以及航空遥感等已经成为考古学的常规技术手段。它们的帮助，不但使考古学家能够看得更远，也能够看得更清楚，极大地提高了考古材料的广度和精确度。

概括来讲，运用到考古学中的自然科学主要包括物理学、化学、生物学、地质学、古环境科学、数学等基础学科，其中很多技术手段都在考古学中得到了应用。我们把科学技术在考古学的应用分为七个主要的部分，包括考古调查和勘探技术、断代技术、古环境研究、古代生产生活研究、古代科技信息研究、考古人类学研究和计算机技术等。

第一节　考古调查和勘探技术

考古学发展的历史表明，考古发现大多是偶然发现和田野调查、勘探的结果。随着考古学的发展，考古发现越来越多地仰仗于依据早期资料进行的有目的的调查、勘探。而先进的自然科学技术的运用，更为提高田野调查和勘探的全面性和准确性提供了筹码。

一、地球物理勘探法

可用于考古勘探的地球物理方法有电阻率探测法、磁测法、地面电探 CT 技术、地面透射雷达、超声波声纳技术、电磁波透视法、脉冲瞬变电磁法、电台电波勘查法、声波波谱法等。其中，较为常用的有电阻率探测法、磁测法、地面电探 CT 技术、地面透射雷达、超声波声纳技术等。采用这些方法，可以探测古墓、地下建筑物、水下沉船、飞机残骸等。

1. 电阻率探测法

又叫电法或电场法，其工作原理是通过插在地表土壤中的一组电极，将电流引入地下，在土壤中建立人工电场，依靠测定土壤电流的电阻率变化来勘查地下文物。地下文物古迹的质地（矿物成分）、疏密度、含水量存在差别，其导电性能不同，对于同一电流反应出不同的电阻率，由此可以判断地下文物的性质、大小和位置。电阻率探测法的典型系统由四个等距离插入土壤内的电极组成，两个外电极之间通以交流电（也可用直流电），然后根据两个内电极间电压差和电流强度可计算出反映土壤电阻率大小的视电阻率。将地表测取的数据输入电脑，转绘成各种类型的曲线图，通过对各类曲线的分析，结合数值分析和计算，就可以推断解释出地下土层及埋藏等情况①。

电阻率探测法的应用

2. 磁测法

磁力勘测考古遗存的原理是：大量的考古遗存具有不同的磁性特征，而且考古遗存与周围的沉积物之间也存在磁性如磁化率、剩余磁化强度等的差别，利用高精度磁力仪测定考古遗存得到的数据，可以作为判断考古遗存类型的依据。这在考古调查勘探中具有重要的作用。磁法勘测的实质是通过对遗址上地磁场强度的精密调查，寻找地下文物古迹对地磁场局部扰动的地点，进而确定地下文物古迹的性质、大小和深度②。

3. 地面电探 CT 技术

因 CT 技术探测和解释的精度高，所以适合于目标小和物理性能差异小的

---

① 张寅生：《一种考古勘探的新技术——应用电阻率法勘探地下文物》，《文物》1987 年第 4 期；黄建秋：《高密度电阻率法在阖闾古城墙探察中的应用》，《物探与化探》2010 年第 6 期。

② 张寅生：《浅论电法、磁法在地下古墓葬探测中的应用》，《华夏考古》2000 年第 3 期。

文物古迹的探测。比如土坑墓内的填土多系夯土，而有些土坑墓为防水填有白膏泥，它们与周围的自然土存在物理性质的差别，这就成为电探 CT 的物性基础①。

4. 地面透射雷达

地面透射雷达是一种分辨率较高的地球物理探测仪器，应用此仪器，可以确定地下不同介质的分布情况。不同介质因成分、渗透性和饱和度不同，会产生不同的电性差异（包括介电常数和导电率），通过捕捉这种差异，可获取介质的结构和地层的起伏状态。工作程序是：利用一个天线发射高频宽频带电磁波，另一个天线接收来自地下介质界面的反射波，并通过计算机处理获取的数据，最后解释这些数据的分析结果②。

5. 超声波声纳技术

此技术主要用于勘查水下文物遗存，利用它可以发现几十米至几百米以下的水底考古遗存，如海底遗址、建筑、沉船和飞机残骸等。它的工作原理是：由船拖曳鱼形的声纳设备在海面前行，声纳设备每半秒向水下发射超声波，超声波像光束一样呈圆锥体直线传播到水底，如果水底平坦无遗迹，声纳返回的脉冲轨迹将是稳定的水平线，如果水底有沉船等遗存，脉冲轨迹将会导致一个附加信号，沉船的大小和水深可由记录仪时间坐标上附加信号的范围确定。

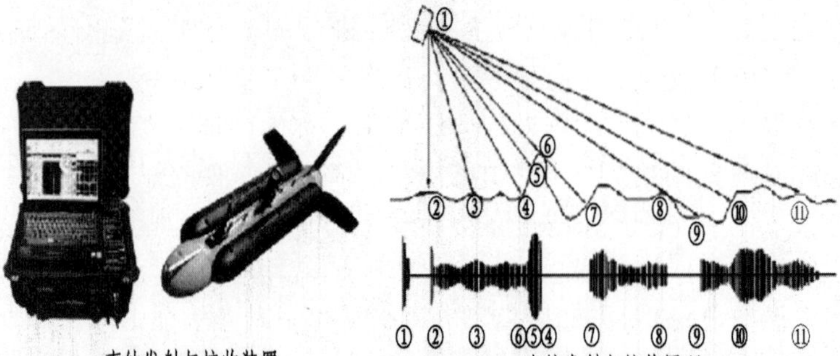

声纳发射与接收装置　　声纳发射与接收原理

声纳探测水下遗迹装置及原理

① 钱复业、田中保士、马继贤等：《地面电探 CT 技术及其在三峡考古中的应用试验》，《考古》1997 年第 3 期。

② 高立兵：《地面透射雷达及其在考古勘探中的应用》，《考古》2000 年第 8 期。

二、地球化学勘探法

地球化学勘探法主要指磷酸盐勘探法。它的基本原理是：磷对所有的植物和动物来说都是一种基本的元素，而且土壤中也含有磷酸盐。因为磷在自然界中能循环，因此在自然状况下，一定区域内磷的分布会保持常量，即从土壤到植物，从植物到动物，再从动物返回到土壤。然而，人类活动会使这一循环过程遭到破坏，使土壤中磷酸盐的含量局部地增加或减少。由于磷酸盐在土壤中只有较低的溶解度，所以任何局部地区的磷的过剩或不足都可能长期存在，因此，通过系统地测量某一区域土壤中磷酸盐的含量，便可以寻找出磷酸盐水平反常的地区，从而找到古人类可能活动的区域。换言之，如果从已知的人类活动地区的闭合区域采集样品，则可获得人类是如何在这一区域活动的信息①。

三、遥感考古

遥感是指在高空或远距离利用传感器接受物体辐射的电磁波信息，经加工处理成能够识别的图像或电子计算机用的记录磁带，揭示被测物体的性质、形状和变化动态的技术手段。通过伸臂车（遥感车）、铁塔等在地面进行的遥感叫“地面遥感”；在飞机或气球上对地面进行的遥感叫“航空遥感”；在人造卫星、宇宙飞船或火箭上对地面进行的遥感叫“航天遥感”。

遥感技术运用到考古调查勘探或研究中，称为“遥感考古”。遥感考古是建立在遗迹或现象的物理属性、电磁波谱特征和影像特征三者的关系上的，在遥感考古工作中，通过遥感设备接收的资料记录了大量的土壤学、地质学、地貌学、生态学和地理学等信息，它们通过不同的方式，反映出考古遗迹或现象的特征。通过解析这些特征，可以发现地面或地下的古代遗存信息。相比于传统的调查技术，遥感考古具有明显的优势。第一，它从宏观的角度分析、确定古代遗存，能够发现我们在地面上无法观察到的遗存的整体面貌，从而揭示古代遗存的特点。第二，对于那些位于沙漠、高山等交通不便的地区的古遗址，航空遥感考古调查是最有效、最经济甚至是唯一可行的方法。第三，利用遥感资料获得的遗址周围的环境信息也为环境考古研究提供了不

① 申斌、边德芳：《应用物化探方法研究殷墟遗址》，《华夏考古》1988年第2期。

可多得的珍贵资料，其反映的古代人类的生存环境以及人地关系是地面调查无法做到的。第四，历年来拍摄的高空照片，尤其是战争时期为掠夺和侵略而拍摄的照片保留了大量以前的地面信息，这些信息在现代往往已经不复存在，分析这些摄影资料无疑对于考古调查和勘探具有重要的意义。

秦始皇陵遥感影像

因此，著名考古学家格林·丹尼尔在评价空中摄影技术在考古学中的作用时认为，航空遥感考古“已经成为考古发现和记录的一种主要工具，如果一名考古学者不能像看地图那样通晓航空照片所反映的内容，那么他就不能被认为受过全面的训练”①。

第二节　断代技术

在考古学中，确定遗存或遗物的年代无疑是进行考古学研究的基础。对古代遗存年代的推断可以分为两种情况，一种是确定遗存的相对年代，另一种是确定遗存的绝对年代。前者指的是确定遗存所处的一个大致时间区间，比如晚于汉代，早于唐代，但不能确定到底是处于汉代与唐代之间的哪个朝代，或者不能确定遗存具体是哪一年；后者指的是能够确定遗存具体的年代，并可以用数字表示的情况。

在单纯地运用考古学方法确定遗存年代的研究中，除非有明确的纪年材料证据，往往获得的仅是相对年代。获得考古遗存的绝对年代，主要是依靠在第四纪地质学中应用较为广泛的测年技术。

---

① ［英］格林·丹尼尔著，黄其煦译：《考古学一百五十年》，文物出版社，1987年。

一、碳－14 测年及 AMS 技术

利用死亡生物体中碳－14 不断衰变的原理进行断代，是考古上应用最广泛的一种测定年代的方法。美国芝加哥大学的利比是此方法的奠基者。该法于 1949 年开始实际用于考古年代测定，其一般使用的年代范围在 4 万年以内，极限年代为 75 000 年。因为早于 75 000 年的生物体中，碳－14 的残留已经很少。

宇宙射线同地球大气发生作用产生中子，中子同大气中的氮（氮－14）发生核反应，产生放射性同位素碳－14，碳－14 与氧结合形成的$^{14}CO_2$混入大气中的二氧化碳中，又通过光合作用被植物吸收为养料。动物都直接或间接地依赖植物生存，因此所有生物体内都含有碳－14。而碳－14 又不断地衰变为非放射性的氮－14，其半衰期为 5 730 ±40 年（即每经过 5 730 ±40 年碳－14 的量就会衰减一半）。生物在死亡之前身体中碳－14 的浓度与大气中的碳－14 浓度保持着平衡。但这些含碳物质一旦停止与大气交换，例如生物死亡，碳－14 就只能按衰变规律减少。因此，只要测出标本中碳－14 减少的程度，就可以推算出它死亡的年代。

利用碳－14 进行测年有几个需要注意的问题：第一，是半衰期的使用问题。目前国际上有两种半衰期，分别为 5 568 ±30 年和 5 730 ±40 年，我国自 1975 年后使用的一直是后者。第二，标本的采集要严格按照要求进行，比如量要足够多，采集工具和盛放工具要干净，不能被其他有机物污染，标本信息如采集地点、种类、地层、出土情况、文化性质等内容要记录完整准确。第三，在实验室内要根据不同标本和出土情况，仔细处理标本，严格防止各种污染，尽量避免人为原因造成的误差。

虽然通常实验室内所需的纯碳量不超过 10 克，但由于标本进入实验室后要进行预处理，所以测量中对各类标本的需求量也不尽相同。各类标本一般可依表 5－1 采集：

表 5－1 用于测量碳－14 各类标本的击破求量

木头	木炭	贝壳	骨头	泥炭	种子	毛发编织物
100 克	50 克	300 克	1 000 克	500 克	100 克	100 克

但在考古发掘中往往会遇到这样的问题，采集的标本达不到进行碳－14

测量所需的量，20 世纪 70 年代末兴起的 AMS（加速器质谱）技术就解决了这样的问题。它的原理就是直接计测样品中的碳－14 原子数，而不必等待它们发生衰变，因此，所需的碳量只需几毫克，甚至几百微克就足够了。测量时间也缩短到 30 分钟，大大提高了检测效率，并且测量碳－14 的精度可达到 3‰～5‰。虽然这种技术已经很成熟，但由于其投资代价高，还不能完全普及，目前我国仅在北京大学、上海原子核研究所、中国原子能研究所等少数碳－14 测年实验室有这种设备。

利用碳－14 进行测年还有一项不能回避的问题就是假定原始碳－14 放射性水平与现代的标准相同。但根据树轮年代学和碳－14 年代对比的结果，确知大气中的碳－14 浓度实际上是有起伏的，因而碳－14 年代与真实年代存在偏差，年代越早偏差越大。因此碳－14 年代必须经与树轮年代对比校正，才更接近于真实年代。

二、树木年轮测年

利用树木年轮的生长规律来进行断代的技术是现阶段最精确的断代方法。利用碳－14 测年往往有 100 年左右的误差，而树轮测年的误差最多不过 10 年，最低误差仅为 1 年。

这种方法根据的原理是：树木生长，每年春长秋止，造成树干横截面上木质疏密相间，显出圆圈，即所谓年轮，年轮的数目就是树龄。年轮的宽窄与气候条件密切相关。旱年生长受到限制，年轮就窄；雨量充沛、气候湿润的年份，生长繁茂，年轮就宽。同一气候区中同种树木的不同个体，在同一时期内年轮的宽窄谱是相似的。如果一棵活树内层的一段年轮谱同死树的外层年轮谱一致，就证明此死树是前一阶段生长的，且与此活树有过共同生长期，能互相衔接起来。如果此死树的内层年轮谱同更老的死树的外层年轮谱一致，就又可以衔接起来。以此类推，只要找到适当的树木，就可以一直衔接到史前时期，建立起本地区的主年轮序列，这相当于反应气候变化的一部编年史。同一气候区的考古木头样品的年轮谱，只要与上述主年轮序列对照，就可以确定出非常准确的年代。

科学的树轮年代学是 20 世纪初由道格拉斯研究建立起来的。他与其后继人在美国西南部百个考古遗址中收集了成千件木结构样品，互相衔接可上溯到距今 2 000 多年以前。目前世界上年代最长的主年轮序列，是用美国加利福尼亚白山上的刺果松建立起来的，已可上溯到距今 1 万年前后。

假设在某一地区的古遗址中发现古代人类使用了某种木材，而这种木材的年轮曲线在这一地区已经建立，就可以将古遗址中的木材与年轮曲线进行对比获得古遗址的年代。

树轮序列的另一个重要的作用是用来校正碳－14测年结果。这是因为树木年轮忠实记录了不同年代的碳－14浓度，因此通过测得已经建立主序列的树木年轮样品的碳－14年龄，可以将碳－14年龄与树轮年龄进行对比，从而校正碳－14所测得的年龄。

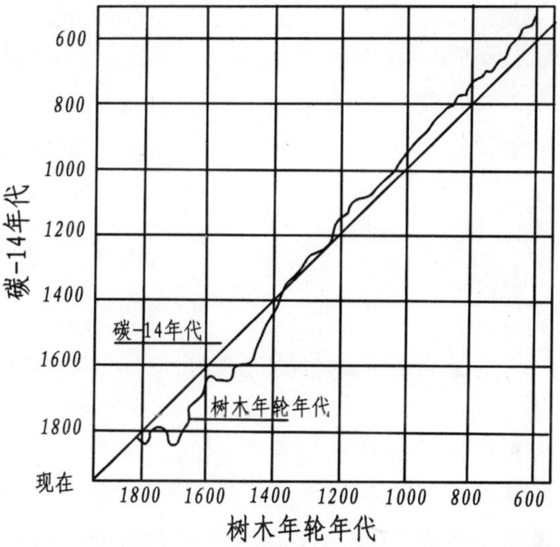

根据美国加利福尼亚地区刺果松年轮建立的校正曲线

但是，目前世界上并不是全部地区都可以建立树轮序列。首先，并不是各地所有的树木都能很好地反映出气候的变化，形成理想的特征年轮谱；其次，不容易找全各个时期的木头，来建立不间断的年轮序列。因此只有在气候季节变化明显的地区，选择适当的长寿命树种，才能建立起年代连续比较长远的主年轮序列。

我国是在20世纪90年代初才开始树轮序列的研究工作。1999年中国社会科学院考古研究所与德国考古研究院欧亚考古研究所合作，开始建立树轮年代学实验室，近年来，已取得了长足的进步。

三、古地磁测年

古地磁测年包括考古地磁断代和地层沉积磁性断代。前者是利用某些古物的热剩磁性进行断代的技术，用于新石器时代以来的窑、炉、灶、砖、瓦、陶瓷的年代测定；后者是利用地层沉积磁性随地磁极性倒转而倒转的现象进行地层断代的技术，多用于古人类遗址的断代。

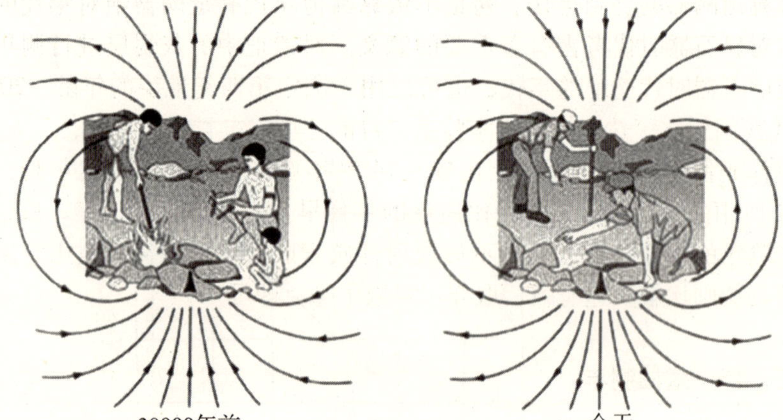

地磁倒转示意图

它们的原理如下所述：地球磁场是变化的，科学、系统地观测地球磁场仅有百年左右的历史，而古地磁学通过寻找不同年龄、不同地区的岩石标本，就可将地磁场观测时间幅度提前。古地磁学研究表明，许多岩石具有稳定的剩余磁性，且磁化方向与当时地磁场方向一致。因此，这些岩石的剩余磁性，就是地磁场矢量的天然记录。采集这些岩石的定向标本，通过实验室的观测和模拟，就可算出岩石磁化时地磁场矢量在采点的方向和强度数值。古代人类活动留下的火烧过的陶窑、炉、灶等遗迹和砖、瓦、陶片、瓷器等各种遗物都会保留有热剩磁性，热剩磁性一旦形成就很稳定，可以保持几千年不变，其方向与加热后冷却时的地磁方向一致，强度与当时地磁强度成正比，假如该地区的地磁方向和强度随年代变化的关系已经很明确，那么就可以通过测定样品的热剩磁性来断定其真实年代。

四、热释光测年

热释光测年是直接用一定的矿物，特别是石英和长石颗粒来测定年龄的一种技术，其测年范围从100年到100万年，测年误差为5%～10%，具体测年方法是通过测量样品中积累的辐射剂量来确定最后一次受热的年代或样品形成的年代。这种方法十分适用于对陶器、烧土或火山灰烬层、岩浆烘烤层进行测年。

因为用来烧制陶器的黏土中一般都含有少量长寿命的天然放射性元素，若已知陶器中所含的放射性数量，那么，测定陶器的自然热释光积累量，就可以推算出陶器的烧制年代。这是不依靠其他年代确定陶器绝对年代的一种方法，对新石器时代考古有着重要的意义。对遗址中的灰烬层进行测年还可以确定旧石器时代遗址的年代，也可以用于测定第四纪地层的年龄。20 世纪 70 年代我国建立了热释光测年实验室，目前已经公布了多批数据。

热释光测年的数据原则上比碳－14 测年更接近遗存的真实年龄，因为碳－14 所用的木头等材料可能比遗址的年代早数十年甚至数百年。只是由于热释光测年的误差较大，因而不如放射性碳素断代精确可靠。但用它来鉴定陶器的真伪则比较快速有效，取样仅需数十毫克即可。

五、钾—氩法测年

钾—氩法测年是利用矿物质中钾－40 衰变成氩－40 的原理进行断代的技术，测定年代的范围在 10 万年以上。

钾－40 主要包含在火山熔岩，比如火山岩、变质岩和火成岩中。由钾－40衰变的氩－40 会在火山熔岩凝固时因高温挥发殆尽，因此，火山熔岩的生成时刻便是钾—氩纪年法的时标零点。随着时间的推移，钾－40 衰变成氩－40 的量逐渐积累增多，只要测出火山岩标本中氩－40 的数量，根据衰变规律和半衰期，便可推算出火山岩形成的年龄。但是由于钾－40 的半衰期很长，约为 12.5 亿年，年轻样品累积的氩－40 很少，不易测准，误差较大。因此，考古学上的应用主要是确定年代久远的旧石器时代早期遗址和古人类的年代。

六、铀系法测年

铀系法测年又称铀系不平衡定年方法。铀系元素是由铀核连续地进行放射性裂变所形成的大约 12 个同位素组成，在古老岩石中，这些同位素的数量之间存在平衡关系。铀系元素中的短寿命同位素在考古学纪年法中没有用处，其中的长寿命同位素钍－230、镭－226、钋－231 则是考古纪年法中有用的放射性核。钍－230 和钋－231 的半衰期分别为 75 200 年和 32 500 年。如果从骨头、贝壳等标本中测出钍/钋的比率，就可从放射性衰变公式推算出它们的年龄。但由于它们在标本中的含量太少，推算出来的标本年龄往往比实际年龄要短一些。因其测年范围为5 000至40万年，所以这种测年方法在考古学尤其是旧石器时代中晚期考古学研究中得到了比较广泛的应用。

铀系法取样只需几十克碳酸盐，或几克动物牙齿或骨化石，所以样品容易获得。但实际上有不少样品往往并不能满足断代原理的理想要求，因而常会出现较大的误差。随着研究的发展，近年来铀系法测定年代的可靠性在不断提高。

七、裂变径迹法测年

裂变径迹法测年是利用铀－238自发裂变径迹数来进行断代的技术。常用于黑曜岩、凝灰岩等火山物质以及玻璃、陨石等标本。古代陶器中的锆石等矿物质中铀的含量较高，也可以用于此法。只要样品中含有一定数量的铀，能积累裂变径迹，又曾经过高温退火（像钾—氩法一样，大约500度高温后，铀－238积累的裂变径迹就会消失，从而在退火后成为纪年的零点标志），就适用于裂变径迹法。其测定年代范围可从数千年至数百万年。

其原理是通过统计样品中铀的裂变径迹数来推算样品的年龄或经过最后一次高温的年龄，铀－238的半衰期约为8×10^{15}年，测出标本中铀－238的总原子数，再用显微镜找出标本中的径迹数，即可由衰变公式算出标本的年龄。

八、电子自旋共振测年

电子自旋共振测年是原子自旋能级在外磁场中发生塞曼分裂后，在外加微波能量激发下，电子从低能级向高能级跃迁这样一种能量共振现象。电子自旋共振测定标本年龄的原理是基于对标本所受天然辐射损伤量的检测，或者说是基于测量标本中辐射损伤造成的品格缺陷所捕获的顺磁电子数，实际是检测标本中积累的顺磁中心数。显然，标本中的顺磁中心数与标本所遭受的天然辐射总剂量是常数，因此标本内的总吸收剂量必定与标本年龄成正比。

此方法的年代测定范围很宽，从几千年到几百万年，可利用的标本种类也很广泛，并且是一种非破坏性的分析方法，同一个标本可以反复测量。因此，在考古学上的应用十分有利。

九、氨基酸外消旋法测年

氨基酸外消旋法测年是利用死亡动物氨基酸化学变化速度测定年代的技术。它是20世纪60年代研究发展起来的。测定年代的范围可从数千年至数百万年。

所谓氨基酸外消旋是指氨基酸的结构在生物体生前和死后发生变化的过程。生物生前体内的蛋白氨基酸均为左旋体结构。死亡后埋在地下，氨基酸也被保存在机体乃至后来的化石中，但左旋体结构逐渐向右旋体转化，最后达到平衡。通过用生物、物理、化学方法将氨基酸的左旋体和右旋体分离出来进行定量测量，便可得到化石的年代。但是，这种转化的速率（或称为“半衰期”）受到温度的控制，比如异亮氨酸，当环境温度为20℃时，转化速率为11万年；环境温度为15℃时，转化速率为29万年。所以选择埋藏环境中温度变化较为恒定的标本对于测量的准确性意义重大。

十、黑曜岩水合法断代

黑曜岩水合法断代是利用黑曜岩表面水合层的厚度来测定黑曜石工具制作年代的技术。黑曜岩对水有很强的亲和力，表面经常吸附一层薄水，水慢慢向内部扩散形成水合层。黑曜岩工具在制作时，其表面水合层的厚度为零，由此开始水合作用，经历的时间越长水合层越厚，因此可以根据水合层的厚度测定出黑曜石工具的制作年代。

十一、骨化石含氟量断代

骨化石含氟量断代是利用骨化石中的含氟量来估计其相对年代的断代技术。地下水中的氟进入埋在地下的骨头中，会使骨头中的无机磷化合物——羟基磷灰石变为氟磷灰石。由于这一过程是不可逆的，因此骨头中的氟含量愈高，表示埋在地下的时间愈长；又由于吸附地下水中的铀，骨头中的铀含量逐渐增加；又因蛋白质逐渐分解消失，骨头中的含氮量不断减少，因此，往往可同时用三种方法进行检验以作比较。实际上，地下的环境条件各地是不一样的，这种化学变化的速度不可能完全一样，所以不能作绝对断代，但可以区别同一地点地下骨化石的相对时代的早晚。

第三节　古环境研究

人类自从诞生的那一刻起便与自然环境有着密不可分的关系，所以环境与人类的关系一直是人类历史发展的主题。对古环境的研究，要求考古学家和环境学家通力合作，在获取考古学资料的同时，也要获取自然环境演化方面的信息，再根据这些信息建立区域环境演化序列，然后将古文化发展变迁的序列与古环境演化序列相对比，研究人类文化发展与环境演化之间的关系。利用研究古环境的自然科学的方法，提取一切古代遗留的环境信息，以求能尽可能地复原古环境。目前来看，这些古环境指标主要有孢粉、植物硅酸体、动物化石等生物指标；同位素、微量元素等地球化学指标；还有土壤形态、湖泊季节纹层、树木年轮、古地貌等。以下择要介绍。

一、孢粉分析

孢粉是孢子和花粉的总称，是与植物繁殖有关的一种植物器官。孢子是孢子植物产生的，而花粉则是种子植物产生的。孢粉植物化石具有个体小、重量轻、产量大、易飞翔、形态可识别等特点。因为不同种属植物的孢粉具有不同的形态，所以根据孢粉可以判断植物的种属，进而恢复植被状况及气候特点。孢粉具有坚硬的外壁，可以抵抗强烈的酸碱而不被破坏，虽然经过千百万年甚至于几亿年，孢粉化石仍能保持完好，所以孢粉化石在研究古植物学和地质学上具有重要的意义。

由于孢粉形态各异，它们大部分可以被鉴定到属。不同植物产生孢子和花粉的数量不同，散布方式与保存状况也各不相同，因此对它们进行系统的鉴定、统计和分析，在一定程度上可以反映一个地区特定时期的植被状况。而对当代孢粉的统计分析及其和植被的对比研究，也为科学地认识和复原古代的植被状况提供了参考标准。

孢粉从土壤等古代堆积中取样，在实验室中分离提取，在显微镜下进行观察、鉴定、统计。在统计时，由于一个样品通常包含无数的孢粉，通常规定观察统计到300个或500个为止，使样品具有代表性和可比性即可。最后将不同形态数量的结果绘制成为孢粉图式，将不同时段形成的地层中的样品结果排列起来，可以形象地表示出某一种属的植物随时间变化和整个取样区域的植被种属在横断面上的组合分布情况。在年代学作为考古学的头等目标的阶段，孢粉分析最初也是主要被用作一种断代的手段。因为植被的变化主要是气候变化的结果，不同气候阶段会有不同的植被类型，通过确定孢粉组合的图式，进而确定植被类型，可以大致地帮助考古学家判定一个地层的气候阶段和年代范围。

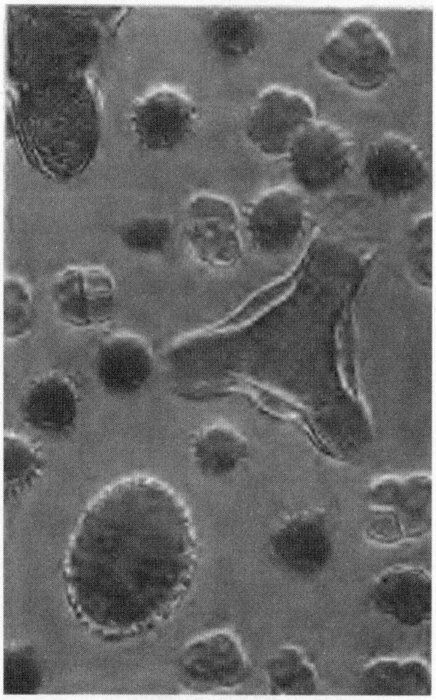

显微镜下看到的形态各异的孢粉，这是进行植物种属鉴定的依据

二、植物硅酸体分析

植物硅酸体是指高等植物的根系在吸收地下水的同时吸收了一定量的可溶性二氧化硅，经植物的输导组织输送到茎、叶、花、果实等处时，在植物细胞间和细胞内沉淀下来的固体非晶质二氧化硅颗粒。它们的形状依赖于原来植物细胞的形状和细胞之间的空隙，不同植物种属的硅酸体形态不同，这是进行古植物恢复的基础。硅酸体在植物中数量很多，如某些种属的叶片每克含有10万~100万个植物硅酸体，并且可以在多种沉积环境中保留下来，因此可以提供的信息相对丰富。另外，由于它们形成于植物的茎叶中，相对于孢粉而言分散程度低，在一定程度上，更能代表当地的植被情况。通过研究不同形体的人工栽培植物和野生植物的硅酸体也可以分析农业的起源以及植物与古环境的关系等重要的课题。

三、土壤微形态分析

土壤微形态是土壤科学的一个分支，将显微镜下观察到的微形态用于说明土壤形成、发育的演变规律上，是复原古环境的一个重要方法。古代任何一种沉积物都会与土壤接触，在土壤中都会发生再改造的过程，无论是物理风化还是化学风化，都会在土壤中留下证据。这种证据可以提供以下的各种信息：重建古代气候演化过程；分析区域环境演化与古遗址形成及考古学文化发展的关系；分析古遗址周围的土地利用及相关特征如森林砍伐、放火烧荒、放牧、农耕、灌溉等活动及其对周围生态环境的影响。另外，土壤微形态研究还能用来研究遗址内各类遗存的特征及其反映的人类活动特点。

四、同位素分析

对沉积物的同位素进行地球化学分析是古气候研究领域里最常用的手段之一。用于这种分析的主要物质有深海沉积物中的生物化石、湖泊等陆地沉积物中的生物化石和碳酸盐、冰岩芯样品等。

通过分析深海沉积物中的有孔虫中氧和碳的稳定同位素来研究海洋古环境的变迁与气候变化是20世纪80年代以来古海洋学中的巨大成就之一。其原理是有孔虫的介壳在形成时，其体内吸收的两种氧的同位素氧-16和氧-18之间的比率受控于温度和其周围海水的同位素，因此利用后两个变量之间的关系，有孔虫的同位素组成就可以用来重建古温度。

海相或河、湖相软体动物贝壳中的氧、碳同位素值是生长时期气候变化的良好指示器，对有比较确切考古年代的贝壳进行分析，可以建立史前气候变化的序列。

从冰岩芯样品中获得的主要记录是水分子的氧同位素组成。一般来讲，对某一特定的大冰盖，积雪的同位素丰度主要决定于该冰盖所在地点的年平均温度。所以通过分析冰芯的同位素变化可以获得温度变化的信息。

五、年轮气候学研究

树木年轮的形成原理在前节已有所叙述，利用树木年轮进行断代定年如前述。依据树木年轮状况还可以探讨过去数千年至数百年内环境的变化，其中最为重要的就是年轮气候学的研究。

年轮气候学的原理是：树木生长的主要特征之一是树木年轮的形成与变异，它除了受自身遗传因子的控制外，也受环境因子的制约。树木年轮的生长与气候变化密切相关，可以通过树木年轮的变异状况分析，获取古气候资料。

年轮气候学的利用树木年轮状况分析古环境可分以下几种情况：一是寻找现代环境要素与年轮变化之间的一种合理的“生物—统计学”模式，即某种函数表达式，再经过必要的校准与验证，就可以用年轮资料去推断古代环境的变化。二是利用树木年轮的密度进行环境分析。比如旱年生长受到限制，年轮就窄；雨量充沛、气候湿润的年份，生长繁茂，年轮就宽。三是分析树轮木质部分的碳、氢、氧同位素，得到环境变化的信息。

六、古地貌分析

一般来讲，在气候发生巨大变化之后往往伴随着地貌变迁。史前时代的地貌变迁对人类生存环境会产生明显影响，因此对古地貌的分析研究不仅可以复原古气候的变化，也可以为研究人地关系的变迁提供重要的线索。

古气候的变化，往往会引发各类能够引起地貌变化的现象，比如洪水、地震、火山爆发、泥石流、滑坡、海侵、干旱等灾害，而这些灾害又导致人类生存环境的变迁，使得人类的生产生活受到影响，由此产生人类社会的各种现象。因此，古地貌分析是第四纪环境研究中的一项重要手段。

第四节　古代生产生活研究

目前研究古代生产生活的手段主要是分析与人类密切相关的植物、动物，无论是人工畜养、栽培的动植物，还是野生动植物都属于分析对象。另外，还通过分析遗物中包含的属地信息，研究古人之间的交流和贸易活动。考古学与古植物学相结合就形成了植物考古学，与古动物学相结合就形成了动物考古学。

一、动植物研究

考古能够发现的古代动植物遗存主要有动植物遗骸、孢粉和植物硅酸体等几种。考古发掘的野生植物遗骸有碎木、草籽、果核、硬果壳等；农作物遗骸主要有各种谷粒、豆粒、豆荚、玉米芯、薯块等。一般古遗址内出土的植物遗骸大多已炭化。对水选方法浮选出来的遗物进行鉴定和复原研究是获取植物遗存信息的最重要内容。鉴定的基本方法是比较，即与现代植物标本进行比较，以确定其属和种。确定动物遗存的种属和部位的方法也是比较，对比的标本包括两类：一类是现代动物骨骼制成的标本；另一类是将遗址中出土的已经确认了种属及部位的完整或主要特征明显的动物骨骼作为标本。对动物的种属进行鉴定时解决了定性分析的问题，在此基础上还要进行定量分析，这就需要进行统计分析。动物考古研究中，定性和定量分析是密不可分的两个方面。通过种属判断，可以认识与古代人类有关系的动物究竟是哪些种类，而通过定量分析则可以进一步弄清在古代人类捕获或饲养的动物中不同种属动物所占的比重，从而了解古人的肉食结构。定量统计有两种方法：一种是确认鉴定标本的数量，另一种是统计每个种属的最小个体数。

脂肪酸分析是通过分析考古遗存中的脂肪酸来确定与考古学相关的动植物种类。生物构成的主要成分是蛋白质、碳水化合物和脂肪，经过一定的时间以后，脂肪的表面会氧化形成硬模，内部的脂肪会长期保存下来，几万年也不会变质，而考古学中出土的陶器、石器、铜器等表面均有微小的孔隙，附着在其中的脂肪可以长期保留。脂肪有很多种，在考古资料中残存最多的是脂肪酸，而各种生物的脂肪酸是不同的，通过分析考古资料中的脂肪酸可以达到确定生物种属的目的。提取脂肪酸的方法是将样品和溶剂（用水、三氯甲烷和甲醇混合而成）放入玻璃容器中，用超声波使脂肪溶解在溶剂中。过滤后再加入三氯甲烷和少量的氯化钡，使上层的水和下层的三氯甲烷分离，糖脂肪的一部分会溶解在水里，其他脂肪酸则溶解在下层的三氯甲烷中；将含有脂肪酸的溶液用硅酸薄层分离法剔除诱导脂肪和单纯脂肪等，然后用酸甲醇分解脂肪提取脂肪酸，此时再一次用硅酸薄层分离法将脂肪酸和固醇分离。脂肪酸的测定方法是加热脂肪酸使之汽化，用含有不挥发性液体的玻璃管分离各种脂肪酸，再使用具有高分解能力的质量分析仪测定其分子量，据此确定脂肪酸的种类。人们通常认为，在古代遗址中大量存在的石器和陶器等的用途常常是砍伐树木、宰杀动物和盛煮食物，但是，到底哪些石刀、手斧都砍伐过什么植物、宰杀过什么动物，哪些陶器盛过或煮过什么食物，不但考古学家常常难以判断，擅长物理化学分析的文物保护专家也无能为力。后来，日本著名的考古学家佐原真和生物化学家中野益男通过引进残存脂肪酸分析法，为此提供了科学的答案。佐原真于 1979 年曾经对油灯中的油进行分析，表明当时使用过菜子油、动物油和鱼油。1986 年中野益男成功地完成了对北海道濑棚郡今井町美利河一号遗址出土石器上残存脂肪酸的测定，发现在石器上残留有鹿的脂肪酸，从而证明了古人曾经用这些石器宰杀过鹿。他们也对宫川县古川市一处旧石器时代遗址出土的石器上的附着物进行脂肪酸分析，并推断出石器的具体使用途径和使用目标，对于复原古代人类的捕杀目标和当时的生态环境发挥了重要的作用。残存脂肪酸分析不仅可以确定石器、陶器等的功能，而且可以帮助考古学家推断古人的食物构成和环境等方面的信息。另外，脂肪酸分析不会破坏样品的外部形状，不改变样品物理化学成分，完全符合文物保护的要求，因此这种方法很快受到日本和欧美等发达国家的考古学家的高度重视。目前日本研究人员已经在电脑上储存了现代动植物的脂肪酸数据 1 万多种，考古获取的动植物脂肪酸数据5 000种，为科学研究奠定了坚实的基础，并取得了大量的研究成果。①

利用同位素分析古人食谱的工作原理是：自然界存在同位素分馏现象，即同一元素的轻重同位素在物理、化学变化过程中由于它们的原子重量不同而活泼程度不同，会导致同位素组成发生变化，各类物质中同位素组成的区别为通过同位素示踪法判断物质属性提供了基础。古代人类和其他动物的牙齿和骨骼的同位素成分中保存了所食用的动植物种类的信息，通过对考古发掘中采集标本的同位素分析，可以确定古人主要的食物种类，从而分析古人的食谱特征，对古代经济活动进行探讨。目前，可利用的同位素主要是指碳同位素、氮同位素和锶同位素。运用同位素分析法在我国古代农业和古人类食谱的研究中具有广阔的前景：它可以得出人类直接利用的动植物的类型和频率，而不像通过动植物遗骸分析而得出的当时的动植物种类（这些种类往往与人类的关系并不是非常密切），而且与动植物遗骸和同位素的分析相互结合，可以提高研究的科学性。它可以确定不同种类农作物的出现时代和地区分布，同时作为碳－14 年代的校正材料；可以研究古人摄食习惯变化的历史过程；确认家畜饲养的年代和分布区域；研究不同阶层人群的食谱差异。

二、古代交流贸易活动研究

研究古代贸易活动有多种方法，其中之一就是运用现代显微技术和同位素方法对人工制品进行分析，获得其原料和工艺特点等方面的信息，进而确定其贸易活动的特点。一般来说，一定地区特定的岩石和黏土矿因地域及地质状况的不同，其微量和痕量元素的含量存在一定差异，这种差异主要与成土母质有关。不同类型岩石和黏土的形成是在多种因素长期综合作用下形成的，而母质则是微量稀土元素的主要来源。因此，通过分析人工制品中的微量和痕量元素的含量，便可探索其产地和矿料来源，比如石器、陶瓷器、青铜等的成分组成和特殊结构等。目前应用比较广泛的技术主要有岩石显微镜或扫描电子显微镜直接观察法、中子活化分析、原子吸收和发射光谱分析、等离子发射光谱分析、X 射线荧光光谱分析、差热分析和同位素分析等。

显微镜的直接观察主要用于人工制品中那些具有较明显诊断特征的种类，比如用火成岩和变质岩制作的石器与陶器等。

中子活化分析技术是基于核反应堆的技术而出现的，能够测定含量和密

① 戈君：《脂肪酸分析——日本考古学最新的研究方法》，《北方文物》1990 年第 2 期。

度极低的许多微量和痕量元素的存在。因此，它比较适用于那些自身特征区别不大的人工制品的检测，比如石器中的燧石质和黑曜岩质石器、瓷器中的釉层分析等。另外，此技术也具有试样制备简单的优点。

原子吸收和发射光谱分析技术是基于蒸汽相中被测元素的基态原子对其原子共振辐射吸收来测定样品中该元素含量的一种高灵敏度的分光分析方法。用来进行原子吸收和发射光谱分析的元素必须是那些不受掺和料、烧结温度、玻璃化、陶瓷埋藏条件和时间等因素影响并具有明显的地方特色的元素，如微量元素锆、铷、锶、钛、镍等。此方法的优点主要表现在灵敏度高，测量误差小，可测定的元素范围广泛，选择性和抗干扰性好，测量速度快，仪器操作简单等。

差热分析的工作原理是：通过记录陶瓷器加热过程中物质的失水、分解、相变、晶格破坏及重建等物理—化学现象，来研究和解释样品的热变化性质，进而判定其主要组成及杂质成分，据此分析原料产地。

同位素分析即是对人工制品中的同位素进行研究，从而可以获得产地等信息。比如对河南安阳殷墟、四川广汉三星堆、江西新干大洋洲商墓中出土青铜器的铅同位素分析表明，无论是黄河流域的中原地区还是长江流域的赣中和巴蜀地区，商代的青铜铸造都相当普遍地使用了一种高放射性成因的独特来源的铅料，只是目前还没有发现这一铅料的具体产地。

第五节　古代科技信息研究

运用现代物理和化学分析技术分析古代文物中包含的科技信息，可以为科技史研究提供大量有价值的资料，是科技考古研究中十分重要的内容。它可以提供人工制品工艺水平和技术特点方面的信息，主要是运用物理学中的谱学技术、显微技术和化学中的元素分析技术对陶瓷器和金属器进行分析测试。表 5－2 介绍了几种主要的现代技术及作用。

表5－2　用于古代科技研究的几种主要现代技术

大类	分析法	作用
分析陶瓷烧制温度和工艺	穆斯堡尔谱分析	陶器原料中存在的含铁矿物质、制作时曾经采用的烧结温度等
	热分析法（差热分析、热解分析、热膨胀分析）	测定陶器的烧制温度
	X射线衍射分析	陶土的来源
	电子微区能谱分析	陶瓷器的烧结温度等
	扫描电子显微镜分析	铜镜的铸造工艺
	岩石显微镜分析	陶器烧结温度
分析金属器的冶炼、铸造等技术	金相分析法	研究金属文物的铸造工艺
	X射线衍射分析	研究文物的加工和热处理等
	化学成分分析	青铜器的铸造工艺
	电子探针分析	文物中的掺杂物

第六节　考古人类学研究

按照英、美的传统学科体系，人类学可分为体质人类学和文化人类学两大部分。而欧洲大陆的人类学，习惯上专指对人类生物特性的研究，实际上相当于体质人类学。这里我们所称的考古人类学实则是体质人类学的一项重要内容，是利用考古发掘中的人骨材料分析古代人类体质等方面的信息，为考古学综合研究提供资料。它主要包括人体形态学、人类起源学、人种学和分子人类学等几项内容，是将人类作为一个生物种，研究其体质形态、身体结构及其生物学变异和进化，以阐述人类的起源、人种的形成和发展规律的科学。

人骨鉴定是进行考古人类学研究的前提，最好是在野外现场进行，以最大可能保存骨骸的原生状态。人骨鉴定包括年龄和性别两个方面。鉴定年龄是利用牙齿的萌出和牙齿磨损程度、颅骨缝的愈合、骨化点的出现和骨骺的愈合以及骨骼上的其他因年龄变化而产生的现象，对死者的年龄作出估计。利用骨骼观察男女性别，现代人不如化石人那样明显，未成年个体的性别鉴定比成年个体的要困难。不同的人种骨骼上性别差异的显著程度也不同，如黄种人骨骼上的性别差异就不如白种人明显。对于性别特征很显著的骨骼，鉴定性别并不困难，但总会遇到一些骨骼的性别特征不太明确的，鉴定这种骨骼比较困难，但只要仔细观察，单凭颅骨鉴定性别，一般有80%的准确率，加上对下颌骨的鉴别，准确率可达到90%，如再参考其他骨骼材料特别是骨盆的鉴别，则可以将准确率提高到90%以上。

一、人口学、人种学和病理学

考古人类学研究可以提供古代人口学、人种学和病理学等方面的信息。关于前两项内容比较好理解，比如利用人类的性别比例关系及其变化考察人口数量和性别分工、社会结构、婚姻制度、埋葬习俗、社会关系，甚至是战争、生产生活等各方面的信息；研究人种可以得知古代人类的迁徙情况、族群交流、文化本源，甚至是人类起源等方面的信息。

另外一项重要的内容，就是可以通过骨骼的体质人类学的研究，判断人类的古老风俗和古代人的病理以及医疗情况。比如头骨变形和拔牙的风俗在全世界的分布最为广泛，其历史可以上溯到旧石器时代。我国最早的头骨人工变形见于旧石器时代的周口店山顶洞一女性头骨上，受压主要在前额部位，距今已有2万年。中石器时代的内蒙古扎赉诺尔人头骨也可能存在变形的情况。在山东、苏北一带的新石器时代大汶口文化遗址中发现的此类情况更为普遍，变形的形式为单一的枕形。拔牙的习俗在我国东部沿海地区新石器时代晚期早段也广泛分布，主要是拔除上颌左右第二门齿，拔牙的年龄一般在性成熟期，没有性别差异。

古人遗骸上留下的病理及外伤痕迹是研究古病理和医疗史的重要材料，对了解古代居民的社会生活条件和自然环境有帮助。古人骨骼上常见的疾病大致有以下几类：齿病，包括龋齿、牙周病、齿槽脓肿、齿骨肿、多生齿和牙齿发育不全等；古关节病，主要有类风湿性关节炎、骨性关节炎两种；骨炎症、骨肿瘤、由营养不良或内分泌紊乱引起的各种骨骼变形和先天性骨病，如软骨病、佝偻病、巨人症、侏儒症、小脑症；骨骼外伤——这些外伤可能是由于不慎碰伤或跌伤引起的骨折，也可能是被兵器或生产生活工具等所伤。

在对大量人骨进行鉴定的过程中，发现了很多与古人以治疗为目的实施手术而形成的颅骨缺损标本，它们分别出自青海、河南和黑龙江等地的古遗址。最近在山东广饶傅家距今5 000年前的大汶口文化墓葬中发现的一例，是目前所知中国最早的开颅手术实例。这些标本为我国医疗史研究提供了极为重要的证据，同时还为研究世界上这种技术的起源与发展提供了重要信息。

二、分子考古学

不但我们人类的历史记录在古代遗存中，就连我们自身——人类的基因，也是历史的产物，是生物与文化共同适应的结果。人类的遗传基因记录着人类的历史秘密。通过对人类遗传基因的研究，可以为确定人类起源和演变、人群交流和迁徙、人群与文化的关系等历史与考古的课题提供更为准确的证据。分子生物学与考古学的结合便形成了考古学的一个分支——分子考古学。近些年来，分子生物学的进展特别是从人类遗存中成功提取 DNA 的技术，为分子考古学开辟了一个广阔的前景。

运用分子生物学对人类起源的研究，最著名的要数美国科学家率先提出的“夏娃理论”，即现代人类的共同祖先是分布在撒哈拉沙漠以南的非洲人群，他们自距今 20 万—10 万年间向外迁徙，并散布到世界各地。

1987 年，美国科学家凯恩（Cann）等人通过分析 147 名世界各地现代人胎盘中只随母系遗传的线粒体脱氧核糖核酸的核苷酸序列（mtDNA），发现这些人的母系祖先应该被追踪到距今大约 20 万—10 万年间非洲撒哈拉沙漠以南的一个人群。

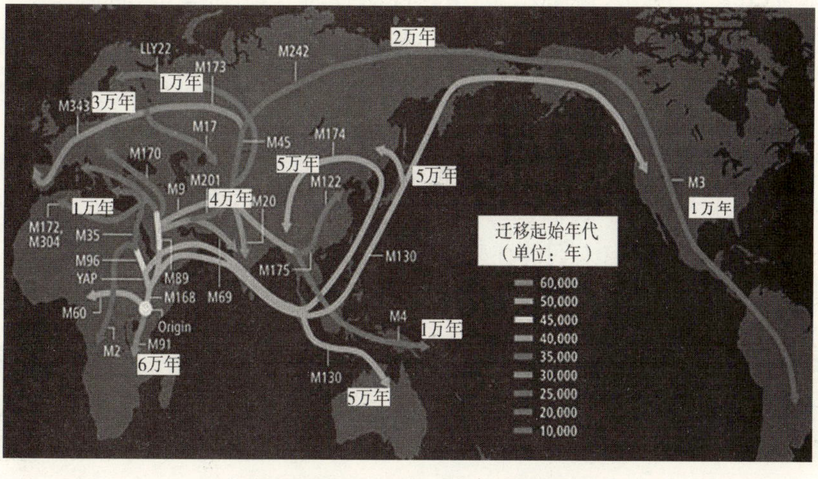

人类由非洲向外迁徙的时间及路线图

其原理是这样的：线粒体 DNA 是一种不同于含细胞核的 DNA，它们的核苷酸分子总共只有1.65万个，高度稳定并能够自我复制，而且只由母亲遗传给子女。因此，研究者只要对少数发生了突变的基因集中进行分析，推算出现代人类的母系谱系，就能一代代向前追踪，直至追溯出一位人类共同的“外婆”及其生存的时间。

因为这一观点的世系是由母系确定的，因此被称为人类起源研究中“一个夏娃的假说”。它的提出在学术界立即引起轩然大波，一时间赞成与反对者水火不容①，但是后来几乎所有其他的分析方法和资料都表明了近乎同样的结论。特别有意思的是，1994年以来耶鲁大学的多瑞特（Dorit）和雷赛斯特大学的阿莫尔（ArMour）等分别对现代各人种的细胞核内Y染色体的分析支持凯恩的现代人起源于非洲的结论，而Y染色体与mtDNA相对应，是父系单性遗传的。我国的生物学家和医学家在1998年也进行了类似的研究，得出的结论也支持了非洲起源说，并且也认为中国北方的古人类最早是从南方来的，而不是通过中亚移民过来的②。

近年来中国的分子生物学技术在考古学上的应用也日益广泛，比如用于古代婴儿遗骸的性别鉴定、古病理研究、现代人类中的种族起源以及同一墓地中遗骸间亲缘关系和种族关系的鉴定等都取得一定的成效。比如吉林大学的考古学家研究认为，内蒙古龙头山夏家店上层文化和三道湾汉代鲜卑族在DNA上的同源性较近，而与郑州西山古城的仰韶文化人群遗传距离较远；河北阳原姜家梁新石器时代晚期墓葬4座墓10个个体的人骨DNA测量结果显示，此处不是一个母系墓地③。安阳殷墟人骨的DNA研究也在进行中，结果可能对揭示殷商王族和贵族的来源以及当时的社会结构提供有趣的新材料。此外，分子生物学技术也已用于研究农作物的人工栽培和家畜饲养的起源与传播模式。

DNA在扩大了我们观察古代的资料范围的基础上，还深化了我们的观察能力，并开辟了其他了解古代的可能途径。我们知道，考古学很少能够区分古代遗存的相似是源自人们的往来还是思想或者观念的交流，但是DNA为我们提供了揭开这一谜底的可能性，它可以帮助考古学家判断这些人和那些人有没有关系以及有什么样的关系。

---

① 粒子：《究竟谁才是我们的祖先：认识“夏娃说”》，《中国文物报》2000年2月29日。

② 吴小红、陈铁梅：《分子生物学在研究人类进化中的新进展》，《中国文物报》1999年4月7日。

③ 朱泓：《吉林大学有关古人骨的DNA研究》，《中国文物报》2001年3月28日。

第七节　计算机、GIS与跨越时空的资料综合

考古学以古代人类物质遗存为研究对象，这种特征决定了其研究手段的自然科学和技术的倾向，并成为自然科学和技术科学渗透最多的一门社会科学。考古工作是研究关于古代物质文化信息的工作，对古代文化信息进行高效的管理和利用是完成考古研究的关键。近些年来，统计学、数学和计算机技术在各行各业的应用方兴未艾，为人类社会的进步作出贡献是多方面的。而计算机技术应用于考古学就是实现考古学“现代化”的关键因素。比如考古资料的记录、分析、绘图，数据库的建立和资料的查询，在通信与交流中思想、知识和信息的传播等，都比没有计算机的时代更为方便和高效。今天，计算机已经和手铲一样，成为考古学家必需的工具。

一、数理统计对考古学研究的作用

因为考古学是对物的研究，其最终目的是通过对“物”的研究而达到对“人”和社会的认识。要想通过对“物”这种有形的东西的研究来达到对思想意识这种“无形”的东西的研究，就必须要对“物”进行定量化的分析和统计，这其中应用最广泛的即是数理统计的方法。

考古学研究中常用的数理统计模型有回归分析、聚类分析、判别分析、趋势面分析和降维分析等技术。在碳-14年代校正、铅同位素数据分析、器物化学成分数据分析以及考古学诸多的分支学科，如体质人类学、动物考古学、植物考古学和地质考古学中，数理统计模型都是数据分析的基本手段。在聚落考古研究中，分析遗址和遗物的空间分布模型是其主要内容，据此可以研究遗物、遗址和遗迹的演变，从而达到认识人类社会的目的。

二、数学形态学与器物形态学研究

数学形态学是基于几何学等学科的一门关于形式和结构的科学。将近景摄影测量、三维建模等技术与形态学理论相结合，就可以应用到考古学中的器物形态学研究中。其目的就是把器物上的各种数据转化为可用数学语言表达的形式，这样就可以在计算机上利用这些数学化的数据进行器物形态学的分类、分型式的考古学研究，从而达到更为高效和准确的目标。这种技术也

被广泛应用在数字化虚拟博物馆的开发和利用上，大大拓宽了人们认识历史和古人的时空范围。

三、GIS 在考古学中的应用

考古学是一门处理“物”的科学，而任何“物”都是处于一定的时空范围之内的。近年来对时空范围研究具有最大贡献的技术无疑就是 GIS（Geographical Information System，地理信息系统）。它是计算机数据库管理技术和地理科学相结合而产生的一门新兴边缘学科。

GIS 作为一种关心研究对象的空间关系的新型计算机数据库系统，使考古学家第一次可以借助计算机的所有优势——大批量存储、分析、检索、模拟、多方式显示、多用户共享和接口、联网等，来处理考古资料在时间链条上的空间特征，从而达到考古学中时间和空间问题的有机合一。因此，GIS 的兴起和发展，大大改变了考古学家在这一领域的思路。

GIS 在考古学中的应用主要表现在以下两个方面：第一，计算机制图。GIS 最直接的应用就是考古数据制图，包括区域中遗址分布图、遗址中遗物分布图、建筑遗址结构图、考古遥感专题制图、三维地形图等。用 GIS 处理地图的优势在于它可以将考古资料分成不同的图层，如遗址、遗物、地形、地貌图等，然后可以根据不同的研究需要进行图层叠加，制成各种分类和专题图。第二，GIS 聚落研究。GIS 计算机制图的结果可以为聚落考古研究提供很有价值的资料，比如可以模拟复原聚落生存环境，从而为人群因环境变迁而产生的生产生活的变迁进行复原研究。欧洲已经在这方面积累了许多成功的经验。

GIS 可以通过对资料的空间特征的处理使人获得新的信息。因此我们不妨把 GIS 理解为一种专门处理地图的数据库。由于 GIS 同时包含一般数据库的内容，又可以产生地图并同时处理大量的地图，可以进行图像信息和文字、数据信息的相互转换，也由于考古材料都具有空间、时间和形式三重特征，而考古学家历来缺乏一种理想方法可以直观地、同时互为关联地处理这三重特性，GIS 正好填补了这一空白。

GIS 分析的另一个功能是可以做多因素模拟和验证，这既是一种分析手段同时也是一种表达方式。因为古人留下的材料总是零散的、不成系统的，通过 GIS 系统的模拟从而为各种研究提供了被人接受的最终基础。比如说我们对一个居住在沿海地区史前时期的狩猎采集群体很有兴趣，我们就可以用 GIS 系统对它做很多假设性研究。比如如果海水位置比现在高出 5 米，这些人会怎么办？春天的气温有所降低，他们会怎么办？海流方向发生了变化，他们又会怎么办？我们可以把这些因素放进他们生存的环境信息系统里，做各种各样的分析，和零散的考古资料进行拟合。这样的分析通常都是比较复杂的，受到资料精确性程度的很大限制，有时候，甚至要受到我们的想象力的限制。

四、多媒体、数据库和互联网

随着考古学资料的增加和综合研究的深入，考古资料的管理和信息服务越来越成为考古学中的重要环节，并日渐成为人们关注的话题。GIS 不仅能管理遗址的空间数据和属性数据，还能充分利用地理信息以及遥感和 GPS 的数据，是一个真正的多媒体平台。但对于普通的考古调查和发掘来说，GIS 的软、硬件投入毕竟太大，所以，各国的研究人员开发了一些专门用于田野考古调查、发掘的信息管理系统，这在考古研究中是十分必要的。

近些年来，很多国家都建立了不同级别和不同规模的考古网络数据库，有些进行专题性研究，有些进行综合性研究。考古信息服务的迅速发展更是推动了考古学研究的深入，互联网上各种考古资源发展很快，各考古学会组织，绝大部分的国家、省市级博物馆、大学的考古系或人类学系都在网络上建立了自己的主页。国内外一些主流考古期刊都建立了主页，关于考古学和人类学已有上千个讨论组、新闻组和电子期刊以及众多的考古信息服务系统。高度发达的互联网为考古界的全球性合作、信息交流和资源共享带来了前所未有的机会，使得现在的考古学家再也不用像以前那样只顾埋头在“故纸堆”中搜寻所需要的资料，也不必“周游”世界去现场查看所需的信息，他们仅仅动动鼠标就可以找到自己研究所需要的大部分资料。

综上所述，现代科学技术手段在考古学中的广泛运用为考古学的进步带来了极强大的推动力量，不仅扩大了考古学家获取资料的范围与种类，还提高了考古学家从传统材料中提取信息和分析问题的能力，使考古学家观察的范围更大，清晰度更高。总的来说无外乎宏观和微观两个方面：前者包括航空和遥感等；后者包括分子层次的，比如碳 - 14 测年、微量元素测定、DNA 分析等。

通过 GPS、卫星遥感、航空摄影地球物理勘探等技术，使得考古学家的视阈变得空前广阔和精细，并且不用发掘就能深入到墓室与地底。

借助于自然科学技术的帮助，考古学家还可以进入以前的一些研究禁区之中，获得在通常的情况下无法保存的古代信息。比如沙漠考古，新疆塔克拉玛干大沙漠中的保存完好的古尸及其身上穿的衣服。又比如发现于阿尔卑斯山区希米劳恩的冰冻人，由于保存在冰雪这一“时间封闭仓”中，携带了大量在通常环境下难以保存的古代信息，这是平常的考古发掘难以获得的。再如水下考古学使得考古学家深入海底，可以从沉船上发现陆地上难以保存的古代遗物，获得贸易和原料等方面的宝贵信息。

可以想见，科学技术在考古学中发挥的作用将越来越大。①

① 本章参考了栾丰实、方辉、靳桂云编著《考古学：理论·方法·技术》（文物出版社2000年版）的部分内容。

第六章　文化遗产和大遗址保护

20 世纪 60—70 年代，埃及在尼罗河上游修建阿斯旺水坝，水坝建成后，建于公元前 1250 年左右的阿希·辛拜勒神庙将被水淹没，不得不拆解搬迁；伊拉克土地上曾承载着 7 000 年文明历史，其遗留的文物古迹颇为丰富，但这一切都在炮火中遭到毁灭性破坏，遗址被破坏，国家博物馆被劫掠，文物大量流失；2001 年 3 月 12 日，巴米扬大佛遭到塔利班政权的野蛮轰炸，爆炸声持续了三四天，大佛轰然倒塌。巴米扬大佛是世界上最高的立佛，距今已有 1 500 多年的历史，如此优秀的文化遗产最终在战火中化为乌有。诸如此类现象不一而足，人类的历史遗存在当今面临前所未有的危机。

人类社会进入 20 世纪以来，社会发展取得了前所未有的成就，政治、经济、文化等各方面都得到了空前的发展。社会发展的同时却给传统文化遗产带来了毁灭性的破坏，而这些文化遗产多具有唯一性和不可再生性，由此带来的损失可能是我们今天所无法估量的。

除了文化遗产遭到人为破坏以外，工业化、城市化、市场化、现代化以及全球化背景下的文化趋同化，同样给人类的文化遗产带来新的挑战。如果这世界上只有一种文化，如果每一个城市的中心地区的建筑物都是一个模样，那么我们的生活有什么意思？文化多样性是人类文化发展、繁荣的基础，只有保持文化的多样性，才能提高人类的创新、创造能力，人类才会走向进步。因此，对人类来说，文化多样性对人类社会的生存和繁荣至关重要。而保护各民族的文化遗产，则是维护文化多样性的重要手段。

总之，社会的发展，城市化、全球化的影响给世界各民族的文化遗产保护带来了挑战。在国际社会的共同努力下，包括中国在内的大多数国家都已经认识到文化遗产保护的重要性和必要性，纷纷着手对本国文化遗产进行保护和研究。中国是世界上文化遗产最为丰富的国家之一，对文化遗产的保护虽然起步较晚，但也已经取得了一定的成效。本章我们将从文化遗产学的一些基本概念、世界文化遗产，以及我国文化遗产保护的现状等角度，对文化遗产学做一些简单的概说。

第一节　文化遗产学的基本概念

“文化遗产”是近年来受到社会各界广泛重视的话题与领域。所谓“文化遗产”，是指由古人创造并保留到今天的一切文化遗存，大体包括物质形态的、非物质形态的、文献形态的和人与自然共同形态的各类遗产，它们分别被表述为物质文化遗产、非物质文化遗产、文献遗产、自然文化双遗产等。此外，在近几年的研究中，出现了文化景观、文化线路、产业遗产等概念，在此亦加以简单介绍。

在文化遗产概念的内涵方面，国内外有所不同，例如国外一般不将可移动文物列入文化遗产的范畴，而我国则包含在内。当相关概念有所冲突时，本书将以2005年国务院颁布的《关于加强文化遗产保护的通知》（以下简称《通知》）等一系列国内权威法律、法规及研究成果为准。

1. 物质文化遗产

根据联合国教科文组织通过的《保护物质文化遗产公约》中的定义，物质文化遗产指具有历史、艺术和科学价值的文物，包括古遗址、古墓葬、古建筑、石刻、壁画、现代重要史迹及代表性建筑等不可移动文物，历史上各时代的重要实物、艺术品、文献、手稿、图书资料等可移动文物，以及在建筑式样、分布均匀或与环境景色结合方面具有普遍价值的历史文化名城（街区、村镇）。

2. 非物质文化遗产

非物质文化遗产保护理念出现于20世纪50年代，最先由日本的《文化财产保护法》提出。此后，非物质文化遗产定义的确认有一个逐步深入的过程。2003年10月，联合国教科文组织颁布了《保护非物质文化遗产公约》（该公约于2006年4月生效），其定义为：“各群体、团体、有时为个人视为其文化遗产的各种实践、表演、表现形式、知识体系和技能及其有关的工具、实物、工艺品和文化场所。”按照上述定义，非物质文化遗产包括以下五个方面的内容：口头传说和表述，包括作为非物质文化遗产媒介的语言；表演艺术；社会风俗、礼仪、节庆；有关自然界和宇宙的知识和实践；传统的手工艺技能。

我国国务院颁发的《通知》则将非物质文化遗产定义为：各种以非物质形态存在的与群众生活密切相关、时代相承的传统文化表现形式，包括口头传说、传统表演艺术、民俗活动和礼仪与节庆、有关自然界和宇宙的民间传统知识和实践、传统手工艺技能等以及与上述传统文化表现形式相关的文化空间。

可以看出，两者在非物质文化遗产的定义方面，并没有本质的不同，我国的定义是在联合国教科文组织所做表述的基础上，结合我国国情与实际作出的。

3. 自然遗产

自然遗产本不属于“文化遗产”的范畴，但为了让读者对遗产学有个全面的了解，也为了让读者更好地理解下面的概念，故在此单列一项加以简单介绍。一般来说，可将遗产分为自然遗产和文化遗产两大类。所谓自然遗产是指“从审美或科学角度看具有突出的普遍价值的由物质和生物结构或该结构群组成的自然面貌、地质和自然地理结构、天然名胜或明确划分的自然区域以及明确划为受威胁的动物和植物的生态区”，主要包括以下三类：①从美学或科学角度看，具有突出、普遍价值的由地质和生物结构或这类结构群组成的自然面貌；②从科学或保护角度看，具有突出、普遍价值的地质和自然地理结构以及明确划定的濒危动植物物种生态区；③从科学、保护或自然美学角度看，具有突出、普遍价值的天然名胜和明确划定的自然地带。

4. 文化与自然双遗产

文化与自然双遗产又简称双遗产，是指自然和文化价值相结合的遗产。一般指自然力和环境形成的自然景观，又附上人文的因素，例如我国的黄山，其载体是一座风景奇特、物产丰富的山体，人们在此又赋予其宗教、文化、艺术等杰出的人文内涵，成为具有自然遗产价值和文化遗产价值的双遗产的代表。

5. 文化景观

文化景观又称人文景观，是指由人文因素作用形成的景观，人文因素主要有文化、建筑等因素。文化景观可据古今人类成就的形式分为若干类：历史遗址、园林、建筑、民居、城市风貌、文化风貌等景观。人文景观是人类生产、生活活动的艺术成果和文化结晶，是人类对自身发展过程科学的、历史的、艺术的概括，并见之于形态、色彩以及其他的整体结构组合之中，自然因素制约人文景观。人文景观虽然是古今人类文化、生活活动的产物，但其形成和分布，不仅受历史、民族和意识形态等因素的制约，而且还受自然环境的制约。庐山是我国最早以文化景观列入世界文化遗产名录的一处遗产。

6. 文化线路

文化线路又称文化廊道或者廊道遗产，这类遗产有助于在不同民族、不同城市、不同地区和不同国家之间建立一种文化链接和文化情感纽带，同时也能防止文化同质化趋势，还可能成为恢复表征各种文化时空的有效途径，并不断为人们提供激活廊道遗产资源和共享文化空间的机会，从而赋予此类遗产以更多的表现形式及它们所拥有的历史意义和现实意义。我国目前提出的“运河文化遗产”、“丝绸之路”、“茶马古道”、“海上丝绸之路”、“长征路线”等，都属于此类遗产。

7. 产业遗产

产业遗产主要是指各类手工业生产的器物和相关遗迹，是包括了物质和非物质等不同遗产内容的综合性遗产。以往，近代工商业遗产很难进入研究者的视野。近年来，随着文化遗产观的逐步发展，产业遗产开始引起有识之士的重视。目前，产业遗产的主要分支包括农业遗产、工业遗产和商业遗产。

8. 世界记忆遗产

又称世界记忆工程或世界档案遗产，是联合国教科文组织于1992年启动的一个文献保护项目，其目的是对世界范围内正在逐渐老化、损毁、消失的文献记录，通过国际合作和使用最佳技术手段进行抢救，从而使人类的记忆更加完整。世界记忆遗产是世界文化遗产项目的延伸，世界文化遗产关注的是具有历史、美术、考古、科学或人类学研究价值的建筑物或遗址，而世界记忆遗产关注的则是文献遗产。目前，中国已有四项文献遗产入选《世界记忆名录》，分别是：传统音乐录音档案（中国艺术研究院图书馆）、清朝内阁秘本档（中国第一历史档案馆）、清代大金榜（中国第一历史档案馆）、纳西东巴古籍文献（云南省社会科学院东巴文化研究所）。

9. 文化遗产保护

文化遗产保护主要包括三个方面的内容：对文化遗产的产生、发展、表现、价值和作用的研究；对文化遗产的保护措施和实施；针对文化遗产内涵、价值在民族发展、民族精神延续中的作用进行宣传、教育和弘扬。

10. 文化遗产学

文化遗产学作为一门新兴学科，其研究领域有不断扩大之势，概而言之，它应包括基础理论研究，如文化遗产田野调查和研究方法，文化遗产资源及价值认定，与文化遗产保护、管理、利用相关的社会理论，文化遗产的相关法律研究等；各类具体的文化遗产事项的研究，如不同类型的文化遗产在时间、空间、结构、形态、内涵、功能、传承、演变、特征、价值、原真性、生存环境、保护方法、利用形式等方面的研究；文化遗产应用性研究，如文化遗产管理学、文化遗产保护的传统工艺、文化遗产科学保护技术、文化遗产保护领域的国际体系、文化遗产的保存与陈列展览等。原中国文物研究所所长张廷皓先生则认为它是由文化遗产学理论、文化遗产法学、文化遗产美学、文化遗产管理学、文化遗产保护学、文化遗产环境学、文化遗产教育学、文化遗产经济学等九方面构成。

第二节　世界文化遗产

一、什么是世界遗产

1959年，埃及政府打算修建阿斯旺大坝，可能会淹没尼罗河谷里的阿布辛贝神殿等珍贵古迹。1960年联合国教科文组织发起了“努比亚行动计划”，阿布辛贝神殿和菲莱神殿等古迹被仔细地分解，然后运到高地，再一块块重新组装起来。之后，联合国教科文组织会同国际古迹遗址理事会起草了保护人类文化遗产的协定，并于1972年11月在巴黎倡导并缔结了《保护世界文化和自然遗产公约》（以下简称《公约》）。该《公约》注意到世界各国文化遗产和自然遗产越来越多地受到破坏的威胁，一方面因年久腐变所致，另一方面社会和经济条件使情况恶化，造成更加难以恢复的损害或破坏现象，而任何文化和自然遗产的破坏或丢失都会使全世界遗产逐渐枯竭。考虑到一些国家保护这类遗产的工作不是很完善，原因在于这项工作需要大量投入，而有些国家却不具备充足的经济、科学和技术力量。现有的关于文化和自然遗产的国际公约、建议和决议表明：保护对象不论属于哪个国家、哪个民族，对全世界人民都很重要。部分文化和自然遗产具有突出的重要性，应作为世界遗产的一部分加以保护，鉴于威胁这类遗产的新危险的规模和严重性，整个国际社会有责任通过提供集体性援助来参与保护具有突出的普遍价值的文化和自然遗产。这种援助将成为遗产所在国的有效补充，为此，有必要通过采用公约形式，以便为重要的文化和自然遗产建立一个根据现代科学方法制定的永久性的有效制度。

通过权威专家考察、评估，世界遗产委员会主席团会议初步审议，最后经公约缔约国大会投票通过并列入《世界遗产名录》的遗产，称为世界文化遗产。联合国教科文组织世界遗产委员会是政府间组织，由21个成员国组成，每年召开一次会议，主要决定哪些遗产可以录入《世界遗产名录》，并对已列入的世界遗产的保护工作进行监督指导。委员会内由七名成员国构成世界遗产委员会主席团，主席团每年举行两次会议，筹备委员会的相关工作。

世界遗产的标志，它象征着文化遗产与自然遗产之间相互依存的关系

二、世界文化遗产的相关规定

世界文化遗产主要包括物质文化遗产、非物质文化遗产和文化景观三类。《保护世界文化和自然遗产公约》规定，属于下列各类内容之一者，可列为文化遗产：①文物：从历史、艺术或科学角度看，具有突出、普遍价值的建筑物、雕刻和绘画，具有考古意义的成分或结构，铭文、洞穴、住区及各类文物的综合体；②建筑群：从历史、艺术或科学角度看，因其建筑的形式、同一性及其在景观中的地位，具有突出、普遍价值的单独或相互联系的建筑群；③遗址：从历史、美学、人种学或人类学角度看，具有突出、普遍价值的人造工程或人与自然的共同杰作以及考古遗址地带。

世界文化遗产的具体评定标准共有六个，符合其中任意一条（除了第六条不能单独存在）就可以入选《世界遗产名录》。

（1）遗产项目如果要列入世界遗产，必须代表一种独特的艺术成就，是一种创造性的天才杰作。比如雅典的卫城，它代表着当时古代希腊最高的艺术成就，反映了希腊人的创造力，反映了他们的智慧。特别是当中的神庙，是由希腊最著名的一些艺术家建造完成。

（2）遗产项目在一定的时期内或者在世界的某一个特定的文化区域内，反映了建筑艺术或者纪念性建筑物的艺术，包括城镇规划景观设计方面，所体现的一种人类观念的转变。如德国的鲍豪斯学院，这个艺术学校仅仅存在了十几年，但是在短短的十几年时间里，它把古典的建筑教育和艺术设计教育转化为现代主义的教育方式，反映了 20 世纪 20 年代人类思想观念、审美观念包括教育观念的转变。所以它仍能被列入《世界遗产名录》。

（3）人们面对的遗产项目能够成为一种已经消失的文明或者文化传统的见证。如耶路撒冷，它反映了古老的人类文明在这里产生发展，对于那些已经变化或者消失的文明来说，耶路撒冷是它们的发源地，是它们曾经存在的历史见证。再比如复活节岛，岛上只遗留了巨大的石雕像，并无其他古物，只有靠石雕像来研究当时的历史。

（4）它可以作为人类历史上一个重要阶段的典型的代表性建筑，是这个时代的建筑或者景观的杰出范例。如北京故宫，就是封建社会后期的象征。再如克里姆林宫和红场，是俄国革命和早期社会主义的象征。

（5）我们所面对的遗产可以作为人类传统的寄居地和人类怎么样使用土地，人类怎么样居住的一个杰出范例，特别是它可能反映了一种或者几种文化，而这种文化又在一个人类的历史发展过程当中变得非常容易受到损害。比如意大利名城威尼斯。中世纪的时候，有一些人逃避战乱在这儿定居下来，然后建造了这座城市。这里修建了许许多多非常杰出的建筑，培养出了一大批优秀的艺术家，像威尼斯画派等。随着整个世界贸易体系的变化和世界各国在海上权利的逐渐变化，威尼斯后来失去了原来的地位，它那一度的辉煌今天已经消退了，但是威尼斯这座城市本身，见证了这样的一个文明。照此推论，中国的丽江、平遥也都属于这样一个类型的文化，它们反映了人和自然之间的关系与怎么样使用土地。比如说丽江和雪山之间有什么关系，和周围湿地之间有什么关系，这些都可以验证人和自然之间的平衡。

（6）与具有特殊普遍意义的事件或现行传统思想或信仰或文学艺术作品有着直接和实质的联系。这是一项特殊的标准，它和前面我们讲到的五个标准稍微不同。前五项标准只要满足其中的一项，就可以列入《世界遗产名录》当中；但是对于第六项来说，它需要满足前五项中的一项，然后第六项作为一个补充项可以列进去。比如故宫，因为和历史当中很多非常重要的人物有关，所以它也可以满足这一项标准的要求。

非物质文化遗产是近年来在世界文化遗产中新增加的一类遗产。与以往的有形物质文化遗产不同，它指的是那些无形的物质的文化遗产。非物质文化遗产主要指人类以口头或动作方式相传，具有民族历史积淀和广泛、突出代表性的民间文化遗产，它曾被誉为历史文化的“活化石”、“民族记忆的背影”。它包括民间传说、习俗、语言、音乐、舞蹈、礼仪、庆典、烹调以及传统医药等。

非物质文化遗产的最大的特点是不脱离民族特殊的生产生活方式，是民族个性、民族审美习惯的“活”的显现。它依托于人本身而存在，以声音、形象和技艺为表现手段，并以身口相传作为文化链而得以延续，是“活”的文化及其传统文化中最脆弱的部分。因此对于非物质文化遗产传承的过程来说，人就显得尤为重要。

联合国教科文组织认为非物质文化遗产是确定文化特性、激发创造力和保护文化多样性的重要因素，在不同文化相互宽容、协调中起着至关重要的作用，因而于1998年通过决议设立非物质文化遗产评选。这个项目的申报有三个基本条件，一个是艺术价值，一个是处于濒危的状况，还有一个是有完整的保护计划。在非物质文化遗产的实际工作中，认定的标准是以父子（家庭），或师徒，或学堂等形式传承三代以上，传承时间超过100年，且谱系清楚、明确。在认定时间上，每两年才审批一次，每次一国只允许申报一个。

文化景观这一概念是1992年12月在美国圣菲召开的联合国教科文组织世界遗产委员会第16届会议上提出并纳入《世界遗产名录》中的。文化景观反映的内容实际上是人和自然共同作用的一个结果，而产生的一种特殊人类文化的面貌。一般来说，文化景观有以下类型：

一是由人类有意设计和建筑的景观。包括出于美学原因建造的园林和公园景观，它们经常（但并不总是）与宗教或其他纪念性建筑物或建筑群有联系。

二是有机进化的景观。它产生于最初始的一种社会、经济、政治以及宗教需要，并通过与周围自然环境的相联系或相适应而发展到目前的形式。它又包括两种类别：第一类是残遗物（或化石）景观，代表一种过去某段时间已经完结的进化过程，不管是突发的或是渐进的。它们之所以具有突出、普遍价值，还在于其显著特点依然体现在实物上。第二类是持续性景观，它在当今与传统生活方式相联系的社会中，保持一种积极的社会作用，而且其自身演变过程仍在进行之中，同时又展示了历史上其演变发展的物证。

三是关联性文化景观。这类景观列入《世界遗产名录》，以与自然因素、强烈的宗教、艺术或文化相联系为特征，而不是以文化物证为特征。

此外，列入《世界遗产名录》的古迹遗址、自然景观一旦受到某种严重威胁，经过世界遗产委员会调查和审议，可列入《处于危险之中的世界遗产名录》，以待采取紧急抢救措施。

三、如何申报世界文化遗产

申报世界文化遗产，有非常严格的要求和程序。一个国家首先需要对本国有价值的文化和自然遗产列出一份详细的目录，提交给世界遗产中心的提名表会被国际古迹遗址理事会和国际自然与自然资源保护联盟这两个机构独立地审核，之后评估报告被送到世界遗产委员会。有时候，委员会会延期作出结论并要求会员国提供更多的信息，或者决议不予列入，被拒绝列入《世界遗产名录》的提名遗产地将不得再次提出申请。一处遗产顺利列入世界文化遗产名录，需要满足登录基准。至少需要以下几个申报步骤：

（1）寻求登记地域的担当政府机关候选地推荐；

（2）联合国教科文组织世界遗产委员会评价要求；

（3）文化遗产候选国际文化纪念物与历史场所委员会现场调查报告；

（4）联合国教科文组织世界遗产委员会判断登记推荐；

（5）在世界遗产委员会最后审议；

（6）正式登记。

四、我国的世界文化遗产

截至2011年6月24日，我国已有41处世界遗产，仅次于意大利（45处）和西班牙（43处），居世界第三位。其中文化遗产29项（其中文化景观3项）、自然遗产8项（其中自然景观1处）、文化和自然双遗产4项。世界非物质文化遗产31项（包括3项急需保护的非物质文化遗产名录），居世界第一位。现按类分列如下（项目名称后面括号内的内容为地域和评选时间）。

（1）中国的世界文化遗产名单（29处）：

周口店北京猿人遗址（北京，1987.12）；

长城（北京，1987.12）；

敦煌莫高窟（甘肃，1987.12）；

明清皇宫（北京故宫）（北京，1987.12）；

沈阳故宫（辽宁，2004.7）；

秦始皇陵及兵马俑坑（陕西，1987.12）；

承德避暑山庄及周围寺庙（河北，1994.12）；

曲阜孔府、孔庙、孔林（山东，1994.12）；

武当山古建筑群（湖北，1994.12）；

布达拉宫（大昭寺、罗布林卡）（西藏，1994.12）；

丽江古城（云南，1997.12）；

平遥古城（山西，1997.12）；

苏州古典园林（江苏，1997.12）；

颐和园（北京，1998.11）；

天坛（北京，1998.11）；

大足石刻（重庆，1999.12）；

明清皇家陵寝［明显陵（湖北）、清东陵（河北）、清西陵（河北），

2000.11；明孝陵（江苏）、明十三陵（北京），2003.7；盛京三陵（辽宁），2004.7]；

皖南古村落（西递、宏村）（安徽，2000.11）；

龙门石窟（河南，2000.11）；

都江堰—青城山（四川，2000.11）；

云冈石窟（山西，2001.12）；

高句丽王城、王陵及贵族墓葬（吉林、辽宁，2004.7）；

澳门历史城区（澳门，2005）；

安阳殷墟（河南，2006.7）；

开平碉楼与古村落（广东，2007.6）；

福建土楼（福建，2008.7）；

登封“天地之中”历史建筑群（河南，2010.8）；

庐山文化景观（江西，1996.12）；

五台山文化景观（山西，2009.6）；

杭州西湖文化景观（浙江，2011.6）。

(2) 中国的世界文化和自然双遗产（4处）：

泰山风景名胜区（山东，1987.12）；

黄山风景名胜区（安徽，1990.12）；

峨眉山—乐山大佛（四川，1996.12）；

武夷山风景名胜区（福建，1999.12）。

(3) 中国的世界非物质文化遗产（31处）：

中国古琴艺术（2008）；

昆曲（江苏，2008）；

新疆维吾尔木卡姆艺术（新疆，2008）；

蒙古族长调民歌（与蒙古国联合申报）（内蒙古，2008）；

中国蚕桑丝织技艺（2009）；

福建南音（福建，2009）；

南京云锦（江苏，2009）；

安徽宣纸（安徽，2009）；

贵州侗族大歌（贵州，2009）；

广东粤剧（广东，2009）；

《格萨尔史诗》（西藏，2009）；

浙江龙泉青瓷（浙江，2009）；

青海热贡艺术（青海，2009）；

藏戏（西藏，2009）；
新疆《玛纳斯》（新疆，2009）；
蒙古族呼麦（内蒙古，2009）；
甘肃花儿（甘肃，2009）；
西安鼓乐（陕西，2009）；
朝鲜族农乐舞（2009）；
书法（2009）；
篆刻（2009）；
剪纸（2009）；
雕版印刷（2009）；
传统木结构营造技艺（2009）；
端午节（2009）；
妈祖信俗（2009）；
京剧（2010）；
中医针灸（2010）。
（4）急需保护的非物质文化遗产名录（3 处）：
羌年（2009）；
黎族传统纺染织绣技艺（2009）；
中国木拱桥传统营造技艺（2009）。

第三节　中国物质文化遗产保护现状

目前，有相当多关于世界遗产的争议。有许多景点年复一年地争取列入《世界遗产名录》，也有许多自然景观面临列入世界遗产保存或是人为开发的紧要关头，更有一些已列入世界遗产名录的景点遭受严重的破坏。虽然联合国教科文组织制定了世界遗产公约，并由缔约国选举产生的世界遗产委员会来贯彻相关理念与工作，但由于保护世界遗产的任务相当艰巨，所需的经费更是庞大，加上经常与经济发展和工商业开发互相冲突，因此在保护监测与约束力方面，都与遗产地所在国的主权和该国所应负起的国际义务等事项上有所冲突而备受争议。

中国在保护好本国文化遗产的前提下，也积极参与世界文化遗产的保护，工作卓有成效，为世界文化遗产的保护树立了负责任大国的形象。

中国的物质文化遗产的保护工作主要与考古学和博物馆学以及文物保护

技术等方面的发展有密切的关系，近年来，这些方面都取得了长足的进步。同时也颁布实施了众多的法律法规。本节以我国保护物质文化遗产相关的法律法规为主线，和读者一起了解我国文化遗产保护的过程和现状。

自中华人民共和国建立以来，就颁发了一系列保护文物的法令。此后几十年间，随着形势的发展，根据我国国情、文物特点和文物工作规律，相继制定了文物保护的方针、政策和修订、颁布了一些法律法规。这些法律法规，为我们保护文物提供了法律依据。

一、国内立法

1982 年 11 月 19 日，第五届全国人民代表大会常务委员会第 25 次会议通过了《中华人民共和国文物保护法》（以下简称《文物保护法》），这是我国在文物保护方面的第一部法律。1985 年，我国批准加入《世界遗产公约》，随着我国列入《世界遗产名录》的项目逐年增多，原有的《文物保护法》已不能适应文化遗产保护的需要，所以在 2002 年对《文物保护法》进行了修订。修订后的《文物保护法》对 1982 年的《文物保护法》做了一些补充和调整，如调整了文物定义的表述、将不可移动文物单列一章、严格控制文物的出境入境等。《文物保护法》由原来的 33 条增加到 80 条，在保留原法一些可继续适用的原则和制度的前提下，针对现实需要和文物保护理念的发展，增加了一些新的内容：

（1）明确规定文物工作的基本方针是“保护为主，抢救第一，合理利用，加强管理”，这是对原《文物保护法》的重新补充。为了进一步规范保护与利用的关系，还有针对性地增加了相关规定，如“各级人民政府应当重视文物保护，正确处理经济建设、社会发展与文物保护的关系，确保文物安全。基本建设、旅游发展必须遵守文物保护工作的方针，其活动不得对文物造成损害”。

（2）明确规定各级政府应当把文物工作纳入地方经济和社会发展计划，纳入城乡建设规划，纳入财政预算，纳入体制改革，纳入各级领导责任制。特别是加强了文物保护的经费来源保障，规定：“国家用于文物保护的财政拨款随着财政收入的增长而增加。”“国家鼓励通过捐赠等方式设立文物保护社会基金，专门用于文物保护，任何单位或者个人不得侵占、挪用。”

（3）进一步扩大文物的范围。特别在“文物”的第二项中增加了近现代重要史迹、实物、代表性建筑。

（4）增加了历史文化街区、村镇保护制度。1982 年《文物保护法》确立了历史文化名城名录制度，但它还没有涵盖具有重大价值的历史街区或村镇，由于得不到法律保护，这些街区、村镇往往在经济建设中遭到拆毁和破坏。为此，新法在旧法确立的历史文化名城名录制度的基础上，增加了历史文化街区、村镇保护制度。规定保存文物特别丰富并且具有重大历史价值或者革命纪念意义的城镇、街道、村庄，由省、自治区、直辖市人民政府核定公布为历史文化街区、村镇，并报国务院备案。

（5）进一步完善了不可移动文物保护制度。新法针对当前经济建设中文物保护出现的一些问题，增加了对文物保护单位的保护范围和建设控制地带内禁止行为的具体规定。除了旧法所规定的非经特别许可“不得进行其他建设工程”外，新法还规定不得从事“爆破、钻探、挖掘等作业”，“不得建设污染文物保护单位及其环境的设施，不得进行可能影响文物保护单位安全环境的活动。对已有的污染文物保护单位及其环境的设施，应当限期治理”。为了防止国有不可移动文物的流失，明确规定国有不可移动文物不得转让、抵押。建立博物馆、保管所或者辟为参观游览场所的国有文物保护单位，不得作为企业资产经营。同时规定，国有不可移动文物不得转让、抵押给外国人。

（6）完善了考古发掘制度。新法特别规定在进行建设工程或者农业生产中发现文物者的职责和文物行政部门的职责及处理时限，即任何单位或者个人发现文物，应当保护现场，立即报告当地文物行政部门，文物行政部门接到报告后，如无特殊情况，应在 24 小时内赶赴现场，并在 7 日内作出处理意见。发现重要文物应立即上报国务院文物行政部门，国务院文物行政部门应在接到报告后 15 日内提出处理意见。同时还规定，对上述情况下发现的文物，其所有权属于国家所有，任何单位或者个人不得哄抢、私分、藏匿。新法还增加了对考古发掘结果管理方面的规定。明确规定考古调查、勘探、发掘的结果，应当报国务院文物行政部门和省、自治区、直辖市人民政府文物行政部门。考古发掘的文物，应当登记造册，妥善保管，并移交文物行政部门指定的国有博物馆、图书馆或者其他国有文物收藏单位收藏。规定考古发掘的文物，任何单位或者个人不得侵占。

（7）增加了馆藏文物交流渠道，建立了补偿制度和退出馆藏的制度。新法扩大了国有文物收藏单位的交流渠道。除了旧法规定的“调拨”这一渠道外，新法增加了“交换和借用”的渠道。

（8）扩大了民间文物流通渠道，建立了文物拍卖制度。既要鼓励支持合法正当的民间文物收藏活动，允许其依法流通，也要严格规范，对其作出严格的限制性规定，以防给文物犯罪活动提供可乘之机。

（9）完善了法律责任的规定。旧法在法律责任的规定方面相对薄弱，新法在修订时增加了相应条款，极大地加强和充实了法律责任的规定。规定对有关违法行为者依法给予行政处分，或依法开除公职或吊销其从业资格，构成犯罪的依法追究其刑事责任。此外，对公安、工商、海关、城乡建设规划部门和其他国家机关滥用职权、玩忽职守、徇私舞弊、造成国家保护的珍贵文物损毁或流失的，对负有责任的主管人员和其他直接责任人员依法给予行政处分；构成犯罪的，依法追究其刑事责任。

1992 年 4 月经国务院批准，同年 5 月由国家文物局颁布实施《中华人民共和国文物保护法实施细则》。它是根据 1982 年的《文物保护法》制定的，共 8 章 50 条，对文物行政管理机构、文物保护管理经费、划定文物保护单位保护范围职责、古建筑维修设计审批权限、考古勘探资格认定、考古发掘项目申报、珍贵文物分级、私人收藏文物保护与出售、行政处罚等，均作出了明确、具体的规定。1989 年 12 月，国务院颁布实施《中华人民共和国水下文物保护管理条例》（以下简称《条例》），以加强对水下文物的保护。水下考古在我国是一项开拓性工作，需要进行规范，依法进行，该《条例》为顺利开展水下文物保护和考古工作提供了法律保障。经国务院批准，1991 年 2 月国家文物局颁布实施《中华人民共和国考古涉外工作管理办法》。它规定了中外合作进行考古应遵循的原则和申请合作考古项目应具备的条件等。为加强涉外工作管理，保护我国文化遗产和权益，促进我国与外国的考古学术交流等提供了法律依据。地方性文物法规建设的迅速发展和取得的显著成绩，是改革开放以来文物法制建设的重要组成部分。全国已有河北、河南、山东、山西、湖南、湖北、陕西、甘肃、云南、贵州、四川、内蒙古、西藏、北京等 27 个省、自治区、直辖市制定并颁布了文化遗产保护管理的地方性法规。省、自治区、直辖市人大常委会以文物保护法等法律和文物行政法规为依据，结合地方实际情况，制定、颁布原则性与灵活性相结合的地方性文化遗产法规，为加强本辖区文物保护提供了法规依据。

2006 年，国家文物局发布《中国文化遗产标志管理办法》，明确了中国文化遗产的标志，对其形象、文字、寓意、应用都做了明确的规定，这是国家重视文化遗产保护工作的一个体现。

中国文化遗产标志

“四鸟绕日”金饰2001年出土于四川成都金沙遗址

中国是一个多民族的国家，悠久的历史和灿烂的古代文明为中华民族留下了极其丰富的文化遗产。在全社会的共同努力下，我国的文化遗产保护工作取得了显著成效。当前，随着经济的全球化和社会的现代化，我国文化遗产生存环境渐趋恶化，保护现状堪忧。为进一步加强我国文化遗产保护，继承和弘扬中华民族优秀传统文化，推进社会主义先进文化建设，国务院决定从2006年起每年6月的第二个星期六为我国的“文化遗产日”，并且每年都会创作文化遗产保护公益歌曲。这些努力，对于增强全体民众的文化遗产保护意识起到了十分积极的作用。

二、我国批准加入的国际条约

1985年11月，第六届全国人大常委会第十三次会议批准我国加入《保护世界文化和自然遗产公约》（该条约于1972制定），成为缔约国。1987年我国首次成功申报世界遗产。1989年9月，国务院核准接受了《防止非法进出口文化财产和非法转让其所有权的方法的公约》，对我国文化财产的出境入境以及所有权转让起了很好的指导作用。1999年，第九届全国人大常委会批准了《关于发生武装冲突时保护文化遗产的公约》，承允在非常状态下对文化财产的尊重和保障。2004年8月，第十届全国人大常委会第十一次会议决定，批准联合国教科文组织在第32届大会上通过的《保护非物质文化遗产公约》，向国际社会承诺，对非物质文化遗产的保护是我国政府的意志。

第四节　中国非物质文化遗产保护现状

我国对非物质文化遗产的保护和研究有一个较长的认识过程。在20世纪20年代，我国早期的民俗学者已经看到了民间文化的重要价值，先后成立了歌谣研究会、方言调查会、风俗调查会等组织，负责收集、整理和出版相关的资料。新中国成立前，著名民俗学者钟敬文编辑了《民间风俗文化》、《民间艺术》等专号，广泛刊载民间风俗资料。以上学者的工作内容是民俗资料，其出发点也是为了民俗研究，还没有提升到非物质文化遗产的高度，但是用今天的尺度去衡量，那些时期所进行的工作与今天的非物质文化遗产保护是接近的。

20世纪50年代，中国政府曾组织对少数民族的民族习俗和语言进行普查，虽然没有保护非物质文化遗产的理念指导，但是为后来研究少数民族习俗和少数民族语言提供了宝贵的资料。

1979年以来，文化部、国家民委、中国文联、中国音乐家协会等部门组织开展了《中国民间歌曲集成》、《中国民间故事集成》、《中国谚语集成》、《中国歌谣集成》、《中国民间戏曲音乐集成》、《中国民间曲艺音乐集成》、《中国民间舞蹈集成》、《中国民间器乐集成》、《中国戏曲志》、《中国民间曲艺志》等十部文学艺术集成志书的编纂工作（简称《十大集成》）。经过调查人员的努力，共收集民间歌谣302万首，谚语748万条，民间故事184万篇，民间戏曲剧种350个，剧本1万多个，民间曲艺音乐13万首，民间器乐曲15万首，民间舞蹈1.7万个，文字资料5亿多字。

《中国民族民间文艺集成志书》按省、自治区、直辖市立卷（港、澳、台湾卷暂缺），各卷本涉及的时间跨度，上溯至各类民族民间文艺表现形式的源头，下限为20世纪80年代或20世纪末。该丛书包括集成和志书两种体例。集成在艺术门类上包括：各民族音乐、舞蹈、戏曲、民间文学、曲艺，内容涉及民歌、戏曲音乐、民间器乐、宫廷音乐、宗教音乐、民间祭祀音乐、曲艺音乐、民间舞蹈、神话、故事、传说、歌谣、谚语。志书有《中国戏曲志》、《中国曲艺志》两部。从剧种（曲种）、剧目（曲目或书目）、音乐、表演、舞台美术、机构、演出场所、演出习俗、文物古迹、报刊专著、轶闻传说、谚语口诀、传记等各个方面，全面地反映了中国各地各民族戏曲、曲艺的历史和现状。全书298卷450册，已于2009年10月全部书目出版齐全。

1987年，文化部开始“艺术之乡”的命名工作。三年进行一轮评选，上一届被命名的单位也参与新一轮的评选。到2003年3月5日为止，共命名了包括“中国民间艺术之乡”和“中国民间特色艺术之乡”在内的“中国民间文化艺术之乡”412个，覆盖范围为全国31个省、自治区、直辖市。之后，为了加强管理，与时俱进，文化部又于2007年和2010年分别印发了《“中国民间文化艺术之乡”命名办法》，最近的2011年11月14日公布的名单，共有528个单位上榜。“艺术之乡”的命名对保护我国非物质文化遗产具有深远意义。

1997年5月，国务院颁布《保护传统工艺美术条例》，其目的是为了保护传统工艺美术，促进传统工艺美术事业的繁荣与发展。《保护传统工艺美术条例》要求对国家认定的传统工艺美术技艺采取包括搜集、整理、建立档案，征集、收藏其优秀代表作品，对其工艺技术秘密确定密级，依法实施保密、资助研究、培养人才等措施进行保护。同时鼓励地方各级人民政府根据本地区实际情况，采取必要措施，发掘和抢救传统工艺美术技艺，征集传统工艺美术精品，培养传统工艺美术技艺人才，资助传统工艺美术科学研究。《保护传统工艺美术条例》的颁布是我国非物质文化遗产保护发展史上具有里程碑意义的文件，其明确了国家对待传统工艺美术的态度以及各级政府在传统工艺美术保护中的责任和义务，为开展工艺美术类非物质文化遗产保护提供了政策上的依据和准绳。

1998年，中国和挪威政府在贵州六枝特区梭嘎乡，建立了我国第一个苗族生态博物馆。到目前为止，中国和挪威共同建设了梭嘎、镇山、隆里、堂安四座生态博物馆。虽然目前有研究者将生态博物馆的保护定位在物质文化遗产保护，但是应该看到，贵州的生态博物馆也保存了很多的非物质文化遗产，如堂安生态博物馆保护了大歌、侗戏等少数民族优秀的文化遗产。生态博物馆是一种文化遗产的立体式保护。

堂安生态博物馆

2000年5月，我国第一部地方性非物质文化遗产保护条例《云南省民族民间传统文化保护条例》（以下简称《条例》）在云南通过。该《条例》的通过是为了加强对民族民间传统文化的保护，继承、弘扬优秀的民族文化传统，同时明确了保护工作的方针："保护为主，抢救第一，政府主导，社会参与。"该《条例》要求本省内的行政机关、企事业单位和个人都有保护民族民间传统文化的责任和义务；县级以上人民政府的文化行政部门应当会同民族事务等部门组织对本地区的民族民间传统文化进行普查、收集、整理与研究；对于即将消失的有重要价值的民族民间传统文化应及时组织抢救；《条例》还规定以任命民族民间文化传承人和艺术之乡等形式鼓励民族民间文化的传承。这是我国第一部有关非物质文化遗产保护的条例，特别是云南这样一个少数民族大省，非物质文化遗产相对丰富，其颁布实施更具有典型性。

2003年1月20日，文化部正式启动"中国民族民间文化保护工程"。保护工程计划分三个阶段进行：第一期从2004—2008年，为先行试点和抢救濒危阶段；第二期从2009—2013年，为全面开展和重点保护阶段；第三期从2014—2020年，为补充完善和健全机制阶段。"保护工程"是"在以往民族民间文化保护工作成果的基础上，结合新时期的形势和特点，由政府组织实施推动的，对珍贵、濒危并具有历史、文化和科学价值的民族民间传统文化进行行之有效保护的一项系统工程"。保护工程是"传承中华文明，建设有中国特色社会主义先进文化的现实需要；是落实科学发展观，全面建设小康社会，实现经济和社会全面、协调、可持续发展的重要举措；是振奋民族精神、维护祖国统一的迫切要求；是维护我国文化主权的战略措施"。

2003年2月18日，"中国民间文化遗产抢救工程"正式启动。这是国家社科基金特别委托项目，是中国民族民间文化遗产抢救和保护工程的子项目。该工程持续10年，分两个时期：第一个时期从2003—2007年，第二个时期从2008—2012年。工程计划对中国56个民族的民俗、民间文学、民间艺术进行地毯式的普查、登记、整理。这是有史以来第一次对民间文化进行国家级抢救、普查、整理和出版的巨大工程，也是文化人进行文化寻根、唤醒民众文化意识、普及优秀文化遗产的文化行动，对了解文化国情、民情，鉴别良莠，促进文化创造，在全球经济一体化的历史潮流中，增强国家文化实力、建设国家文化主权具有重要的意义。

2003年初，经过专家论证，确定了40个“保护工程”国家级试点。2003年10月，首批确定10个民族民间文化保护工程试点。其中，综合性试点3个，分别是云南省、浙江省、湖北省宜昌市；专业性试点7个，即河北省武强县年画、广西壮族自治区红水河流域铜鼓艺术、海南省黎族传统棉纺织工艺、贵州省黎平县肇兴侗族文化保护区、西藏自治区日喀则地区昂仁县迥巴藏戏、甘肃庆阳市环县道情皮影、新疆维吾尔自治区木卡姆。

国内大学、科研院所陆续建立了非物质文化遗产保护研究机构。2003年2月，中国艺术研究院成立中国民族民间文化保护工程国家中心。新疆大学与新疆宝亨集团联合建立新疆非物质文化遗产研究中心，致力于新疆地区非物质文化遗产的保护。苏州大学、福建师范大学、华中师范大学、浙江师范大学等高校也纷纷成立非物质文化遗产研究中心，探索非物质文化遗产理论及保护实践；各个高校纷纷开设非物质文化遗产研究的课程，在首届高校非物质文化遗产研讨会上一致通过了《非物质文化遗产教育宣言》，希望通过教育实现非物质文化遗产的全方位教育传承的愿望。

2004年8月28日，第十届全国人民代表大会常务委员会第十一次会议决定：批准于2003年11月3日在第32届联合国教科文组织大会上通过的《保护非物质文化遗产公约》，非物质文化遗产保护成为国家政府的意志。在《保护非物质文化遗产公约》生效之前，作为试验，联合国教科文组织分别于2008年、2009年和2010年命名了三批世界非物质文化遗产，共90项，其中中国4项，即昆曲、古琴、新疆的木卡姆民族歌舞及与蒙古国联合申报的长调民歌。公约正式生效之后，中国的世界非物质文化遗产名录又增加了27项，使得中国非物质文化遗产世界保护的项目达到31项，居世界首位。

为了适应世界非物质文化遗产保护发展的需要，并使中国的非物质文化遗产保护工作规范化，国务院发布了《关于加强文化遗产保护的通知》，并制定“国家+省+市+县”共四级保护体系，要求各地方和各有关部门贯彻“保护为主、抢救第一、合理利用、传承发展”的工作方针，切实做好非物质文化遗产的保护、管理和合理利用工作。按照文化部规划建立的“国家＋省＋市＋县”共四级保护体系，目前各省、直辖市、自治区也都建立了自己的非物质文化遗产保护名录，并逐步向市/县扩展。

条件成熟后，国家分别于2006年5月20日、2008年6月14日公布了两批国家级非物质文化遗产名录共1 028项，加上省级非物质文化遗产名录项目，总数超过了6 000项。2011年又公布了第三批的推荐名录，共计190项。之所以数字比以前大幅减少，是为了严肃非物质文化遗产保护，真正把具有民族文化价值和典范意义的项目提高到国家级层面进行保护。

2005年3月22日，中国民协在北京召开大会，宣布正式在全国启动“中国民间文化杰出传承人调查、认证和命名”项目。该项目拟用两年的时间，在全国各地展开对民间文化杰出传承人调查，计划首批命名100名中国民间文化杰出传承人，并出版相关资料和建立数字化数据库。该项目的实施缩小了我国非物质文化遗产保护工作和其他国家的差距，我国非物质文化遗产保护体制开始逐步和国际社会接轨。

除了地方和各种组织对非物质文化遗产的保护措施之外，国家的非物质文化遗产保护立法起步也较早。早在1998年，全国人大教科文卫委员会在对云南、四川、贵州、重庆、广西等地的民间艺术之乡、传统工艺、民间艺术现状深入调研后，就向文化部提出了研究起草民族民间传统文化保护法的建议。2002年8月，文化部经过反复论证研究，向全国人大教科文卫委员会报送了民族民间文化保护法的建议稿。2003年10月，联合国教科文组织通过了《保护非物质文化遗产公约》，从此，“非物质文化遗产”这一概念逐渐取代民族“民间文化”的传统概念。2004年8月，全国人大常委会批准中国加入了《保护非物质文化遗产公约》。为了更好地与国际公约接轨，全国人大教科文卫委员会成立了民族民间传统文化保护立法专门小组，决定由文化部牵头，组织有关方面的力量，在总结实践经验、广泛调查研究的基础上，起草了《中华人民共和国非物质文化遗产保护法（草案送审稿)》，并于2006年9月报请国务院审议。2010年6月，温家宝总理主持召开国务院第115次常务会议，讨论通过了《中华人民共和国非物质文化遗产法（草案)》，并提请全国人大常务委员会审议。2011年2月23日，第十一届全国人大常委会第十九次会议对《中华人民共和国非物质文化遗产法（草案)》进行第三次审议；2月25日，第十一届全国人大常委会第十九次会议表决通过了《中华人民共和国非物质文化遗产法》，并决定于2011年6月1日起正式实施。从此，中国的非物质文化遗产保护正式进入了有法可依的阶段。

以上按时间顺序对我国非物质文化遗产认识过程中的典型事件进行了简

单回顾。可以看到，对非物质文化遗产，中国的认识与保护的历程大致经历了早期的认识初始阶段、中期的认识深化阶段和现在认识的加深与保护体制的建立和完善阶段。尤其是现在，面对国际非物质文化遗产保护的大趋势，中国非物质文化遗产的保护工作加快了步伐，各级政府和文化教育机构及民间有识之士已经行动起来，采取各种措施建立保护机制和唤醒民众的保护意识。有些非物质文化遗产濒临消失的现状，也促使我们感到加强保护的紧迫感和使命感。在有法可依的前提下，以后保护工作的重点将是有法可依、执法必严、违法必究，对坚持保护的人员加强支持，对破坏保护的行为和人员坚决制止和打击！

中国非物质文化遗产标志

第五节　中国的大遗址保护

一、什么是大遗址

大遗址实际上是物质文化遗产的一部分，鉴于其保护理念和手段的特殊性，我们单列一节专门介绍。

提起大遗址，不得不提到考古遗址。我国地域广阔，文物资源丰富，在目前所统计的 2 352 处全国重点文物保护单位中，有 1/4 为考古遗址。因此，我们必须走一条有中国特色的考古遗址保护之路，让考古遗址在我们的手中得以延续和流传。

长期以来，“地上一无所有，地下气象万千”是中国考古遗址的真实写照。有很多遗址已经被发现了几十年，出于对古遗址的保护，这些地方都成了各地建设的控制地带，也因此成了历次城市改造中的死角，“城市中被人遗忘的角落、脏乱差的角落”似乎成了城市中遗址的特征。而在农村，遗址所在地区的当地居民只能从事传统、低效的农业生产，生活来源单一，经济水平与遗址周边地区的差距越来越大。“当面对为吃饭而发愁的百姓时，文物法是苍白的，文物保护也受到极大的限制”。而在保护名下的遗址由于得不到良好的保护、展示和传承而淹没于地下，不但没能促进物质文明和精神文明的建设，反倒阻碍了社会发展的进程。如何让公众通过“地上一无所有”的遗址，理解和认识其地下的“气象万千”，进而享受这一文化遗产，促进社会的进步，成了摆在执政者和文博工作者面前的难题。

面对众多的古遗址，对它们的保护，仅仅限定在“不准动土”上是无法解决根本问题的，一定要发动全社会的参与，积极引导，探索出一条遗址保护的新理念和新方式。而从众多遗址中遴选出的“大遗址”，无疑是遗址保护利用的关键性一步。

“大遗址”一词最早提出是在20世纪50年代，而“大遗址保护”是近年来新的保护概念，中国文物保护工作根据文化遗产的特征以及保护和管理的实际需要，提出“大遗址”这一重要概念，专指文化遗产中规模大、影响深远、文化遗产价值突出的古代文化遗址。

大遗址是指大型古文化遗址，由遗存及其相关环境组成。学界通常把占地面积在5平方公里以上的范围较大、有居民生活、具有较高历史文化价值的、不可移动的地下文物遗迹称为大遗址。大遗址是我们的祖先以大量人力营造、并长期从事各种活动的遗存，它体现着我国古代先民杰出的创造力，综合并直接体现了中华民族和中华文明的起源与发展，是构成中华5 000多年文明史史迹的主体。

大遗址，顾名思义，面积大是毫无疑问的。因为大，往往包含着大量重要的历史文化信息；因为大，它的发现往往弥足珍贵，几乎一经发现就成为重大考古项目。然而，也正是因为大，保护工作涉及的部门、单位、群众就多；因为大，保护所需的费用就多；因为大，管理起来难度就高……就因为这个“大”字，它几乎成为文化遗产保护工作中的“烫手山芋”。正因为如此，大遗址保护需要全民参与。如何调动起全民的积极性，扩大参与面，保持热情？如何才能使大遗址尤其是城市中的大遗址得到更好的保护与利用？是近些年来国家、政府、专家学者着重考虑的问题。

从史前的半坡、牛河梁、良渚遗址，到夏商时期的二里头、偃师商城、郑州商城、安阳殷墟遗址，再到秦汉以来的秦始皇陵、汉长安城、隋唐长安城、汉魏洛阳城、元大都……一个个曾经灿烂的文明时代在考古学家的辛勤工作下得以彰显其神秘而迷人的风采。大遗址起讫年代久远，分布地域广阔，气魄宏大，埋藏丰富，综合并直接体现了中华民族和文明的起源、形成和发展，是中华文明曾经高度发达，并对世界文明与进步产生过巨大影响的历史见证，是我们民族的骄傲。同时，大遗址作为历史发展、环境演变和人与自然关系的真实记录，具有深厚的科学文化底蕴，不仅是考古学研究的对象，也是政治、经济、文化、环境、艺术、建筑、生态、地理等领域直接或间接研究的对象；不仅是构成我国文物博物馆事业的基础，也是重要的景观旅游资源；不仅以直接或间接的历史教育、文化教育和科学教育的功能作用于现代社会，而且对增强民族凝聚力，培养爱国主义精神、促进旅游经济的发展都具有重大的现实意义和深远的历史意义。因此，其价值和作用是其他文物古迹无法替代的①。

根据我国历史文化内涵，大遗址大致可分为以下八大类：原始聚落和猿人化石遗址、古代都城遗址、古墓和墓葬群、手工业遗址、军事设施遗址、交通和水利设施遗址、宗教遗址、其他建筑和设施遗址。

二、中国大遗址保护的现状和展望

1995 年全国文物工作会的会议文件及 1997 年国务院《关于加强和改善文物工作的通知》正式提出大型文化遗址的概念、工作内容和方向。1999 年国家文物局向当时的国家计委报送了“十五”期间大遗址保护专项规划的基本思路，并在“十五”期间进行了考古、规划、人才等方面的准备工作，开展了重点保护工程的初步实践，为大遗址保护工作奠定了坚实基础。2005 年国家正式设立大遗址保护专项资金，投入 20 亿元启动大遗址保护工程。

2006 年 9 月，《国家“十一五”时期文化发展规划纲要》提出，要加强大遗址的保护管理，编制完成 100 处重要大遗址总体保护规划纲要，同年，国家文物局发布《“十一五”期间大遗址保护总体规划》，启动了 100 处重要大遗址的保护工作。近年来，我国大遗址保护工作蓬勃开展，《国家文物事业“十一五”发展规划》的相关内容以及《“十一五”期间大遗址保护总体规划》确定的目标与任务圆满完成，成果丰硕。实施了一批具有示范意义的大遗址保护展示工程，初步建立了大遗址保护管理体系和大遗址保护格局。

经过这几年的发展，中国探索出成功保护大遗址的三种模式：一是建设城市休闲绿地模式，既完成了绿化指标，又保护了文物，使遗址的外观和内在都得到很好的解决，实现利用与保护的现实可能；二是建设大型考古遗址公园，唐大明宫遗址、隋唐洛阳城遗址、鸿山遗址、良渚遗址、牛河梁红山遗址、南宋临安城遗址等地建设科学展示遗址原貌及其历史文化内涵的公益性展示园区，已收到良好效果；三是建设遗址博物馆，以金沙遗址、殷墟博物苑为代表的标志性遗迹现场展示、文物陈列馆以及园林休闲功能的综合体初见规模。

---

① 陆建松：《中国大遗址保护的现状、问题及政策思考》，《复旦大学学报》（社会科学版）2005 年第 6 期。

如果说改善遗址区“原住民”的生活品质是大遗址保护对民生的关注，那么对遗址区外的广大群众来说，大遗址保护主要满足的是人们对文化成果共享的要求。正如国家文物局原局长单霁翔所说：“文化遗产保护的根本目的一是要将其完好地保存下来传承后人，二是要实现这一宝贵资源在当代的全民共享。”

建立考古遗址公园，是让民众乐于接近遗址、乐于认识和了解遗产的不错选择。单霁翔表示，以往的经验表明，单凭宣讲和呼吁所能触及的范围与达到的效果十分有限。让遗址以公园这种轻松愉悦的形式出现，可以有效拉近遗址同百姓的距离，使各个阶层、各个年龄段的群众自发地走近遗址，感知遗址，热爱遗址。

同时，考古遗址公园将文化遗产对社会的回馈落实到公园这一城市不可或缺、百姓喜闻乐见的载体上，不仅可以有效提升城市文化品位，深化城市特色，还表现在拉动内需、解决就业、带动相关产业发展、改善人居环境、丰富城市功能等诸多方面。

广大人民群众是否支持，是决定大遗址保护成败的重要因素。因而必须让群众切实享受到大遗址保护带来的实惠。要在保护与利用之间找到一个最佳平衡点和最大“公约数”，形成保护与利用的良性循环，实现生态效益、社会效益、经济效益的最大化、最优化。

唐城墙延平门遗址公园中再现的坊墙

西安唐大明宫含元殿殿基上复原的柱础及殿墙

自20世纪80年代国务院批准北京建设圆明园遗址公园，到2003年国家发改委、国家文物局批复秦始皇陵遗址公园建设项目，一直都在探索遗址公园的保护管理模式。为了进一步指导各地依法开展考古遗址公园建设工作，国家文物局印发了《国家考古遗址公园管理办法（试行)》，逐步构建国家考古遗址公园管理体系，并于2010年11月组织开展了国家遗址公园评定工作，最终将大明宫、金沙等12家遗址公园正式授牌为首批国家考古遗址公园，还有23个项目入选国家考古遗址公园立项名单。这些遗址公园集中展现了我国大遗址保护、展示和利用的不同案例，也生动地呈现了考古遗址公园理念形成、发展、逐渐成熟的过程。它们是圆明园、周口店，秦始皇陵，集安高句丽王城、王陵及贵族墓葬，殷墟，金沙，三星堆，汉阳陵，大明，隋唐洛阳城，良渚，鸿山国家遗址公园。

良渚国家考古遗址公园

大遗址保护已日渐从仅靠文物工作者孤军奋战的行业行为，升级为得到广泛理解和参与的社会文化公益事业。当大遗址保护的成果一次次地向人们证明文化遗产不代表贫穷落后和脏乱的时候，当大遗址成为城市中最美丽的地方，成为改善人们生活中环境价值最大地方的时候，当大遗址成为推动社会进步、经济发展、人民生活水平提高的动力和资源的时候，“一无所有”的大遗址必将向世人展现出其贯穿历史的“万千气象”。

“十二五”是中国大遗址保护工作的关键时期。我们要力争推动大遗址保护由部门行为变成国家战略，由专业行为上升为全民行动，同时做好大遗址本身的考古、研究、规划等各项基础工作；着力推动大遗址保护展示工程和考古遗址公园建设，力争建立以五片（西安片区、洛阳片区、荆州片区、成都片区、曲阜片区）、四线（长城、大运河、丝绸之路、茶马古道）、一圈（边疆和海疆）为重点，150 处重要大遗址为支撑的我国大遗址保护新格局；进一步促进大遗址保护融入经济社会发展，推动大遗址保护成果为全民所共享，为中华五千年悠久历史得以不断传承和延续，让祖先创造的辉煌文明得到应有的尊重和敬仰。

过去，高楼大厦曾普遍被认为是现代城市生活的象征；今天，文化遗产尤其是大遗址则成为城市生活改善的重要标志。在政府主导，社会参与的积极保护下，大遗址正在摆脱蓬头垢面的形象，逐渐成为城市中最美丽的地方。“莫问遗产兴废事，请君只看大遗址”。

第七章　中国的考古现状

第一节　中国考古学取得的成就

一、发现了大量的古代遗存，对于过去的认识大大扩展

首先是众多古遗址和古墓葬的发现和发掘，为考古学研究提供了新的材料并开辟了新的领域，同时在发掘和研究的方法与技术上也有所突破，力求能更全面地复原古代社会。例如，各地旧石器遗址的发现数量有了极大的增加，对旧石器地点的认识和发掘工作水平也有了普遍的提高。考古发掘十分重视新的科学发掘技术的运用和多学科的合作，除详细记录遗物的三维坐标，对全部出土物进行筛选，更全面系统地收集有关古人类活动的遗迹、遗物外，还对遗址开展与考古学有密切关系的埋藏学、沉积学、古脊椎动物学、年代学等多学科综合分析。在继续注重石制品的类型学研究、石器的特点和文化关系等探讨的基础上，研究者利用石器拼合和操作链等概念与技术，着力探讨早期人类的行为特点、生存模式以及早期人类的分布、迁徙和交流等问题，并试图对中国旧石器文化的特点、中国远古人类的发展演化特征等问题作出适当的解释。湖南澧县八十垱遗址发现的我国年代最早的环壕聚落（并有围墙）、大量不同种类的稻谷和伴出农具，对研究中国新石器时代中期偏早阶段的稻作农业及社会生活提供了重要的材料；成都平原龙山时代古城址群的发现和发掘，使人们认识了一种早于三星堆文化的新的考古学文化——宝墩村文化，为探索三星堆文明形成的原因和长江流域早期文明的交互关系奠定了基础；河南安阳市洹北商代中期的花园庄商城的发现和确认，弥补了商代都邑发展过程中商代前期的郑州商城与商代后期的安阳殷墟之间的缺环，使商王朝历史的考古学观察建立在更可靠的基础上；西汉初期的广州南越王宫署遗址、北魏都城平城的辟雍和明堂遗址、元朝陪都元上都宫殿遗址的发掘，

在中国城市建筑史的研究上占有重要地位；浙江寺龙口越窑的发掘，提供了越窑从唐到南宋初发展的地层证据，纠正了陶瓷史研究中的一些错误，堪称越窑考古的重大突破……此外，从1997年开始实施了迄今为止规模最大的考古发掘项目“三峡水库淹没区及迁建区地下文物的抢救保护工程”，全国考古科研机构和高校考古专业的考古工作者几乎都云集在三峡库区，每年发掘的面积超过了10万平方米，先后发掘的重要遗址就有重庆丰都县烟墩堡旧石器时代晚期遗址、丰都县玉溪前仰韶时代遗址、忠县哨棚嘴仰韶时代至龙山时代遗址、忠县瓦渣地及羊子岩（中坝）周代工业遗址、忠县半边街（崖脚）和云阳李家坝等战国墓地等，这些都为研究三峡地区的远古人类的活动、古代文化的发展进程、巴国历史及其与楚国和蜀国的关系、先秦陶器制盐和相关产业、历史时期的政区地理等课题抢救出大量珍贵资料，笼罩在三峡地区远古历史之上的迷雾也正在被逐渐揭开。继三峡工程之后立项的南水北调项目，自2006年开始，也已经取得了重大的进展。许多以前处于迷雾状态的历史问题得以解决或者找到了可解决的线索，比如新旧石器时代的过渡问题，三代王朝对东方和南方的经略问题，楚国的来源和楚文化的演进问题等。除以上涉及区域较广的考古发掘外，各个省区的考古发掘和考古研究成果也层出不穷，这些发掘有的是主动性的，有的是配合铁路、公路、河流的建设和治理而抢救性的，这些跨区域和多学科合作的考古学的发掘与研究无疑是近些年考古学发展的新趋向。另外，“十一五”期间，根据《国家“十一五”时期文化发展规划纲要》的要求，对我国的地上、地下、水下的不可移动文物进行了第三次文物普查，这对摸清我国的文物家底，制定更为准确、翔实的文物保护方案和进行更为全面的考古学和历史地理学的研究无疑将具有重要的意义。

其次，考古学发掘和研究的深度与广度都较以前有了很大的提高。各地的考古工作除了揭示了一些新的考古学文化的面貌、弥补了区域考古学文化的缺环外，还促进了稻作农业的传布和发展、城邦社会到中心都邑的转变、夏商历史的考古学观察、周人贵族墓葬制度、中国区域青铜文化及其文明地位、古代金属采冶技术及其组织、中国古代都邑等重大课题的研究。

二、运用新的考古学理论、方法和技术以及多学科合作开展考古工作

中国考古学现在仍然处于文化历史考古学的发展阶段，建立和完善各个不同地区考古学文化时空框架和发展谱系的任务远未完成，大量的基础研究仍在进行，很多的数据仍要积累，但是当前的考古学文化研究受到西方当代

考古学文化成果的影响，已不再是纯粹的文化史的研究。在进行文化谱系研究的同时，人们也在积极地进行人和人类社会等多方面的研究。考古学者们除了惯用的地层学与类型学，也开始运用西方的技术和方法，以达到多方面的研究目标，使得考古学研究目标和方法走向多元化，同时也加速了考古学基础研究的进程。中国考古学在保持文化历史考古学主要学科特征的同时，也大量地加入了过程考古学以及后过程考古学的因素，体现出中国考古学正循着一条“超常规的轨道”向前发展的趋势，但这并不妨碍中国考古学的民族性和学术独立性，反而提高了中国考古学的学术水平和国际影响力。

由于受国外考古学一些思潮的冲击，不少青年学者感到传统考古学有一种发展危机，思考着寻求新的出路，酝酿着学科结构的变革，他们热切希望中国考古学能借鉴国外一些有益的经验，赶上学科发展的世界潮流。其中部分思维敏捷的资深考古学家也开始了新的思考，以新的眼光审视过去，评估传统，提出了初具体系的新论点。数年内相关报刊发表了许多探索性文章，阐述的一些观点尽管有不成熟的地方，但都是学科发展的希望所在。由中国历史博物馆组织的有多学科研究人员参加的考古发掘，首次在河南渑池班村新石器时代遗址实施，组织者采用考古、古环境、古动物、古植物、体质人类学、文化人类学及物理、化学等多学科综合发掘与研究的方法，聘请多学科多单位的学者合作，参与其事的还有外国学者。这样的合作增进了相关学科的了解和渗透，开拓了考古学研究过去涉及不多和未曾涉及的领域。因此，可以将这次考古活动看成是中国考古学进入新时期的重要标志之一。随后开展的考古项目，大多具有多学科合作的特点，每一个考古项目、每一个考古队都不仅仅是由考古队员组成，也会包括文物保护专家和其他各学科的人员，尽可能保存和取得古代的一切信息是新的理论方法和技术运用的终极目标。

在田野考古记录手段上，我国考古界已经有多个考古教学和科研单位自行开发了田野考古资料计算机管理系统或数据库，并运用 GIS 和 GPS 数据采集仪记录和保存考古数据，使用电子全站仪测绘和记录考古遗存，考古学的记录手段已开始跨入数字化的门槛。在考古材料的测年技术上，除了继续使用先前已有的诸如常规碳－14、热释光等测年技术以外，还建立或改进了加速器质谱的碳－14、光释光、铀系不平衡法、电子自旋共振法等测年设备，测年手段更加多样，测年数据更加精确。在遗存性质的分析上，考古研究者除了注意通过筛选、浮选、孢粉采样等传统手段来获取更多的信息外，微量元素分析、遗物的成分分析等手段也得到了较多的运用；并与考古机构和遗传学科研机构合作，开始了提取古代人骨中的 DNA 来研究古代族属的尝试。在考古学研究方法上，区域考古更加受到重视，出现了多篇（部）综合研究一个自然地理区域的论著，中国社会科学院考古研究所、北京大学、吉林大学、山东大学的考古系还与国外大学的同行合作开展了小流域的区域考古研究。“九五”期间进行的备受关注的夏商周断代工程，虽说是为了解决中国历史时期初期的年代学问题的一个国家科研项目，最后的结项报告也没有完全达到预期的目的，但通过这项研究，改进了测年技术手段，积累了一大批年代数据，为中国考古学的年代学基础研究奠定了很好的基础。

三、与世界接轨的步伐加快

我国的考古学于20世纪20年代从西方引入，在50—70年代末因当时国际政治上存在着东、西两大阵营，便基本隔断了同西方的联系，其间在50年代后半段至60年代初，曾受到苏联考古学的极大影响，并奉苏联考古学为样板。中国学者对西方考古学越来越陌生，西方发生的考古学理论和方法的变化很少为中国学者所知。如60年代兴起的新考古学，70年代以后新考古学所发生的种种变化等，中国考古界了解很少。中国考古学在自行发展的道路上，虽然也发展出一些自身的特色（比如考古研究的史学取向和金石学传统等），但毕竟远离考古学的前沿，无论在理论方法还是技术、理念方面都大大落后于西方。

1975年，美国人类学代表团访问北京，开始了中西方考古学的重新交往。改革开放以后，中西方考古学界的交流日益频繁。

充满自信的西方学者渴望用最新的资料勾画中国历史上的聚落、部族和国家画卷，以证明和发展自己的理论方法与技术。中国学者则希望了解科学技术发达的西方国家如何进行考古学研究。抱着对西方科学技术的景仰，不少中国学者，尤其是年轻学者或是进修，或是留学深造，对美英考古学理论的学习如饥似渴。许多学者开始着手翻译西方考古学理论著作或者研究实例，一些大学也邀请国外学者来华讲学。同时，国内学者也积极“走出去”，将中国考古学的现状和取得的举世瞩目的成绩公之于众，让中国走向世界，让世界更了解中国，让中国更世界化成了新一代考古学者奋斗的目标。

1991年，《中华人民共和国涉外考古管理条例》的颁布从实质上改变了中国与国外交流的现状。以前只是国外利用中国的资料，而不能自行通过田野发掘而获得资料。按新的条例规定，国外机构可以与中国有关文物考古机构进行学术研究合作，包括从事野外调查和发掘。虽然条件对于国外学者来说近乎苛刻，但本着国内学者的努力，和国外学者急于获得中国考古资料的迫切性，仍然促成了几十项国内外的合作项目。截至目前，已有中国社会科学院考古研究所、中国科学院古脊椎动物与古人类研究所以及内蒙古、辽宁、河南、山东、江西、江苏、湖北、四川、宁夏、新疆等省区的文物考古研究机构和北京大学、山东大学、吉林大学等高校先后同美国、日本、德国、澳大利亚、加拿大、以色列等国的相应学术团体，在中国境内开展了合作考古研究项目。其中比较重要的有：中国社会科学院考古研究所与美国哈佛大学合作豫东地区先商文化探寻；中国科学院古脊椎动物与古人类研究所主持的周口店国际古人类研究中心与美国、以色列等国专家开展的关于周口店遗址形成过程的研究；中国历史博物馆与美国华盛顿大学合作发掘河南班村遗址；北京大学、江西省文物考古研究所与美国安多夫考古基金会合作进行农业起源研究；日本京都大学与四川联合大学以及成都市文物队合作开展成都平原古代聚落研究；中国社会科学院考古研究所与美国明尼苏达大学合作进行以安阳殷墟为核心的洹河流域区域考古研究；山东大学和美国耶鲁大学合作的日照区域调查等。

国际合作，不仅使资金有限的中国考古学界缓解了科研经费的困难，更重要的是，通过合作，双方增进了了解。合作过程中，中国学者得以有条件尝试一些新的技术手段，并进而了解到西方考古学最关心的问题是什么，以及它们如何围绕所选择的研究课题组织一个考古队（课题组）。西方学者则通过合作逐渐熟悉了解中国古遗址埋藏的特殊性以及中国文化的个性，并开始对中国考古研究的既有特色表示理解。因而开始抛弃成见，改变以往学术交流中居高临下的态度。

合作研究的另一个结果是使得一部分国内学者从对西方考古学理论与方法的不加选择地吸纳中清醒过来。西方考古学理论界派别林立，法国与美国、英国不一样；美国国内也存在认同不同理论的众多派别，而且几乎所有理论都不是一成不变的。盛极一时的美国新考古学派在后过程主义考古学派的批评下，缺陷暴露无遗。就方法而言，一些看上去很严谨，并在西方被认为行之有效的研究方法，具体运用到中国考古实践时，常常显得力不从心。比如，美国学者根据中美地区考古实践总结出来的一套被称为“全息调查”（Full Coverage Survey）的方法，曾一度被认为应该在中国推广，但这一方法可能适合中南美洲印第安文化遗址，因为它们是独立的、单纯的文化遗存，却并不适合中国绝大多数地区的野外作业，因为中国的遗址大多具有延续性，包含不同时期的堆积，而且中国的人口稠密，千百年来对地貌的破坏严重，全息调查所获数据很难准确反映遗址的规模与分布。要想将此方法应用于中国，必须要经过改造，要在充分获取信息的基础上尽可能做到单纯全面。

因此，西方考古学中并没有现成的可以轻易解决中国考古学问题的至上法宝。对于中国考古学界来说，最重要的绝不是单方面吸纳现成的西方考古学理论与方法，而应该注重在国内考古实践中立足于本土文化进行学术创新，力求对世界考古学的发展作出自己的贡献。

然而，毋庸置疑，以英、美为代表的西方考古学在研究取向及技术手段方面的确有许多优于中国的地方。通过国际交流，中国考古学界获益匪浅。从目前的情况看，中国考古学界在西方考古学思想的影响下，已在下面三个方面出现重大变化：

（1）考古学理论的多元化。过去中国考古学界较少进行考古学研究的理论总结，受到西方考古学思潮的影响，这方面已得到空前的加强。

（2）考古研究走向多重取向。在谱系研究和“重构国史”指导下的传统考古学研究造成了古代遗迹遗物作为科研资源的极大浪费。随着科研视野的拓广，在更加全面的视野下考虑问题势在必行。除了人工的遗存，与人类有关的各类遗存都应纳入考古学的研究对象。考古资料除了继续服务于传统史学的目的之外，还将更广泛地应用于古代生态研究、美术史研究以及人类学研究。为复原古代人类的生存过程而搜寻一切古代遗留下来的信息将是以后努力的方向。

（3）研究过程中将运用更多的现代技术手段，学科之间将更易于沟通，交流语言更加丰富。地质学（特别是地貌学、第四纪地质学）、生物学（动物学、古基因技术、植物学）、化学（分析化学）、地球物理学（物探技术及遥感技术）等自然科学学科将在考古学中发挥越来越大的作用。考古队的人员组成也在发生变化。

周口店遗址过去的经验，树立了两个典型：多学科合作和中外合作。它为中国培养了以裴文中为首的一批著名考古学家，并把中国旧石器时代考古提到了世界前沿。这段历史应该记住，很多精神也应该被继承下来。今天国外学者仍没有把中国考古学放在合适的位置，有人认为他们是出于偏见，其实是我们让国外了解得不多，而且光凭出版物是不够的。所以，有了和国外合作的经验，让中国了解世界，也让世界了解中国，只要政策允许，应该大力提倡合作，目前这种交流和各自对方法的评估还不够充分。当然，提倡“走出去”，一定不能再存有以前的“殖民地”心态，中国考古学的水平在中国，不在世界。中国考古学的重史传统是由中国古代遗存的特色所决定的。中国有数千年的文明史，面对形形色色的考古遗存，首先要明确其时空位置，方有可能探讨不同历史截面的人类活动规律，进而才能为总结人类社会发展规律作出贡献。因此，要先了解中国考古学的传统和国情，才能真正地走向世界。

四、公众考古广泛开展，国家考古遗址公园和遗址博物馆等加快建设

由于考古学面对的物质文化遗存遍布于城市、乡村、街道、田间等的地下，这就必然注定了考古学离不开大众。同时，考古学揭示和研究的是我们人类的过去，任何一处遗存的发现必然反映当地的一段历史和文明，完全应该也有必要让当地民众了解他们的历史和文化，唤醒他们对文化遗产的保护意识。只有最广泛的公众，尤其是当地民众的热心参与，才能有效地保护好我们的遗产，这也是考古学赖以存在和发展的先决条件。

另外，随着社会物质财富的巨大增加和人们精神层面的需求日益增长，考古学作为一门社会和人文学科，又具有较强的技术性和实用性，使得人们对考古学的关注度越来越高。而且考古学在复原古代社会和增强民族自豪感方面的意义也日益凸显，无论是对于民族的过去有兴趣的人们，还是对于现代社会有积极态度的人群，考古工作无疑提供了一种大众化参与的平台。如今，随手打开电视，或翻阅报刊，或闲步书店，或搜索网络，我们都可以发现考古和与考古有关的内容无处不在。这是历史赋予的机遇，如果考古学家和考古机构能够把握好这个难得的机遇，利用好自己所独有的便利条件，主动出击并和主流媒体合作，用通俗易懂的语言、喜闻乐见的形式占领考古和文化遗产传播的舞台，唱响考古传播的主旋律，使哗众取宠、别有用心的节目、报刊、书籍、网络等无可乘之机，那么，精准的考古知识、正确的保护理念就会在公众中广泛传播，这必将对文化遗产的保护和传承产生深远而积极的影响。全国各地雨后春笋般兴起的“公众考古”热潮就是明证。

公众考古学顾名思义就是指加大考古学的宣传力度，打破神秘，将考古工作介绍给人民大众，使人们都能参加到考古学研究的具体过程中来，从而达到教育人民、提高人民精神文化修养的目的。在日本，考古是大众非常关心的一门学问，每一个小镇都有考古博物馆和从事这项工作的专业人员。在苏联，他们甚至让孩子直接参加考古发掘，几乎每个孩子都有机会在假期里参加这样的活动。近一个世纪以来，中国的考古往往是为国家做的，总是和民众保持距离，多数时间是一种自上而下的传递，而非平等的交流。在现在的中国，迫切地需要在考古学的边缘培养这样一批考古学的工作者、记者，在教育机构或是媒体上推动考古学的工作。这些措施在现在的中国实施也正合适，因为中国的经济发展水平和人们的富裕程度已经使得一些人有时间和精力关注这些精神层面的东西。目前，国内的很多地方考古所、高校、地方考古队都已经开始注意把公众考古学推广开来，有些已经实施并积累了大量

的经验，比如山西省文物考古研究所的工作就是较为深入和卓有成效的，北京大学的考古夏令营的工作也为培养青少年的兴趣和普及考古学知识作出了贡献。同时，需要指出的是，必须禁止国内收藏类节目的播出，类似于《鉴宝》之类的节目是和考古学直接对立的，它们对大规模的盗墓活动也起到了推波助澜的作用，对考古事业和社会安定的危害性都是巨大的。所以，普及考古学知识不仅是为了保护文物，也是为了保证一个国家的稳定，杜绝社会的一个部分被犯罪集团控制，可以说具有很宽泛的社会功能。

实际上，早在27年前，苏秉琦先生就提到过公众对于考古的意义，他说："一、考古是人民的事业，不是少数专业工作者的事业。人少了成不了气候。我们的任务正是要做好这项把少数变为多数的转化工作。二、考古是科学，真正的科学需要的是'其大无外，其小无内'。是大学问，不是小常识。没有广大人民群众的参加也不成，科学化与大众化是这门学科发展的需要。"① 苏秉琦先生的话可谓高屋建瓴、高瞻远瞩，这就是大师，总能看到常人无法看到的学科的前瞻性。我们今天开展的公众考古学与其说是为了完成先生的遗愿，不如说是中国考古学发展的必然趋势。

如今的公众考古，形式多种多样，除了举办讲座之外，还可以针对不同的群体开展不同的传播方式，比如可以有电视专题、科普图书报刊、考古现场体验、专家与公众互动、网络动画等各种各样的形式。而目前最深入、最直观的公众考古形式，笔者认为是考古遗址公园和遗址博物馆的建设。考古工作和成果借助公园这种喜闻乐见的形式传播，大众既乐于接受，又能与经济建设、美化环境结合，可谓一举多得。

第二节　中国考古学面临的问题

一、遗址破坏严重、文物立法和报告发表滞后

今天的考古学面临着前所未有的危机。考古遗址不断遭到破坏，这导致不可更新的人类文化遗产消失。虽然有些破坏是人类活动难以避免的结果，有些是社会冲突的副产品，但文物盗窃仍然是最大的威胁。这种有意识的破

① 苏秉琦：《六十年圆一梦》，《华人·龙的传人·中国人——考古寻根记》，辽宁大学出版社，1994年。

坏行为通常是为了向全世界的非法文物市场提供商品。

被破坏的商代遗址

到20世纪80年代末，中国考古学的传统开始衰微。虽然由于经济建设的全面铺开，道路、桥梁、水库、工厂、楼房的大量修建，古代墓葬和遗址的发现层出不穷，古遗迹的风化破坏迅速加剧，抢救、保护的任务越来越繁重、艰巨，国家对于文物考古事业的关注和投资也越来越多，文物考古工作者的队伍也越来越庞大。然而，考古学却正在丧失着一种最宝贵的东西——它的研究所具有的历史文化的前沿性以及它对于人类的重要性。像当年的古物学一样，考古学正在走进新时期的象牙塔。

现在，全国每天都有数十个考古工地在同时作业，出土的器物堆满了各级文物保护、研究和展览单位的库房，许多刚见天日的器物马上又被厚厚的玻璃、木板或者墙壁尘封起来，任其沉默、变质，乃至消失。许多器物从出土到整理发表，往往要花费好多年的时间，有的根本无法整理或者根本就没有整理的可能性，能够被发表、出版、供人研究的只是其中的一部分，博物馆中展出供人参观的也只是各地大批出土或传世文物中精选出来的少数文物中的一小部分。

对于现阶段的考古学家来说，历史进程的时空图上已几乎没有太多的空白可供填补，而关于历史的实质我们仍然所知甚少。人类物质文化发展的大致轨迹业已被老一辈考古学家所确定，而我们却要面对更多的古代文化遗物。另一方面，地下的文物却在迅速减少，古人的遗存像矿藏一样，是不可再生的。古人不但在数量上少得可怜，考古学家估计，新石器时代开始时，全球人口大约有800万，旧石器时代晚期可能有600万，中期可能有400万①。而且他们的能力和人均占有的财富、资源比起现代人相差甚远，他们所创造的古代文化遗存能够历经多少年的风风雨雨、沧海桑田而保存至今的，毕竟又只是其中很小的一部分，所以，它们可能很快就会被发掘殆尽。

这样，现阶段的考古学家一方面对于自己只能站在历史框架巨厚的阴影下，以空前丰富和宝贵的材料做一些修修补补的琐碎工作，反复去证明一种业已被确立的时空秩序感到不平；另一方面，他们还要对地下文物的日益减少忧心忡忡。这是21世纪这个大变动时代中所有敏感且具有敬业精神的中国考古工作者真实而正常的感受。这种感受不仅仅是在这个变化迅速、旧有的价值体系已经瓦解、新的标准尚未形成时一种事业缺乏归宿的暂时失衡，而同时也有更深层的原因：考古学的传统使命已渐近终结。用库恩的“科学革命”学说来说，是旧的范式已经过时，而新的范式尚未诞生之时的混乱和痛苦②。

二、考古学理论和方法的滞后

中国考古学发展至今取得了丰富的成果，学者们为中国考古学的进步付出了艰苦的努力。中国考古学是从国外引进的，现代考古学的基本方法也是得益于国外的传播。但中国考古学自诞生之初，就紧密地与中国国情和历史背景相关，再加上新中国成立后与发达国家间的隔阂，使得中国考古学的理论与国际考古学界渐行渐远。经过学者们的努力，中国考古发现进入了黄金时代，一些适合本国历史的考古学理论被开创，但总体上说，中国的考古学理论仍远远落后于西方。

表7－1　中外考古学理论一览表

时间	西方考古学	中国考古学
19世纪50年代以前	古器物学	金石学
1850年代至20世纪初	近代科学考古学	近代考古学
20世纪初至50年代	文化历史考古学	

① ［美］汉森著，许志勇译：《人口统计学在考古学上的应用》，中国历史博物馆考古部编：《当代国外考古学理论与方法》，三秦出版社，1991年。

② 库恩：《科学革命的结构》，上海译文出版社，1986年。

（续上表）

20 世纪 50—60 年代	“二战”后考古学	新中国成立初期的考古学
20 世纪 60 年代开始	过程考古学	“文革”期间的考古学
20 世纪 80 年代开始	后过程考古学	文化历史考古学（苏秉琦）
20 世纪 90 年代至今	当代考古学	文化历史考古学为主体， 多种考古学形式并存

通过表 7-1，我们不难发现，中国考古学的发展过程同西方类似，但进程与西方考古学相比较落后，这主要表现在 20 世纪 60 年代以后。20 世纪 60 年代至今，西方考古学经历了过程考古学、后过程考古学及当代多种范式并存的阶段；而中国考古学在经历了“文革”的苦难期后，便形成了以苏秉琦发展出的考古学文化的“区系类型”理论指导的，所谓有中国特色的考古学研究，这实际上是西方 19 世纪中叶流行的文化历史考古学范式。进入 20 世纪 80 年代，中国考古学界开始关注西方考古学，并意识到了西方考古学的变化，但总体上对西方考古学是排斥的，认为地层学与类型学是考古学的主体，是考古学的两把尺子。20 世纪 90 年代初，中国考古学界认识到了西方考古学理论与方法的多样性，开始对其有意识地介绍，包括“二战”之后西方的经济、生态考古学理论，之后的过程、后过程考古学理论等。现代科学技术开始在考古学中大量应用，并借鉴了西方当代考古学的多元理论方法，建立了很多分支与交叉学科。但这些交叉学科在结合考古材料对考古学问题的解释方面，还有待提高。西方考古学多样化的研究目标与考古学理论的论争，在中国则很少得到重视，这在很大程度上阻碍了中国考古学的进一步发展。造成中国考古学理论与方法滞后的原因，有以下三个方面：

（1）民族历史传统。中国“天人合一”的哲学思想，缺乏科学的传统，中国哲学缺少探索真理的精神。同时，中国的历史学传统使得近代考古学产生之后就被纳入史学，新中国成立后则以修国史为目标，即使至今，这种修国史的倾向依然非常明显。中国文化中，尊重权威的现象严重，缺乏质疑的精神，这些传统使得中国考古学重描述而忽视理论的思考。

（2）社会历史原因。汉代以来的大一统，造成了思想的统一，思想界的百家争鸣从此消失。自宋朝以后，科技的发展基本停滞。科学在近代没有形成思潮。由于近代中国半殖民地半封建的社会性质，科学没有发展的稳定环境。建国后，西方国家的封锁，加之 20 世纪 60 年代中苏关系的破裂，使得中国不能与西方国家进行学术交流，逐渐走向封闭。同时马克思主义成为所有学科普遍的指导原则，在考古实践中被教条地运用。“文革”期间的社会动荡，对考古学的发展也起了抑制作用。

（3）知识、学术及社会体制。新中国成立后，中国社会主要经历了经济建设—阶级斗争—以经济建设为中心三个阶段，这使得知识被技术化，能带来实际作用的才被认同为知识。而以经济建设为中心本身使得考古发掘往往是配合经济建设，缺少独立自主的学术研究。加之学术思想的马克思主义化，学术多样性丧失，这些都阻碍了考古学家对思想知识的关注，而这恰恰是考古学理论的重要来源。同时，科学与社会科学的二元对立，使得不同领域的学者之间缺乏交流，不同的思想往往不能相互碰撞，多学科研究也只是各行其是，考古学者缺少科学方法的训练。中国官本位的社会体制，使得民间的组织缺乏，社会缺乏中间力量，考古学在大众中缺乏群众基础，也缺少活力。①

以上这些方面决定了中国考古学的理论发展很薄弱，而没有考古学理论的指导，单纯地依靠技术，为考古学服务的自然科学仍然只能是各行其是。因此，无论是理论还是方法，抑或技术，相对于西方来说，都只是处于一个较低的水平。

三、考古学性质的争论

考古学是凌驾于考古地层学与考古类型学这两大方法论支柱之上的，是考古学家对考古学文化的理解。在权威性的《中国大百科全书·考古学》中，考古学文化被定义为专门指考古发现中可供人们观察到的属于同一时代、分布于共同地区并具有共同特征的一群遗存。这一定义是几代人工作的总结和结晶，并反过来指导几代人的工作。然而从 20 世纪 80 年代中期起，我们看到这一定义开始受到年轻一代的怀疑，讨论考古学文化定义的文章从无到有并且日益增多起来，考古学文化概念的外延被扩大、内涵被丰富。20 世纪 50 年代在北京大学考古专业一度被提出、旋即又沉默下来的对“见物不见人”的批评，以新的姿态再次出现，并且持续至今。

其实，这一考古学文化的概念，从某种程度上说，也是随着地层学和类型学一起从国外借鉴过来的。考古学文化的定义既有方法与理论上的指导意义，也前定性地划定了考古学研究的对象和方式。但是，在中国却有一个特

① 刘岩：《中国考古学的当代反思——一个考古学理论的视角》，《南方文物》2011 年第 2 期。

殊的问题随之而产生：被如此定义的考古学文化——这特定的古代文化遗存，到底应被视为历史的孑遗，还是文化或行为的产物？即考古学到底属于历史学还是人类学？这个问题看似简单，但自从中国的考古学者开始具有某些学科的自主性意识时，对这个问题的讨论就从来没有停止过，而且至今没有得出真正的定论。

中国具有悠久的历史和历史学传统。在这个传统中，一切现存的秩序、道德以及人自身，都被认为是历史过程在现代的必然性的体现，历史研究就是为它们在当代人事上提供具体的事例和证明，增补历史的材料和记录，确保历史的连续性，是继续和参与由圣贤们所开创的一项伟大的传统性工程。因此，从中国考古学的前身金石学开始，它就具有浓厚的证经补史的特征。中国考古学的几位早期拓荒者中，李济在美国学的虽然是正统的人类学，梁思永也并非历史学的科班出身，但是一回到中国，一在中国干上考古学，他们就全心全意地开始了证经补史的工作。张光直曾经推测说，如果“中央研究院”第一次大规模的田野发掘不是选在殷墟而是一个史前遗址，那么，一个以社会科学为取向的考古学分支就有可能在中国诞生。但是，我们不应忘记，早期中国的考古学不是没有从事史前考古，安特生首先发掘的仰韶村属于史前，李济首先发掘的西阴村也属于史前，甚至可以说，1928 年“中央研究院”发掘殷墟以前的几乎所有的中国田野考古的对象都属于史前，但是这些没能改变中国考古学的发展路向。这种路向对于所有有志于考古学的中国人来说，几乎是一种宿命式的前定——证经补史。在 2 000 多年前司马迁以《太史公自序》为结写完《史记》之后，这种宿命已经铁定。苏秉琦回忆中国两家最早设置的考古学研究机构的情况时说：“中央研究院的考古组一成立，就直奔安阳，因为那里发现了甲骨文，目的是研究商史；北平研究院的考古组先去了燕下都，后去了陕西宝鸡，因为那里出了青铜器，目的是研究先周先秦史。因此，从考古学专门机构的设置之日起，目标就很明确：修国史。”① 前者要证明《殷本纪》的真实，后者要补写西周史的缺环。在古史辨学派对上古史的一片质疑声中，在一个向来都是把今天建立在连续、一统的历史观念基础之上的国度里，在一个山雨已来、革故思新的重要关头，重新考量自己的民族历史，几乎是再自然不过的事情了。

然而，中国考古学的祖师爷——西方的考古学，却是属于人类学、民族学的，考古学浑身都是新鲜的田野泥土气息，是对人类进化和文化历程的整

① 苏秉琦：《迎接中国考古学的新世纪》，《华人・龙的传人・中国人——考古寻根记》，辽宁大学出版社，1994 年。

体考量，是对民族形成和发展中的对立、融合、壮大的总体思考，丝毫没有修补和改写的负担，与沉重的传统没有丝毫的关系。在那儿，考古学中那确确实实与历史学有关的部分，也只好以折中的办法，被放进了美术史或古典学的范畴中，首先任人大胆地想象，然后再以归纳、演绎、假设、验证等逻辑的严密性来修剪和润饰。因此，从西方借来考古学之始，中国的学者就不得不在这个无所谓的问题上不断地浪费时间和精力。[①]

四、考古学的公平性问题

随着社会发展，经济利益和社会效益至上思潮的推波助澜，社会转型期人们追求精神财富的迷茫，使得考古学本质被误解，中国考古学的压力越来越大。首先是考古学家把很好的考古学材料拿出来仍觉不够，一定要和某个著名的人物联系起来才够分量。仅仅发现一个很好的青铜器是不够的，必须是某某名人使用过的，才能吸引观众的兴趣。其实考古学的本质并不在于把这些东西和已有的文献记载结合起来。如果仅仅着重于这样的连接，即使不是从事考古学的人也能做到。考古学应该先把那些物质文化本身弄清楚，在此前提之下，与曹操之类的人物联系起来倒也无妨。但重点并不在于某某遗迹现象是否和人们已经认识的人物有关系，有关系固然不错，没有关系也是无所谓的。考古学自己有一套可以向公众表达的东西，排除那些与有名的历史人物有关的东西，仅将考古的发现放到博物馆中作为考古学展出，依然可以吸引大量的观众。这样要强调的大概就是它们的艺术价值，在器物史上的功能或者科技方面的重要性等。考古学有自己的研究方法，不需要依附于历史学，两者是平行合作的关系。通过考古学特有的一些方法，考古学可以自己写一套历史——非文献的历史。当然也必须有一定的历史方面的底蕴，考古学家在这方面的问题并不大，大家都受过必要的历史训练，所以到了某种程度也会运用到历史文献。其次，是相对于广大群众来说，考古学本来就是神秘的学科，如果考古学家本身的研究不严谨的话，势必会对群众的信任感产生负面的影响，尤其是在一些别有用心的研究者的推波助澜下这种不信任感更加明显。作为考古学者来说，并不能一味批判群众的“郁闷”，更应该在自己的宣传和研究方法上寻找不足。

今天考古学已成为一门国际学科，其研究范围扩大到了南极洲。早期探

① 知原主编：《面向大地的求索：20世纪的中国考古学》，文物出版社，1999年。

险家在南极洲临时搭建的棚屋都受到了很好的保护并留有详细记录，由于传媒的强大力量，许多重大的考古发现能够立即传遍全世界。但是考古信息量巨大，任何人都无法全面了解一个大陆的考古研究成果，更不要说把握全世界的考古研究成果了。即使有人想这样做也会心有余而力不足。结果，人们无法交换意见，甚至考古学家之间也无法传递信息。一个好的考古遗址，由于埋藏有大量重要的古代信息，因而受到国内外专家的肯定，从而获得了国内和国际上知名度，在中国还会获得诸如“全国十大考古发现”之类的奖项。而实际上，获得肯定和奖项只是对其发现研究的第一步，要想获得完整的信息还需要付出艰辛的努力。而发掘者却将此类遗址据为己有，认为谁发掘即意味着谁拥有，除他之外的考古界只能被他公布的材料左右，而这些材料也许包含有大量的主观性，这就造成了考古学研究的片面和不完整。也有的发掘者会批评研究者说，东西是我挖的，你写的东西都是建立在二手材料上，因此不如我说了算。实则，研究水平与掌握材料固然有关，但研究水平又是由人所决定的，掌握材料的多少，并不一定会成为结论正确与否的关键。但是我们仍然提倡在全面掌握材料的基础之上进行科学的研究，否则容易陷入只见树木，不见森林的境况。因此掌握信息的不对等也是考古界面临的一个不公平问题。

另外，考古界中忽视妇女的作用，忽视少数民族和土著人的意见，受到政治和经济各个方面的深刻影响都是考古学中存在的不公平问题。

后过程主义考古学与性别考古学建立了紧密的同盟，因为后过程主义考古学强调人们的主观能动性对于古代遗存的作用，这不可避免地会重视妇女在其中的作用，而以往考察的重点是男人的活动，比如狩猎和制造工具等。传统上，考古界以男人为主，但巾帼不让须眉，女性在考古活动中同样具有重要的作用。这不仅体现在古代的妇女的工作对遗存的影响，男女平等能为我们理解古代社会作出贡献，而且也体现在考古学界中女性的作用。我们时常会听到学习考古的女生和用人单位的牢骚，学习考古的女生无法找到田野考古的工作，用人单位强调在一线从事考古的业务人员以男生为主。而近些年来我国高校中培养考古的科班学生中又渐有以女生为多的趋势，这使得重视女性的作用提上了日程。我们应该在社会的方方面面，都创造一种男女平等的气氛。2010 年，由南京大学主办的首届妇女考古学会议召开，是考古界重视妇女工作的一次有益尝试。

世界上考古学界的遗产归属争论以美国的考古学家和土著印第安人之间的斗争最为激烈。在美洲工作的考古学家主要是欧洲人的后裔。从前，考古学家与美国土著人的对抗是司空见惯的。在美国土著人看来，考古挖掘是对祖先遗物的大逆不道，而且根本没有必要，因为传说和历史已经为他们提供了土著美国人历史的充分知识。20 世纪 80 年代以后，两大群体之间有言归于好的迹象。考古学家们不仅意识到史前考古遗物不仅仅是科研资料，并逐渐承认当代美国土著人有权参与研究和处理考古遗产。因为 100 年前是收集古物的全盛期，许多骨骸和文物是那时被偷盗的，违背了印第安社群的意愿。联邦和各州都已立法，规定只要土著人的后裔提出要求，博物馆就应把骨骸和遗物还给他们。有些印第安民族任命了自己的考古学家和历史学家，让他们研究和保护自己的遗产。马加人甚至雇用考古学家发掘遗址，还建立了一些博物馆，将他们保存的历史公之于众，并且还培养自己的年轻人学习考古技术及其分析方法。

非洲的考古现状与欧洲和北美洲的情况不同。在欧洲和北美洲，外国研究人员很难涉足野外实地考察，非洲考古则带有国际色彩。然而，在一个饱受战争、饥饿、疾病和贫困折磨的大陆，考古是一种昂贵而奢侈的工作，只有少数非洲国家成立了研究机构，积极从事这方面的研究。但是几乎每一个非洲国家都为尚处于萌芽状态的考古研究提供了资金，并培训本地的考古工作人员，尤其是在西非。20 世纪 60 年代，随着大批非洲国家的独立，“民族主义”考古学产生了，许多考古工作是由放弃原国籍的外国人承担的。①

在中国，同样存在类似的问题，只是中国少数族群还没有能力自己实践。但是以汉族为主体的考古学家仍然需要在涉及少数族群的研究中充分考虑到他们的意愿和权利。

人们都承认，考古除了客观、准确地反映过去发生的事件外，还可以为社会利益服务，尤其可以为狭隘的民族主义和政治利益服务。最恶劣的例子是希特勒统治下的纳粹德国和斯大林统治下的苏联与白人统治下的南非。

如何认识过去是当代考古学最大的问题之一。绝对客观是不可能的，因为所有考古学家都或明或暗地站在自己的立场上写作。这并不是说考古学不实事求是，或最糟糕的考古学家写的只是政治宣传品，而最好的考古学家写的只是神话故事。第二次世界大战后，东西方意识形态的对立日益尖锐，华约和北约两大阵营在政治上的对抗愈演愈烈，这不可避免地影响到文化上的对立。而新中国在成立初期，秉承的却是苏联的历史考古方法，这是典型的政治影响考古学的例子。

19 世纪以前甚至在 20 世纪，非洲大部分地区没有文字记录，所以，有关

---

① ［英］保罗·G. 巴恩主编，郭小凌、王晓秦译：《剑桥插图考古史》，山东画报出版社，2000 年。

非洲过去的信息主要依赖考古。随着非洲民族主义的兴起，非洲人希望了解本地人的过去，于是非洲成文史产生了，考古研究问世了。合作研究既需要考古资料和文献资料，也需要口头传说。这种研究打碎了殖民主义者编造的“黑暗大陆”的神话，但是并非没有编造新神话的危险。比如编造“快乐、古老的非洲”神话：人们与自然和谐相处，过着简朴的乡村生活，没有争斗，没有贫困。虽然从人种学角度看，大多数非洲现代国家的边界都是人为划定的，但是非洲民族主义历史学家已经开始编写旨在证明自己“国家”的历史。

第八章　中国考古学的功能与未来

第一节　考古学的功能

探讨中国考古学的功能应当包括不同的方面：既应当包括中国考古学对认识中国文化与历史的重大意义，也应当包括它对于理解世界文化与历史上的一些共同性规律的意义，同时还应当包括中国考古学的探索与认识活动对于考古学理论与方法的发展及完善所具有的潜在意义。

一、中国考古学是参与探索民族文化传统的有生力量

20 世纪 80 年代以前，中国考古学无论在理论、方法上走过了多么曲折的道路，无论其指导思想发生过什么样的变化，其实质是解决了两个重大的历史渊源问题：一是用考古学的实物证据，确证了西周之前夏、商两代的存在以及文献中有关两代和两代以前传说的真实与否，使新史学产生以来持续将近一个世纪的有关疑古与信古的争论，通过中国考古学的参与而基本解决；二是通过一片片陶片、一件件器物、一个个遗址，经过龙山时代、仰韶和前仰韶时期，将中国文化的源头一直连续地上溯到旧石器时代，初步建立起中国文化演变的时空框架和发展谱系。

在这样一个基础上，中国考古学所面临的最大问题已变成中国国家和中华民族文化传统的形成过程以及由这个过程所决定的它的本质与特点等问题，而这些问题虽为整个人文社科界所关注，但由于其所具有的年代深度，必须有考古学的参与，才有解决的可能。

中华民族形成问题以及对民族文化传统认识的突破，在于中国文明起源研究问题上方法论的突破。因为文明是文化发展的必然结果，而文化与文明又是以一群人及其创造物为载体的，文化的交往、传播、取代，文明的兴衰转移，实际上也正是这一群人生活过程的具体写真。21 世纪初施行的“夏商

周断代工程”是关乎中华民族历史的重大问题，参与者大多是考古学者，利用的材料基本上都是考古发掘品。接下来进行的“文明探源工程”也是对中华民族文化源的深层次探索，且同样是以考古学者为主导的。

对于中国文明起源的研究，经过了一个逐步深入的认识过程。首先是对文明各个构成要素的寻找，诸如城址、青铜器、文字等一再发现，其发展脉络也已基本澄清，从形态完善、发展成熟的三代文明上溯，直到仰韶文化和前仰韶文化，中原等华夏文明的主要地区近万年的文化演变过程已基本清楚。但是，对于文明概念本身的含糊不清以及对文明社会作为一种整体性的、全新的生活方式的认识不足，因此文明起源问题的研究往往遵从经典，生搬硬套而千篇一律，没有突破。

其次，是追寻文明社会形成的动态过程，即追寻各种不同的文明因素怎样结合成为一个有机的社会整体，从而形成一种与以往不同的全新的社会生活方式，以及这种生活方式在人类历史与文化发展的总体过程中的意义。这样一个研究目标，将要求我们不能再仅仅局限于搞清几种关键因素或者器物的形态演变与历史发展，而且要在目前既有的史前文化的时空框架之下，全面复原各个时期各类遗址中人们的日常生活与行为安排，搞清楚人们的生活与行为在不同时间与空间断面上的规律性，并在此基础上进一步追寻隐藏于其背后的人口、政治、经济、文化与环境原因，以及它们在文明起源中相互作用的动态过程，搞清楚距今大约5 000年散布于中华大地上的各种文明因素以怎样的方式编织成了具有整体性文明的意义网络。

以上两个阶段的文明进程研究，考古学都起了决定性的发现和认识作用。只有根据考古学材料才能揭示出古代文化发展的物质体现和动态过程，也只有对文明的起源与演进的动态过程有了一个深入的了解，才能了解中华民族形成的过程，才算是真正理解了中华历史文化。

二、中国考古学是认识世界历史的重要手段

人类历史上有三个最重要的课题，这三个课题与人密切相关，是人类发展进程的重要阶段，只有经过考古学的研究才能解决。第一是人自身的起源，第二是农业的起源，第三是城市、国家与文明社会的起源。这三个问题不但关系着我们对人类全部历史的估价和认识，而且关系着对于人类未来发展方向的正确认识问题。根据目前的资料，我们已可以排列出这些现象的时间表来，然而关于其具体的过程与机制，关于在这一过程当中各种不同的因素相互作用相互影响的关系以及关于它们发展的模式及各种模式之间的异同等，

我们却所知甚少。而中国恰是世界上这几方面资料都十分丰富的少数几个国家之一。

在人类起源方面，我们不但发现有可能是人类祖先的古猿的化石，而且从早期猿人到晚期智人，人类进化链条上的各个环节都有比较丰富的发现。不管人类属于单系起源还是多系起源，这些材料至少可以与非洲等地进行比较，甚至代表了一种具体的发展与演化过程，其结果必将加深我们对这一问题的理解。

中国是现今世界的农业大国，在古代也是众多农作物的起源之地，比如最早的水稻、粟、黍等均发现于中国。也有证据表明，最早的农业出现于中国的华南地区，那时陶器还没有出现，在考古学上命名为前陶新石器时期。因此，农业的出现是新石器时代诞生的主要标志。认识中国农业起源的模式和新石器时代各种因素之间的关系和演变过程，对于认识世界食物生产的起源和石器时代的发展进程都有重要的意义。

世界上的古代文明不计其数，然而目前可以肯定为独立起源、时间较早而且影响较大的只有三个：西亚文明、中国文明和美洲的印第安文明，其他如著名的埃及文明、印度文明和欧洲的希腊、罗马文明以及许多区域性的小文明等，或多或少都可以被看作是一种次生形态的文明。之所以这么说，是因为只有前三个文明独立地经历了从旧石器时代末期动植物的驯化即食物生产的发明，到在此基础上人口的膨胀、社会的复杂化以及与此相应的政治、宗教、军事体制的完善的全过程，其他的文明要么是在其中的某一阶段上受到了别的文明的强烈影响，要么是分布和影响范围太小，不具备典型的观察意义。

上述三个重要的古代文明中心，无论是其经济基础，还是起源的过程以及社会的结构、政治、宗教和上层建筑，都各有其特点。过去，人们认为西亚的文明具有更为重要的意义，因为两河流域的古代文明孕育了后来在历史时期特别是近现代影响最大的所有主要的西方文化，因而西亚文明的形成道路也被认为是世界历史上具有普遍意义的文明形成的道路。近年来，随着西方本位主义思想的逐步破产，东方与其他地区人民所创造的文化的意义逐渐被人们所认识，东方文明的形成道路非但不再是人类历史上的个别现象，而且同样具有普遍性的意义。张光直等甚至通过对上述三个主要的古老文明的比较研究，得出了中国的文明形态是全世界向文明社会转型的主要形态的结论，他称之为“连续性”的形态，而西方的为“破裂性”的形态①。因此总结世界人类文化与历史的发展规律，绝不能忽视中国。

三、中国考古学是重要的思想、理论与方法园地

中国考古学作为一门学问，其存在价值绝不仅仅在于它对认识中国文化和中国历史所可能提供的认识结论，也不仅仅在于这些结论在世界文化比较研究中的参考价值，而且还在于它作为一门科学的重要的思想价值，和由此而产生的重要的理论和方法。

中国广阔的地域、漫长的历史、丰富多样的民族文化资源、五花八门的民间民俗传统和社会发展水平，不但使它囊括了人类的起源、农业与畜牧业的发生、国家的形成、从传统向现代的文化转型等所有考古学必须面对的重大问题，而且在资料和诸如民族考古学等当代方法与知识参照上，也使中国考古学具有无与伦比的优势。

自身的特殊性使中国考古学一开始就是一种与西方人类学传统中的客位研究相对立的出自主位的学术寻根，即对中华民族的历史有强烈的认同感，主观上有摸清自己祖先的生存历程的强烈愿望。因此，即使最早的考古学来自于西方，即使中国最早的考古学者从美国学成归来，仍然保持了自己强烈的民族之魂。中国考古学一开始就天然地亲近历史、亲近人、亲近自然，具有一种强烈的综合的欲望——不管是曾经有过的对古文传说的简单臧否，还是对马克思主义社会发展观的机械套证；不管在方法上存在过多少局限和遗憾，在中国考古学不长的发展历史上，这种欲望一直像一种基因，代代相传，影响着一代又一代的中国考古人。

如果说，20 世纪八九十年代是中国考古发现的一个黄金时代的话，那么我们现在正进入另外一个黄金时代。中国的文化与学术都面临着前所未有的重大转机。在一种历来注重人文价值与文化连续的学术传统中，当一种自上的探索精神开始滋生并支配中国考古学时，具有上述特殊个性和优越条件的中国考古学界，必将是一个大师辈出的地方，必然从各个方向为人类认识自己作出更大的贡献。因为，他们是为“自己”而探索，而西方的考古学者永远都会存在正统与土著，永远不会有文化的归属感与强烈使命感。可以预见，21 世纪的中国考古学将不再带有神秘性和书卷气，通过考古知识和考古学，

① 张光直：《连续与破裂：一个文明起源新说的草稿》，《美术·神话与祭祀》，辽宁教育出版社，1988 年。

历史将活在我们每个人的心中，历史的经验和智慧将在现代人的血脉和生活中流淌不息。中国人的祖先将会以更加睿智和威武的形象停留在中国人民的心中。①

第二节　中国考古学的未来

笔者认为，中国考古学的未来理应在遗存回收和遗存解释上有突出的成就，能够使得人们无限地接近古代的真实，甚至在某些部分就是真实，不会因为一时的不明白和资料的不确定而丧失对于认识过去的信心和探求历史发展规律的努力。这才是考古学家应有的理念和未来的发展趋势。

许多考古学家都期望，最终会有一种统一的世界考古学，那将是一门客观的、价值取向自由的学科。对他们而言，达不到这点就意味着未能取得科学实践的一种起码准则。笔者认为，这是对考古学现状与未来过于简单和错误的看法。一个多世纪以来，这个学科的某些方面已经被有效地国际化了，但其他方面仍有很大差异。除非世界上消除了国别、阶级或性别的差异——这种差异似乎在可预见的未来都不会缩小。不过，有关考古学的统一性此刻仍值得一谈。近年来，已见证了对考古学性质和目标越来越多的争论。这些争论引发了新的议题，并将考古学家们归入新的不同阵营。而这些争论也使考古学视野更加开阔，比起 20 世纪 60 年代，狭隘与宗派之分减少，前景更为乐观。

20 世纪的中国考古学在几代考古学家的共同努力下，走过了从产生、发展到日趋成熟的历程，取得了举世公认的成绩，丰富了我们对中国古代文明发展进程的认识。在新世纪，中国考古学将怎样发展？能否为世界考古学的发展作出自己的贡献？这是中国考古学界所面临的重要问题，它关系到中国考古学的未来。笔者认为，新世纪中国考古学的发展方向可概括为：国际化、科学化和大众化。

一、国际化

中国考古学是世界考古学的一部分，中国考古学的出现就是西方近代考

① 知原主编：《面向大地的求索：20 世纪的中国考古学》，文物出版社，1999 年。

古学传播的结果，因此中国考古学在新世纪更加积极主动地从国际学术界的沃土中获取养分以促进自身的发展应无疑义。

由于地理条件的制约等原因，从总体上看，中华文明是在相对封闭的环境下独立起源的原生文明。在其形成与发展过程中，虽曾不断受到来自周边地区其他文明的影响，但基本上仍然是自成体系、独具特色的。这种情况就决定了在中华文明的产生与发展进程中，在漫长的历史演进过程中，具有不同于世界上其他地区古代文明的特点。由于较少受到外来的冲击，使这一文明延绵数千年未曾中断，因此可以认为，中华文明的起源与发展过程较为完整地揭示了人类社会发展的一种模式。它对于研究人类社会的发展历程，对于研究农业文明和城市的起源与发展、演变的进程，都具有不可替代的典型意义。从这个意义上说，我国古代文明的起源与发展道路，我国古代社会的发展变化过程较之于欧洲、非洲、美洲等地同类资料，在典型性、代表性和适用性等方面不仅毫不逊色，反而可能有过之而无不及。因此，中国考古学的国际化，不仅对中国考古学乃至中国历史研究具有重要意义，而且对于世界人类社会的演进过程的研究和规律的探求，也具有极其重要的意义。

推进中国考古学的国际化，我们需要从以下几个方面努力。一是从事中国考古学研究的学者在进行考古学研究的时候，应当开阔眼界，把中国放入世界全局的范围中去，从世界看中国，从人类社会发展的角度研究中国古代社会的发展与变化。二是应当加强对中国考古学成果的宣传，使国际考古学界真正了解中国考古学。应当鼓励并支持我国的考古学者及其从事相关研究的学者参加有关的国际学术会议，介绍我国考古学的新进展、新收获、新动向。还要积极创造条件，建立并不断丰富中国考古学研究机构的主页信息，为世界考古学界了解中国提供一个非常重要的窗口。三是注意跟踪国际考古学界的潮流，注意其研究的前沿课题和最新进展。对于新出现的理论、方法和研究模式要加强研究，丰富自己。四是鼓励与支持中国学者积极参与世界性的难点和热点课题的研究（如人类起源、农业起源、文明起源、城市起源、金属制作技术的起源与传播、环境的变迁与文化发展、人类社会组织的发展与变化过程及其原因与背景等），并争取通过与中国丰富的考古资料和文献资料的结合，对解决上述世界性考古学研究的课题作出中国考古学应有的贡献。五是更加积极、主动地加强与国外考古学界的交流，使中国考古学站在国际前沿。

二、科学化

考古学将迅速改变获取资料的方法，尽可能采取破坏性较小的考察程序，以便在深入研究古代文化遗存时不再损坏它们。考古学理论会获得继续发展，考古学不可能采用单一和统一的方法进行分析与研究，它仍将保持多元化的发展趋势，在不断努力吸取人类学、历史学和自然科学成果的同时，保持本学科的基本特点。

考古学的学科目标是通过古代遗存来研究过去人们的生活及社会的发展进程，并探索其规律。众所周知，与人文社会科学的其他学科相比，考古学是与自然科学关系最近的学科，它的一些基本方法如考古层位学、考古类型学都是从自然科学中借鉴来的，其研究手段和内容也都与自然科学的某些学科关系十分密切。对于这样一个非常“科学”的学科，怎么还存在科学化的问题？从中国考古学的现状和国际考古学发展的趋势来看，这个命题不仅有实际意义，而且是新世纪中国考古学发展的关键之所在。

考古学是从古代人们生活遗留下来的实物遗存去研究历史的。古代人们的生活是多种多样的，他们遗留下来的遗存也是极为丰富的，大可到长城、故宫等宏伟建筑，小可到植硅石、孢粉等肉眼无法观察到的微小物质，而要尽可能全面地复原过去的历史和人们的生活，就必须尽最大努力去收集过去人们留下来的信息。但是，用传统的考古学方法获得的资料毕竟有限，这就需要我们借助于各种自然科学的方法和手段。关于这一点，老一辈考古学家在20世纪中叶就已有所意识，并进行了实践，其中尤以20世纪60年代新考古学的大力提倡最为引人注目。此后，随着自然科学技术在考古学上的成功应用，使自然科学与考古学的结合日益深入人心。

应当看到，近几十年来，科学技术的进步使考古学大受其益。包括质谱加速器测年在内的各种测年技术，通过孢粉、植硅石和植物遗骸以及动物骨骼研究古环境，古人类遗传基因的分析和计算机及其相关技术的发展而出现的GPS、全站仪、GIS等先进仪器的广泛应用，为考古学的发展开辟了无比广阔的前景。中国考古学近年来在这方面虽然也有长足进步，但与发达国家相比，在结合的深度和广度方面都存在很大的差距。在新世纪，中国考古学必须在现有基础上加快科学化的进程，最大限度地拓展这些先进的手段与方法的应用领域，并积极探索新的方法和手段，跟上科技进步的步伐。

要实现考古学的科学化，一是考古学家和从事相关自然科学的学者应当下工夫去了解对方，了解对方学科的特点和要求，了解对方的长处和局限，扬长避短，实现优势互补。二是要努力提高考古工作者的科学素质。作为符合新世纪学科发展要求的考古学家，除必须掌握考古学科的理论方法和技能以及历史文献、古文字、民族学、人类学等人文科学的知识外，还应拓宽知识面，具备相关自然科学如地质学、气候学、动植物学、金相学、物理学和化学等学科的基本知识。高等院校的考古专业应当考虑尽可能多地设置一些相关的自然科学课程，培养既懂考古，又懂相关自然科学知识的“两栖”人才。三是加强考古学的理论建设。到目前为止，中国考古学丰富的实践，形成了具有自身特点的方法论体系，完全有可能总结出具有中国特色的考古学理论。理论体系的建构不应成为外国考古学家的专利，中国考古学家在这方面应该有自己的声音。四是在研究方法上要进一步科学化，应当在考古发掘、资料整理与分析、报告编写和专题及综合研究等各个环节加强科学化。

三、大众化

考古学必须得到公众最大的理解和支持。公众有了对自身过去的浓厚兴趣，才会使这门学科兴旺发达，更好地保护我们不可再生的文化遗产。目前，世界各地日益兴旺的考古社团、电视节目的普及，《国家地理》杂志上发表的文章，对普及和宣传考古发现和历史知识发挥着重要的作用。专业考古学家必须考虑如何来激发公众的参与意识和探索兴趣，在强调考古学严肃的科学目的之外，将自己的成果转化为人们喜闻乐见的历史知识。只有这样，考古学这门学科才能历久而弥新。

由于种种原因，人们对考古学曾有种种误解。如有人认为考古就是研究古董，将考古学家视同把玩古董的人；有人认为考古就是挖坟掘墓的，没有什么学问可言；有人认为考古学是研究过去的，与现代无关；还有人认为考古很神秘。之所以出现这些误解，主要是人们对考古学缺乏起码的了解。而造成这种情况的原因，主要是由于从事考古学研究的学者们缺乏将考古学通俗化、大众化的意识，只满足于考古发掘和编写考古发掘报告，而且发掘报告的体例程式化，用语艰涩难懂，不仅一般大众看不懂，就连很多历史学者也不知所云。且由于缺乏介绍考古学研究成果的通俗读物，考古学家对媒体又往往心存疑虑，敬而远之，致使民众对考古学知之甚少。近些年来，这种情况有所改变。新闻媒体对考古发现的报道日益重视，民众对考古学的兴趣也逐渐浓厚起来。一些考古学家也开始注重向社会介绍考古新发现和研究新进展。公众考古学由此出现并逐渐壮大起来。

其实，考古学的研究对象即过去人们生活遗留下来的遗迹和遗物等具有很强的直观性和可视性特点，应该比较容易引起人们的兴趣和好奇心。当然，考古学的大众化绝不仅仅是为了满足民众的好奇心，而是为了增强民众的文化素质，为了焕发民族精神，增强民族凝聚力。

要实现中国考古学的大众化，考古学者首先要树立普及考古学的意识，将考古学通俗化、大众化作为自己义不容辞的责任。考古学对社会最好的回报，一是拿出高水平的研究成果；二是用通俗易懂的文字向民众展示这些考古成果。其次是要搞好出土遗迹和遗物的保护和展示。考古工作者应当把文物保护作为自己的天职，将搞好遗迹和遗物的保护问题与发掘、保护和展示问题有机地结合起来；应当与政府各级文物部门相配合，积极参与国家重点文物保护单位的保护与展示方案的制订和实施，以最大限度地发挥出土文物和古代遗存在宣传历史文化知识、弘扬民族文化、增强民族凝聚力方面的积极作用。只有这样，才不辱中国考古学家的历史使命。①

① 王巍：《中国考古学发展方向会议》，光明日报，2003 年 9 月 2 日。

第九章　中国的考古时代及典型遗物

一提到考古学，读者最先想到的一定是众多古代的精美文物，而在“垂涎”文物的精美之余，想到的必然是它的价值，包括历史价值、科学价值和艺术价值。而懂得这些必定要先了解它的年代和它在发展序列上的地位，这就是考古学中两个重要的研究领域。中国考古学发展到今天，对于时代的发展序列和每个阶段的代表性遗物都已经有了基本的了解，本章我们就立足于这两点对中国考古学进行系统的介绍。

第一节　中国的考古时代

在考古学上古代历史的发展脉络是由各个阶段的考古学文化组合而成的。所谓考古学文化是指代表同一时代、分布于共同地区、并且一群有特征性的文化遗存。这里三个要素，即“同一时代”、“共同地区”、“一群特征性”缺一不可。相似的文化遗存，即使分布于邻近地区或同一地区的不同地域，如果不属于同一时代，也不能称为一个“考古学文化”。我们在各种媒体上看到关于考古学的报道，上面总会有诸如“良渚文化”之类的名称，这即是考古学文化，关于考古学文化的详细论述，可见第四章。

了解了同一时期不同的考古学文化和不同时期考古学文化的变迁，便是我们进行古代历史研究的基础。

一、旧石器时代

旧石器时代考古的主要任务就是通过人类自身的遗骸（化石）、生产工具的遗存（石器等）和更新世环境遗存（动物化石和植物孢粉）等，研究人类的起源与早期发展、人类最初的文化形态与空间传播、更新世环境的变迁及人地互动等课题。旧石器时代是指自人类诞生以来至现代人的出现，大约自300万年前至1万年前，可分为早、中、晚三期。早期大致自人类诞生至20

万年前左右，称为能人（能制造和使用工具的人）和直立（猿）人（懂得制造和使用工具，懂得用火，主要是直立行走）阶段；中期自20万年前左右至5万年前左右，称为早期智人阶段；晚期自5万年前左右至1万年前左右，体质特征已接近现代人，但生产生活还处于非定居阶段。

表9－1　人类进化过程一览表

<table>
<tr><th rowspan="3">距今（百万年）</th><th colspan="8">自然史序列</th><th colspan="5">人类史序列</th><th colspan="3">文化史序列</th></tr>
<tr><th colspan="4" rowspan="2">地质时代</th><th colspan="2">冰期</th><th colspan="2">动物群</th><th colspan="3" rowspan="2">系统地位</th><th colspan="2">重要化石人类</th><th rowspan="2"></th><th colspan="2">重要考古文化</th></tr>
<tr><th>欧洲</th><th>中国</th><th>华北</th><th>华南</th><th>外国</th><th>中国</th><th>欧洲</th><th>中国</th></tr>
<tr><td>0.01</td><td rowspan="7">第四纪</td><td colspan="3">全新世</td><td colspan="2">冰后期</td><td colspan="2">现生种群</td><td rowspan="6">人科人属</td><td colspan="4">现代人种</td><td colspan="3">新石器时代青铜时代铁器时代</td></tr>
<tr><td></td><td rowspan="6">更新世</td><td rowspan="2">晚更新世</td><td>晚期</td><td>威尔姆</td><td>大理</td><td rowspan="2">萨拉乌苏群</td><td rowspan="3">大熊猫、剑齿象群</td><td rowspan="2">智人种</td><td>新人</td><td>凯乐人
克罗马农</td><td>山顶洞人
河套人
资阳人
柳江人</td><td>旧石器晚期</td><td>马格德林文化
梭鲁特文化
契瑞纳文化</td><td>山顶洞文化
白莲洞文化
峙峪文化
下川文化</td></tr>
<tr><td>0.05</td><td>早期</td><td>里斯</td><td>庐山</td><td>古人</td><td>昂栋人
布罗肯山
尼安德特</td><td>新洞人
丁村人
许家窑人
长阳人
马坝人</td><td>旧石器中期</td><td>莫斯特文化
勒瓦娄哇文化</td><td>新洞文化
百色文化
马坝文化
丁村文化
许家窑文化</td></tr>
<tr><td>0.2</td><td colspan="2">中更新世</td><td></td><td></td><td>公王岭周口店</td><td rowspan="2">直立（猿）人</td><td>晚期猿人</td><td>海德堡
坦桑尼亚</td><td rowspan="3">大荔人
庙后山人
金牛山人
郧西县人
和县人
北京人
蓝田人
郧县人
元谋人</td><td rowspan="3">旧石器早期</td><td rowspan="2">米冠克文化
阿舍得文化
克拉克当文化
阿布维利文化</td><td rowspan="2">大荔文化
庙后山文化
金牛山文化
石龙头文化
观音洞文化
北京人文化
蓝田文化
匼河文化
元谋文化</td></tr>
<tr><td>1</td><td colspan="2" rowspan="3">早更新世</td><td>明德</td><td>大姑</td><td rowspan="3">泥河湾群</td><td rowspan="3">元谋、巨猿群</td><td></td><td>爪哇人
肯尼亚</td></tr>
<tr><td></td><td>贡兹</td><td>鄱阳</td><td colspan="2">能人</td><td>奥杜威人
1470号人</td><td>奥杜威文化</td><td>东谷坨文化
西侯度文化</td></tr>
<tr><td>3</td><td></td><td></td><td rowspan="2">人科</td><td colspan="2">南方古猿</td><td>粗壮种
鲍氏种</td><td>建始古猿</td><td colspan="3"></td></tr>
<tr><td>12</td><td rowspan="2">新第三纪</td><td colspan="3">上新世</td><td rowspan="2">多瑙</td><td rowspan="2">龙川</td><td colspan="2" rowspan="2">三趾马动物群</td><td colspan="2">腊玛古猿</td><td>西瓦立克
特南堡</td><td>禄丰克猿
开元古猿</td><td colspan="3" rowspan="2">没有文化的时代</td></tr>
<tr><td>25</td><td colspan="3">中新世</td><td>猿科</td><td colspan="4">森林古猿</td></tr>
</table>

人类是生物界的一部分，是地球物质总量的一部分，是地球发展、生命进化过程中的产物。地球有45亿年的历史，经历了太古代、远古代、古生代、中生代、新生代。新生代是哺乳动物的时代，其中的第四纪是人类的时代。第四纪距今200—300万年，由更新世和距今1.2万年左右的全新世构成。

如果将地球45亿年的历史比作一天24小时，即1秒代表5万年，1分代表300万年，那么人类在地球发展史上的相应位置可以比喻为：

地球起源于午夜0点；

生命出现在5点45分；

脊椎动物出现在21点02分；

哺乳动物出现在22点45分；

灵长类动物出现在23点37分；

南方古猿出现在23点58分；
猿人出现在23点59分；
智人出现在23点59分53又1/2秒；
现代人出现在23点59分59又4/5秒。

二、新石器时代

新石器时代是以农业、畜牧业的产生和磨制石器、陶器、纺织的出现为基本特征。在新石器时代，除了仍沿用打制石器外，普遍使用磨制石器；经济生活以农业为主，为“生产性经济”；制陶业发达；人们开始定居生活，并出现大规模的定居聚落。新石器时代考古主要是人类文明起源、农业起源及其聚落环境等课题的研究。

中国迄今发现的新石器时代遗址有7 000多处，已命名的考古学文化有数十种，学者们对其进行了不同的区系类型研究，典型的代表有苏秉琦和严文明先生的研究。

区系类型最早是由苏秉琦先生提出的，他将中国考古学文化分为六大区系：以燕山南北长城地带为中心的北方，以山东为中心的东方，以关中、晋南、豫西为中心的中原，以环太湖为中心的东南部，以环洞庭湖与四川盆地为中心的西南部，以鄱阳湖—珠江三角洲一线为中轴的南方。他认为这些区系中的文化因素不断地相互交流、相互渗透、吸收与反馈，文化面貌你中有我，我中有你。

严文明先生认为中国新石器时代存在着三个经济文化区，即旱地农业经济文化区、稻作农业经济文化区、狩猎采集经济文化区。各个区内又可分为不同的小区。他将新石器时代分为连续发展的三期，建立了新石器文化的谱系。

新石器时代的年代大约为距今11 000年至4 000年，根据其石器、陶器等文化遗存的发展变化及经济生活的变革，中国新石器时代可分为早、中、晚三个发展阶段。

表 9－2　中国新石器时代文化区系和发展阶段

距今年代	文化分期	旱地农业经济文化区：甘青文化区	旱地农业经济文化区：中原文化区	旱地农业经济文化区：山东文化区	旱地农业经济文化区：燕辽文化区	稻作农业经济文化区：江浙文化区	稻作农业经济文化区：长江中游	稻作农业经济文化区：闽台区	稻作农业经济文化区：粤桂区	稻作农业经济文化区：云贵区	狩猎采集经济文化区：东北区	狩猎采集经济文化区：蒙新区	狩猎采集经济文化区：青藏区
11000 9000 8000 7500	新石器早期		老官台文化 磁山文化	后李文化 北辛文化	兴隆洼文化	小黄山遗址	仙人洞遗址、玉蟾岩遗址 城背溪文化		甑皮岩下层 甑皮岩上层				
6000	新石器中期		仰韶文化	大汶口文化	红山文化	河姆渡文化 马家浜文化 崧泽文化	大溪文化	?	金兰寺下层	?	新乐下层 新开流文化 小珠山中层	细石器遗存	细石器遗存
5000 4000	新石器晚期	马家窑文化 齐家文化	庙底沟二期文化 中原龙山文化	龙山文化	小河沿文化 ?	良渚文化	屈家岭文化 石家河文化	昙石山文化	石峡文化	白羊村遗址	小珠山上层	富河文化	卡若遗址

早期阶段：距今约 11 000—8 000 年，可分为前、后两期。前期为前陶新石器时期，后期为新石器时代早期的有陶新石器时期，即陶器的萌芽时期。前期的主要遗存有广东省阳春县独石仔、封开县黄岩洞、翁源县青塘吊岩珠，广西柳州白莲洞第二期文化，贵州杀那嘎平坝县飞虎山洞二第二文化层，陕西省大荔县沙苑，青海省南拉乙亥，山西怀仁县鹅毛口，内蒙古哲里木盟扎鲁特旗南勿呼井、科尔沁右翼中旗嘎查等。后期的主要遗存有广东翁源县青塘几处洞穴遗址、潮安石尾山，广西柳州大龙潭鲤鱼嘴第一期文化，江西万年县仙人洞第一期文化等。

早期阶段的主要特征：石器以打制为主，磨制石器的数量少。早期的磨制石器只是局部磨光，通体磨光的石器比较罕见。器形已出现农业生产工具和谷物加工工具，如砍伐器、石斧、石锛、磨盘和磨棒等。陶器火候低、质地粗疏、吸水性强。器形为圜底器和平底器，不见三足器和圈足器。这一时期的农业是一种“砍倒烧光”的“火耕农业”（不翻土耕种，而只是在播种前将野外的树木砍倒、晒干、烧光，然后进行撒播或挖穴播种）。饲养业以饲养羊、牛之类的食草动物为主。

中期阶段：距今约 8 000—6 000 年，也可分为前、后两期。前期的主要遗存包括黄河流域的磁山·裴李岗文化、老官台文化、北辛文化，长江流域的河姆渡文化和马家浜文化早期、前大溪文化等。后期的主要遗存有黄河流域的仰韶文化、大汶口文化，长江流域的大溪文化、马家浜文化和河姆渡文化晚期等。

中期阶段的主要特征：石器以磨制为主，打制石器的比例很小。磨制石器已发展到通体磨光，穿孔石器已普遍出现。石器的器形除石斧、石锛外，还有数量较多的石铲、石耜、石锄等翻土工具。前期陶器的制作和早期相比虽有一定的进步，但仍有许多原始性。如陶器的制作仍为手制，轮修技术尚未出现；陶胎较厚，且厚薄不均；器形不规整。陶系以夹砂陶为主，泥质陶的数量很少。器形以圜底器和平底器为主，有少量的圈足器和三足器。后期的技术比前期要进步，慢轮修整普遍出现。形制比较规整，胎壁厚薄均匀。夹砂陶的比例下降，泥质陶的比例上升。器形有圜底器、平底器、尖底器、圈足器和三足器等。长江下游地区鼎已经成为一种主要炊器。彩陶在这一时期的各种文化中普遍出现。农业经济已从火耕农业发展到锄耕农业（翻土耕种、熟荒耕作）。黄河流域普遍种植粟，长江流域以种植水稻为主。饲养业中，由于农业的发展，猪已成为主要的家畜。

晚期阶段：距今约 6 000—4 000 年，也可分为前、后两期。前期的主要遗存有黄河流域的大汶口文化晚期、庙底沟二期文化、马家窑文化晚期，长江流域的屈家岭文化、薛家岗文化晚期、崧泽文化等。后期的主要遗存有黄河流域的龙山文化、后冈二期文化、客省庄二期文化、齐家文化；长江流域的石家河文化、良渚文化等。也有学者将这一个阶段称为铜石并用时代。

晚期阶段的主要特征：石器磨制精致，器形变小。穿孔石刀、石镰等收割工具广泛使用。有段石器和有肩石器是东南沿海地区最富特征的器形。三角形穿孔石犁、耘田器是太湖流域的两种最具特征的生产工具。陶器方面，前期出现轮制，但不普遍；后期普遍使用轮制。除个别文化外，陶系以灰、黑陶为主，彩陶衰落。器形最大特点是出现了斝、鬲、鬶、甗为代表的袋足炊器。黄河流域、长江流域和华南地区都进入到发达的锄耕农业阶段，太湖流域可能已发展到犁耕农业阶段。中国北方沙漠草原地区在整个新石器时代，农业经济一直处于不发达的状态，狩猎经济则占较重要的地位。新石器时代晚期，狩猎经济逐步向游牧经济过渡。

三、青铜时代

中国历史大致在距今4 000年前进入青铜时代，一般认为青铜时代是伴随着国家文明的诞生而出现的。国际上大部分的学者都认为，城堡的出现、青铜器的发明和文字的出现是进入文明时代的标志。中国的青铜时代起源于黄河流域，从公元前21世纪左右形成，到公元前5世纪被早期铁器时代取代，经历了夏、商、西周和春秋时代，大约15个世纪。也就是说，中国的青铜时代与中国奴隶社会的产生、发展和衰亡相始终。中国的青铜时代是一个以青铜礼器作为王权、神权标志的时代，而并不是一个大量使用青铜生产工具的时代。

中国青铜时代大体经历了三个大的发展阶段。

（1）早期阶段，即二里头文化时期，年代约在公元前2070—前1580年之间。河南偃师二里头，山西夏县东下冯、襄汾陶寺，山东和苏北的岳石文化，河北北部、辽宁长城东部边沿的夏家店下层文化，长江下游宁镇地区的点将台文化，江苏南部、上海、浙江北部的马桥文化，黄河上游的四坝文化均属这一时期的遗存。在这些遗存中发现了品类繁杂的青铜制品，礼器有爵、鼎、盉、斝，乐器有铃，武器有刀、戈、戚、镞、矛、匕首，工具有锛、凿、斧、鱼钩、镰、镢、锥、针，装饰品有泡、圆片、管、指环、鼻环和耳环。另外还有金、银和镶嵌绿松石的饰品。青铜为铅铜或锡铜合金，采用单范或双范合铸的方法制造。这一时期红铜还在使用。在火烧沟墓葬中发现有人殉和以人为牺牲的现象。位于中原腹地的二里头文化分布范围内发现了大量的城址，其中二里头城址的面积超过200万平方米，陶寺城址的面积也有180万平方米之多。城址内还分布有大量的高台式宫殿建筑。二里头文化的因素还广泛分布在湖北省中北部、安徽省北部、江苏省大部、上海市、浙江省北部，甚至在四川盆地的三星堆文化中也发现了类似的遗存，可见此文化所代表的政治势力的强大。上述遗存的碳－14测定年代，与历史记载的夏王朝的纪年范围相等，这些遗存应是夏王朝时期的文化类型。

（2）中期阶段，即商代至西周前期，这一时期可分成两个阶段：前一阶段是商代早期，约公元前16—前13世纪，以郑州二里冈期为代表。这时奴隶制国家进一步发展，青铜器数量大增，常见成套的礼器。贝币大量出现，人殉更加普遍。在郑州发现两座较大的铜器作坊遗址，有铸造铜器的坩埚、烧渣和陶范。还发现三处青铜器窖藏，有方鼎、圆鼎、爵、簋等礼器和戈、钺、镞等兵器。这时铸造工具和武器普遍使用两扇单合范，铸造斧、矛等用双合范和填范，容器无论大小，均为三合范或多合范一次浑铸而成，并且往往是一范铸一器。说明这时的铸铜工艺已相当成熟。后一阶段是商代晚期到西周早期，从公元前13—前10世纪（周穆王以前）。这时是中国青铜时代的鼎盛期。青铜冶铸工艺达到高峰，出土大量精美的青铜礼器、兵器、工具和车马器。商代以安阳殷墟为代表，它是王朝的统治中心，也是青铜制造业的中心，有的作坊占地1万平方米。兴筑了大型宫殿、宗庙和豪华的陵墓，人殉人祭愈益盛行，甲骨文和金文相当规范化。各种兵器、礼器，反映了社会的繁荣、商王朝的礼制和战争的频繁。商王朝的文化势力已扩散到福建、广东、江西、湖南和北方草原等广大地区。在西周的周原遗址和丰镐遗址，揭露出周王朝的宫殿、宗庙、墓葬、窖藏、车马坑和制铜制骨作坊，发现了大量的青铜器、陶器、骨器，还有字迹纤细秀丽的甲骨文。这些遗存反映出，作为中国古代社会行为规范的礼制在此时已开其端倪。

（3）晚期阶段，即从西周后期到春秋时期，大致相当于公元前10—前6世纪。西周时期青铜制造较前质朴，但冶铸技术有所进步，开始使用一模翻制数范技术。春秋时期商品经济有了较大发展，列国都城形成繁荣的经济文化中心，金属货币大量出现，青铜铸造工艺取得突出发展。在湖北铜绿山发现的古铜矿，证明当时在开矿、配矿、冶炉砌筑和冶炼方面达到了较高的水平。出现了焊接法、失蜡法等先进工艺技术。这时开始盛行金属镶嵌工艺、线刻工艺、错金银工艺、鎏金银工艺等，使铜器装饰图案丰富多彩。在列国纷争时代，青铜制的戈、矛、剑、戟等武器特别精良。战国时期，随着铁器的推广，青铜制造业逐渐衰落。

在黄河上游的甘青地区，民族杂居，文化复杂多样，商周时期地区性的青铜文化有辛店文化、寺洼文化和沙井文化。其中寺洼文化与西周文化有密切的渊源关系。东北地区辽河以西及华北的燕山地带有夏家店上层文化，出土有青铜短剑等富于地方特征的器物，也出土了带有相当浓厚的中原文化特征的青铜礼器。东北吉长地区的西团山文化，以石棺墓为特征。内蒙古西部鄂尔多斯草原及其附近，从商周一直到秦汉，流行所谓“鄂尔多斯式”铜器，它以饰有动物图像的牌饰和铜刀为特征。东南地区的浙南、福建和台湾在西周早中期进入青铜时代，出土的武器、礼器、乐器和原始瓷器与西周的相同。两广地区和西南地区的青铜文化与长江中游属于同一类型，比较接近中原，但从其出土的礼器、乐器和兵器等特点看，是具有地方风格的青铜文化。如四川的三星堆文化，以大型的青铜神树、青铜面具为代表，不同于中原王朝的礼制风格。云南进入青铜时代较晚，并一直延续到西汉时期。楚雄万家坝墓葬、晋宁石寨山滇墓等处的出土物以青铜短剑、靴形斧、钺、储贝器、铜鼓为主要特征，其独特之处是在器物上铸造大量人物活动场面，牛、羊、虎、豹、鸟、蛇等动物图像。西汉中期以后，由于铁器的输入，云南的青铜文化日渐衰落。总体来看，各地区的青铜文化深受中原青铜文化的影响，在离中原王朝较近的地区，往往具有依附关系，而较远的地区，也是通过间接与中原文化的接触而进入青铜时代的。中原青铜文化与地方文化相结合而最终形成具有地区特征的文化类型，在发展过程中又不断实现着融合，最终在秦汉时期形成大一统的中华帝国。

四、早期铁器时代

早期铁器时代指青铜时代以后，生产工具和武器主要以铁为原料的时代。考古学研究中的铁器时代文化主要是指铁器使用的初期阶段和各民族史前文化中的铁器文化阶段，故称为早期铁器时代。从世界范围内看，现今所知最早的铁器产生于公元前2 000年中期的小亚细亚赫梯地区，所制作的工具、兵器等多以黄金、象牙作柄，可以想见当时的铁是何等的珍贵，这时的冶铁技术被当作专利，严禁外传。在这之前，铁作为金属已被人所知，但多半是陨铁。在公元前13世纪赫梯王国衰亡之后，铁的垄断被打破，才逐渐向东传入西亚、中亚而北非、希腊而东欧、西欧。中国何时开始冶铁和使用铁器，过去有不少推论，从考古资料确定最早的铁器是发现于北京平谷刘家河和河北藁城台西商代遗址中的铁刃铜钺，它们是中国最早使用铁的证据，但也属陨铁。中国真正使用冶炼铁的证据是在西周晚期到春秋早期的三门峡虢国墓地中出土的玉柄铁剑。春秋时代的资料较多，如长沙龙骨坡墓、六合程桥东周墓、长沙识字岭314号墓、常德德山12号墓出土有十多件铁制工具。到战国中叶后，出土的铁器遍及当时的七国地区，目前已有数千件这一时期的铁器。如洛阳中州路东周墓及信阳长台关楚墓等，都出土有金饰的铁器。铁兵器、铁农具，甚至铁制日用品带钩等逐渐增多，战国中晚期还出现了制作钢的技术，为青铜刻镂工艺创造了条件。这一时期铜和铁的复合器物也大量发现，包括铜柄铁剑、铁足铜鼎、铁柄铜斧、铁足铜身盉等，说明了铁的应用范围大大扩展。春秋末年至战国时期，铁制兵器大量出现，楚国的铁兵器十分锋利；韩国的铁剑在诸侯国中久负盛名。韩国的剑、戟能“陆断牛马，水击鸿雁，当敌即斩”；中山国的力士穿着铁甲，手执铁杖，“所击无不碎，所冲无不陷”。但是由于生产力水平所限，铁兵器尚不能完全取代铜兵器。同最早产生铁器的西亚地区相比，中国铁器的产生也经历了从使用自然铁到使用冶炼铁的转变，可见中国的冶铁技术很可能是独立起源的。据考古发现，在中国块炼铁出现较晚，但生铁和块炼铁可能是同时发明的，中国出现生铁的时间要比外国早 1 800 多年。东周时期铁器还处于初期阶段，但作为一种新的生产力因素，一经出现，便发挥了巨大作用，促使中国社会发生了由奴隶制向封建制的变革。西汉时期，铁器应用的地区更广，器类增多，质量提高。到了东汉，铁器最终代替了青铜器。

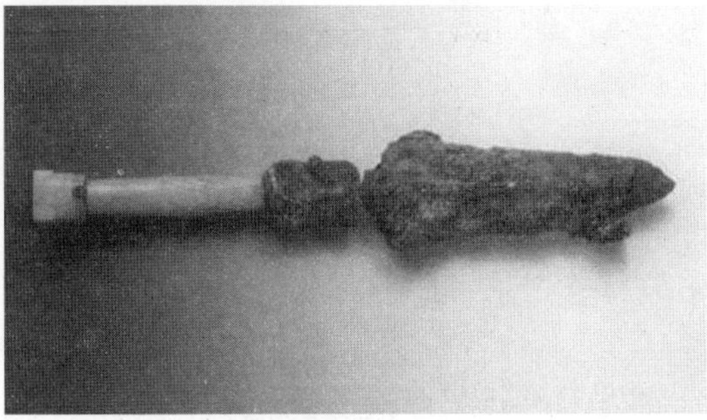

中国最早人工铸铁的证据——玉柄铁剑

第二节　典型遗物

在中华民族浩如烟海的文化遗存中，有众多的历史文物，而在这些文物中，有一些精品文物具有无与伦比的历史价值、艺术价值、研究价值与收藏价值。这些精品文物含有深厚的文化底蕴，见证了中国悠久的历史，记载了中国古老的文明，是联结历史与现实的血脉。走近这些精品文物，我们可以直观地看到中国古老文化的发展脉络，可以深刻地了解中华民族的命运兴衰。

1. 丁村遗址三棱大尖状器

丁村文化遗址是生活在山西省中南部汾河流域的原始居民遗留下来的旧石器时代文化遗存，是我国旧石器时代中期的典型代表。严格地说，在丁村文化发现之前，我国的旧石器时代中期文化和相当于这一阶段的古人类化石——早期智人化石的发现还是一个空白。

丁村的石器类型较多，包括砍砸器、手斧、石球、单边形器、多边形器、鹤嘴形尖状器、小尖状器和刮削器等，但其中最特殊的要数三棱大尖状器，由于首次发现于丁村，又称丁村尖状器。这类石器大多是用大厚石片加工而成，器身一端为截面呈等腰或等边三角形的三棱状器尖，另一端为厚钝的手握部分，器身的加工多由石片破裂面向背面修制。

丁村的石器

2. 贾湖遗址七孔鹤骨骨笛

贾湖遗址属新石器时代中期，位于河南省舞阳县北舞渡贾湖村。1983—2001 年，贾湖遗址曾先后进行了 7 次考古发掘，揭露面积 2 600 多平方米，发现房址、窖穴、陶窑、墓葬、兽坑、壕沟等各种遗迹近千处，陶、石、骨器等各种质料的遗物数千件，特别是大量的栽培粳稻、30 余支多音阶鹤骨笛和出现于贾湖二、三期文化的距今 8 600—7 800 年的 10 余个契刻而成的符号，为学术界所重视。著名考古学家俞伟超在《舞阳贾湖》序文中写道："贾湖遗址的发掘，可称是 80 年代以来我国新石器考古中最重要的工作……"

贾湖制骨工艺发达，骨器种类繁多，制作精致而规整，而骨笛的制作集中反映出贾湖人高超的计算水平。经动物学家鉴定，贾湖骨笛是用鹤类动物的尺骨锯去两端关节钻孔而成。制笛之前贾湖人曾经认真计算，笛子制成后还运用打小孔的方法调整个别孔的音差，制作方法和过程，与现在民族管乐器的制法很相似。它反映出的音律水平和计算水平之高，令人惊叹。专家研究发现，贾湖人已经有了音和音之间距离差别的基本概念，这些音程关系经过了七八千年，甚至上万年的音乐艺术实践，直至明代乐律学家在计算和理论上加以科学化的总结，才使人们对十二平均律有了新的认识。

根据目前掌握的材料，贾湖骨笛是世界上出土年代最早、保存最完整、出土个数最多且现在还能用以演奏的乐器实物。这是我国音乐考古中继湖北曾侯乙墓编钟、编磬之后，又一重大的考古发现。

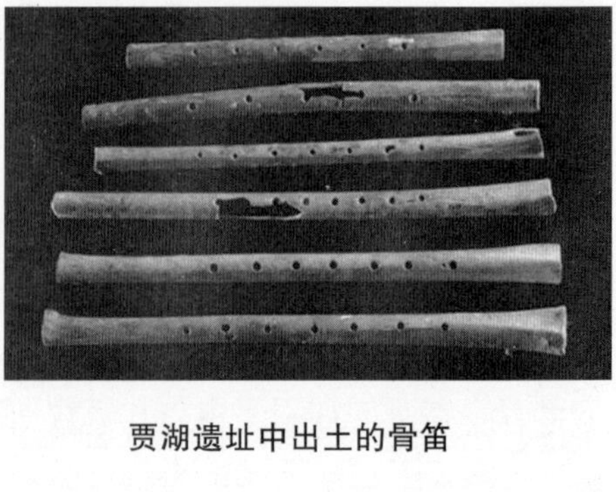

贾湖遗址中出土的骨笛

目前，贾湖遗址中出土的骨笛达到 30 多支，除去半成品和残破者外，还有 17 支出土时比较完整。但因长时间在地下叠压，有些骨笛取出来时已经成粉末状。真正比较完整的骨笛有6支，一支5孔，一支6孔，三支7孔，一支8孔。其中三支7孔骨笛分别珍藏于北京故宫博物院、河南博物院和河南省文物考古研究所。

3. 大地湾遗址人头形器口彩陶瓶

被学术界评定为我国20世纪百项考古大发现之一的大地湾遗址，位于甘肃省东部秦安县五营乡境内。大地湾遗址的考古发现有五项中国之最：中国最早的旱作农作物标本、中国最早的彩陶、中国文字最早的雏形、中国最早的宫殿式建筑、中国最早的绘画。

大地湾遗址是中国彩陶的起源地，共发掘出4 000多件陶器，而且发现了38座用于制陶的窑址。其中出土的人头形器口彩陶瓶被认为是我国史前文明的代表性作品之一。该瓶高31.8厘米、口径4.5厘米，质地为细泥红陶，器形两头小，中间大。瓶的器口做成圆雕人头像，头发发式刻划细致，头的左右与后部为披发，前额覆垂着一排整齐的短发。眼睛和鼻子为雕通的孔洞，使人觉得目光坚定而深邃。鼻子呈蒜头形，鼻翼鼓起，嘴唇微微启张，显得生机盎然。两耳耳垂处各有一穿孔，是垂系装饰品的耳孔。陶瓶的腹部以黑彩画三横排由弧线三角纹和斜线组成的二方连续图案，推测可能是鸟纹的变体和简化。

人头形器口彩陶瓶

这件人头形器口彩陶瓶的器口较小，人头的眼、鼻孔都成孔洞状，有可能盛装不经常更换的液体。在大地湾遗址出土的上千件陶器中，塑有人像的彩陶瓶仅此一件。它向我们展现了一个梳着整齐短发，身穿花衣，耳系饰物的美丽少女的逼真形象，反映出远古人们对美好生活的向往和追求。也有专家认为该器物也许和原始宗教的祖先崇拜有关，或是母系氏族崇拜的“祖先神”。

4. 牛河梁遗址女神头像

牛河梁遗址在辽宁省凌源、喀左、建平三市、县交界处，为距今约5 000多年的大型祭坛、女神庙和积石冢群址，其布局和性质与北京的天坛、太庙和十三陵相似。这一重大发现把中国古代史的研究从黄河流域扩大到燕山以北的西辽河流域，并将中华文明史提前了1 000多年。这一考古新成果对中国上古时代社会发展史、思想史、宗教史、建筑史、美术史的研究产生巨大影响。在遗址出土的文物中，以女神头像最为珍贵。

1984年10月31日上午，女神庙中的女神像被发现。一位参加发掘的考古队员后来回忆说，根本无法找到一个恰当的词来表达那时的心情。当女神像被一点点剥离出来的时候，人们屏住了呼吸，整个工地鸦雀无声，只有小铲和小刷子剥离泥土的声音在沙沙作响。当女神头像完全显露出来的时候，辽宁省博物馆的摄像师不失时机地把这激动人心的瞬间定格在胶片上。后来，这张照片被题为“五千年后的历史性会面”。照片上，女神坦然而镇定地注视着五千年后的人们，嘴角带有一丝若有若无的微笑。

女神头像面部为朱红色，两颧突起，圆额头，扁鼻梁，尖下巴，是典型的蒙古利亚人种，与现代华北人的脸型接近。女神的眼珠用两个晶莹碧绿的圆玉球镶嵌而成，显得双目炯炯。据牛河梁遗址考古工作站站长朱达介绍，和女神头像同时出土的还有6个大小不同的残体泥塑女性裸体群像。牛河梁女神庙出土的这些彩塑女神像，其高度的艺术概括可与西方的维纳斯相媲美。

红山女神复原图

但值得注意的是，已出土的女神像上臂塑件空腔内带有肢骨，因遭火焚多成灰渣，专家推测有可能是人骨。联系中亚曾有在人头骨涂泥成像的崇拜仪式，牛河梁女神像有可能是以现实中的人物为依据塑造出来的，这就不单单是艺术造型了。女神头像可以作为研究古代中华人种学和民族史的典型标本，它使亿万中华子孙第一次看到用黄土模拟真人塑造的5 000年前祖先的形象。

5. 龙山文化蛋壳陶

龙山文化是我国黄河中下游地区约新石器时代晚期的文化遗存，因首次发现于山东历城龙山镇（今属章丘）而得名，距今约4 600—4 000年。龙山文化时期制造的磨光黑陶数量多，质量精，烧出了薄如蛋壳的黑陶，表面光亮如漆，是中国制陶史上的顶峰时期。

蛋壳陶是一种制作精致、造型小巧、外表漆黑黝亮、陶胎薄如鸡蛋壳的高柄杯，多见于较大型的墓葬中。蛋壳陶的质料全部是细泥质的黑陶，不含任何杂质。薄陶胎是制作工艺上的一个重要特征，最薄部位在盘口部分，一般在0.5毫米左右，薄者0.3毫米，个别有薄至0.2毫米的。柄部和底座因要承托上部重量，陶胎略有增厚，但一般也不超过1~2毫米。器身高度不超过25厘米，重量多数为50~70克。有“薄如纸，硬如瓷，明如镜，黑如漆”的美誉。

龙山文化蛋壳陶

6. 殷墟后母戊鼎

我们一般将中国的夏商周时期称为青铜时代，而作为青铜时代最大、最重，也是知名度最高的后母戊鼎，是不能不加以介绍的。

后母戊鼎

1939 年于河南安阳殷墟商代晚期墓出土。因腹内壁铸有“后母戊”三字而得名。该鼎造型庄严雄伟。长方形腹，每面四边及足上部饰兽面纹。双耳，外侧饰双虎噬人首纹。四足中空。高 1.33 米，口长 1.1 米，重达 832.84 千克。后母戊鼎是目前已发现的中国古代形体最大和最重的青铜器，在世界上也是仅见的。

后母戊鼎初为乡人私自挖掘，出土后因过大过重不易搬迁，私掘者又将其重新掩埋。后母戊鼎在 1946 年 6 月重新出土，当年村民锯下一只鼎耳，由于历史原因无法找到，现在看到的是后来补铸上去的，成为一大遗憾。新中国成立后，于 1959 年入藏中国历史博物馆。

后母戊鼎身呈长方形，口沿很厚，轮廓方直，显现出不可动摇的气势。后母戊鼎立耳、方腹、四足中空，除鼎身四面中央是无纹饰的长方形素面外，其余各处皆有纹饰。在细密的云雷纹之上，各部分主纹饰各具形态。鼎身四面在方形素面周围以饕餮纹作为主要纹饰，四面交接处，则饰以扉棱，扉棱之上为牛首纹，下为饕餮纹。鼎耳外廓有两只猛虎，虎口相对，中含人头。耳侧以鱼纹为饰。四只鼎足的纹饰也匠心独具，在三道弦纹之上各施以兽面。

据考证，后母戊鼎应是商王室重器，其造型、纹饰、工艺均达到极高的水平，是商代青铜文化顶峰时期的代表作。

7. 走马楼孙吴简牍

1996 年 7 月，长沙市文物考古研究所对长沙市中心五一广场走马楼建设区域内的 50 余口古井进行抢救性发掘。在这次抢救性发掘中，最重要也是最为惊人的发现是大批简牍。据估计，简牍数量在 17 万枚左右，超过 20 世纪所发现简牍的总和。

简是竹简，牍是木牍，所谓简牍其实包括木简、竹简、木牍、签牌和封检等。走马楼简牍上有三国吴嘉禾元年（232 年）至嘉禾六年（237 年）的年号，可见其属于三国孙吴政权所有。出土简牍呈灰棕色或黄褐色，长短宽窄各异，字体工整有序，隶中带楷。每片字数多少不等，木牍每枚 80 ~ 120 字，竹简每枚 30 ~ 40 字。共计 200 余万字。走马楼简牍内容可大致分为经济券、司法文书、民籍、账簿及名刺、官刺等类。

孙吴政权距今已有 1 700 多年，简牍为什么还能保存得如此完好？我们可从出土简牍的水井的结构进行初步分析。该井在深 512 厘米处发现一方形木构井圈，长 93 厘米、宽 90 厘米、高 58 厘米，井圈四周各钉一根木桩，桩外四周各置放两块木板做井壁，木板四周再填土加固。由此可见，该水井不是一般的水井，而是一个仓井。仓井的本来用途是储藏粮食，而井底的木构井圈是为保持仓井的干燥而设置的。17 万余片三国孙吴简牍为何掩埋在一个仓井中？有学者推测，时值战乱时期，有可能是匆忙掩埋，以避免流失。

走马楼简牍的字体介乎隶书、楷书、行书之间。从整体上看，书风仍具隶书风格，尤其是带有波折的横笔。但是许多笔画，特别是竖画的立钩、横折、点钩，又多与楷书相合，也有一些笔画带有行书特点，唯整体上还不是标准的楷书与行书，简牍中还有一些很漂亮的草书。如此大量的简牍文字对于研究汉字隶、楷、行、草的演变过程，无疑是非常可贵的资料。

众所周知，由于战乱频仍，三国时期文献史料传世甚少，西晋陈寿所撰《三国志》只有纪、传而无志、表，后来虽有人为之拾遗补阙，亦难称完备。究其原因，还是史料不足所致。历年考古发掘出土的三国孙吴简牍亦寥寥无几，仅安徽马鞍山朱然墓等有少量出土。所以，走马楼简牍的发现，立即引起国内外学术界的广泛关注，它不仅填补了我国简牍出土的一个空白，而且还以其丰富的内容使我们对三国孙吴时期的政治、经济、军事、文化、赋税、户籍、司法、官职等许多方面有了更深的了解，尤其为深入研究当时经济关系、阶级关系、赋税制度、典章制度以及当时的社会生活等都提供了新的历史信息。

8. 昭陵六骏

昭陵是唐太宗李世民的陵墓，位于陕西省礼泉县城东北的九嵕山上。昭陵是我国帝王陵园中面积最大、陪葬墓最多的一座，也是唐代具有代表性的一座帝王陵墓。可惜的是，昭陵由于早年被盗，地面保存的文物有限，其中最著名的莫过于昭陵六骏。

昭陵六骏

昭陵六骏是原置于昭陵九嵕山北麓祭坛两侧庑廊的六幅浮雕石刻。据说“六骏”是李世民经常乘骑的六匹战马，它们既象征唐太宗所经历的最主要的六大战役，同时也是为了表彰他在唐王朝创建过程中立下的赫赫战功。

六匹骏马的名称：一是飒露紫，二是拳毛騧，三是青骓，四是什伐赤，五是特勒骠，六是白蹄乌。六骏采用高浮雕手法，以简洁的线条，准确的造型，生动传神地表现出战马的体态、性格和战争中身冒箭矢、驰骋疆场的情景。每幅画面都告诉人们一段惊心动魄的历史故事。

昭陵六骏雕刻在高 2.5 米，宽 3 米的石板上，分两组东西排列。石刻所表现的六匹骏马三匹做奔驰状，三匹为站立状。六骏均为三花马鬃，束尾，这是唐代战马的特征。其鞍、鞯、镫、缰绳等，都逼真地再现了唐代战马的装饰。传说昭陵六骏石刻是依据当时绘画大师阎立本的手稿雕刻而成。

六骏中的“飒露紫”和“拳毛騧”两石，于 1914 年被当时我国的古董商卢芹斋以 12.5 万美元盗卖到国外，现藏于美国费城宾夕法尼亚大学博物馆，其余四石现藏于陕西西安碑林博物馆。

9. 元青花韩信梅瓶

青花瓷又称白地青花瓷，常简称青花，是中国瓷器的主流品种之一，属釉下彩瓷。青花瓷是用含氧化钴的钴矿为原料，在陶瓷坯体上描绘纹饰，再罩上一层透明釉，经高温还原焰一次烧成。钴料烧成后呈蓝色，具有着色力强、发色鲜艳、烧成率高、呈色稳定的特点。原始青花瓷于唐宋已见端倪，成熟的青花瓷则出现在元代景德镇的湖田窑，明代青花成为瓷器的主流，至清康熙时发展到了顶峰。

梅瓶是一种小口、短颈、丰肩、瘦底、圈足的瓶式。梅瓶最早出现于唐代，因瓶体修长，到宋时称为“经瓶”，作盛酒用器，明朝以后被称为梅瓶。梅瓶的品种很多，宋元时期各地瓷窑均有烧制，其中以元代景德镇青花梅瓶最为精湛。

这件瓷器于1959年出土于南京江宁县观音山明朝开国功臣沐英墓。此梅瓶高44.1厘米，底部直径13厘米，而口径仅5.5厘米。造型优美，线条圆润、流畅，雍容华贵，给人以凝重的美感。肩腹部绘有“萧何月下追韩信”的故事。

元代景德镇青花梅瓶

此件梅瓶通体绘有各种青花纹饰，虽然纹饰层次多样，但上下饰的西番莲、杂宝、变形莲瓣纹、垂珠纹等都很好地为萧何月下追韩信这个主体纹饰服务了，从而使得整个器物浑然一体而主题鲜明突出。这件瓷器的画面被放在了梅瓶的腹部，占据着主要的位置。整件器物造型端庄、稳重，胎质洁白致密，青花发色苍翠浓艳，而瓶中所绘人物的生动神情尤其精彩：萧何策马狂奔时的焦虑、韩信河边观望的踌躇不定、老艄公持桨而立的期待，都被表现得淋漓尽致。而空白处则衬以苍松、梅竹、山石，显得错落有致。梅瓶不仅纹饰宜人漂亮，而且白釉洁净润泽，青花用料浓淡相宜，发色明丽，富有层次感，加之遒劲的拓抹绘瓷笔法，使画面有丹青之妙，周身散发着美器的光泽。堪称元末明初青花瓷中的绝品佳作。

元代青花存世稀少，国内只有100余件，价值难以估量。2005年，“鬼谷下山图”瓷罐拍出了1 568.8万英镑（大约相当于2.6亿元人民币）的天价。而“萧何月下追韩信”梅瓶，瓷胎质地、青花发色，都更胜一筹，且所绘人物情节逼真传神，其价值应更不菲。

第十章　中国重要的考古学家

考古学家是运用考古学知识进行研究的专家。考古学是一门对实践要求极高的学科，因为不通过田野考古学获取第一手资料，是很难在考古学上有所突破的。考古学对动手能力的高要求不仅与中文、哲学、历史等人文学科有所不同，也与物理、化学、生物等自然科学不同，考古学不需要在实验室花费太多的时间，却需要在广阔的田野中亲手去探索那地下的未知世界。

考古学学科的特殊性，也造就了一代又一代的考古学家。无一例外，在我国考古学界享有盛名的专家们，无一不是田野考古的高手。他们不仅能够在室内阅读考古报告，研究考古课题，更能在野外主持考古发掘，亲自将震惊中外的考古发现呈现在人们面前。从李济、裴文中到夏鼐、苏秉琦，他们都是田野考占和室内研究的双重专家。正是一代代考古学家的努力，使我们国家的历史越来越清晰地展现在世人面前。

中国许多杰出的考古学家，都通过自己的努力促进了考古学的不断发展，他们不仅有着渊博的学识，也有着高尚的情操。下面，就让我们循着前辈们的足迹，去了解他们的功绩，体验他们的情怀。

1. 李济

李济，湖北省钟祥市人，中国现代考古学家、人类学家，被尊称为“中国考古学之父”。（1896—1979）他于1918年官费留美，入马萨诸塞州克拉克大学攻读心理学，并于次年改读人口学专业，1920年获得社会学硕士学位后，转入哈佛大学，读人类学专业，获哲学博士学位。1922年，李济于哈佛大学毕业，返回祖国，受聘于南开大学，任人类学和社会学教授。1925年，29岁的李济任清华大学国学研究院人类学讲师，与著名的四大导师（梁启超、王国维、陈寅恪、赵元任）同执教鞭。

李济

李济在1926年主持了山西夏县西阴村仰韶文化遗址的发掘，成为第一位发掘考古遗址的中国学者。1930年，他主持山东济南龙山镇城子崖遗址发掘，让龙山文化呈现于世人面前。如今，仰韶文化和龙山文化已成为中国远古历史的标志性术语，就连许多对考古学一窍不通的人也耳熟能详。

1928—1937 年，他主持了震惊世界的河南安阳殷墟的发掘，使殷商文化由传说变为信史，并由此将中国的历史向前推进了数百年。直至今日，这次发掘依旧被视为人类文明史上最重大的发掘之一。我们关于商代的知识很大程度上是由李济给我们划定的。他领导的安阳发掘，对整个 20 世纪下半叶中国考古学的发展产生了重大的影响。

1929 年，年轻的李济在殷墟考古发掘现场

1931 年春，第三次殷墟发掘时，李济（左二）、董作宾（左一）、梁思永（右一）在小屯驻地欢迎傅斯年所长（右二）视察

1938 年，李济被推选为英国皇家人类学会名誉会员。他于 1945 年担任“中央历史博物馆”首任馆长，1948 年又当选“中央研究院”第一届院士，同年底随中华民国政府迁居台湾，并于隔年创立“国立”台湾大学考古人类学系。1955 年接任董作宾担任历史语言研究所所长，直到 1972 年为止。1979

年8月1日病逝于台北温州街寓所，前后发表考古学著作约150种。

李济被多数人尊称为“中国考古学之父”是有原因的，他对中国考古学的影响是持久与多方面的。他在1928—1937年所主持的殷墟发掘塑造了中国考古学学术体系的雏形；20世纪50—80年代的中国与台湾考古学的主要领导人物，如夏鼐、尹达、高去寻、石璋如、尹焕章与赵清芳等都曾接受他与梁思永的指导与训练，并参与殷墟的发掘工作；他在台湾所栽培的学生，如张光直、许倬云等，亦成为中国考古学与中国上古史界的领导人物。此外，作为中国第一位考古学家，他个人的研究取向与成就产生深远的影响。他坚持以第一手的材料作为立论依据，并主张考古遗物的分类应根据可定量的有形物品为基础。同时，他从文化人类学的观点诠释考古资料，并不以中国的地理范围限制中国考古学的研究问题等，都影响了中国考古学的发展。

李济对中国考古学的开山作用毋庸置疑，但在今天，其在大陆的知名度却远不如他的学生夏鼐、尹达、尹焕章、张光直等，是有其政治原因的。李济在1948年底随历史语言研究所迁台，这一选择很难以优劣论，但其所造成的尴尬局面却是显而易见的。

1959年，以《考古》杂志为代表的大陆考古学界对李济发起了猛烈的“围剿”。李济的儿子李光谟甚至还收藏了当年的一期《考古》，整整一期都在批判李济。此后，李济这个名字逐渐消逝在大陆学界的阅读视野中。不知道李济对于此种“围剿”的反应如何，但他曾对1949年后大陆的考古发掘报告提出过严厉的批评，认为其中缺乏实际材料，充满了政治术语，对出土地、器物、尺寸等内容居然都号称“保密”。

毋庸置疑，李济是一名优秀的考古学家，其前半生最辉煌的一页是在殷墟，但自从赴台之后，考古学家和他发掘的遗址天各一方，路途迢迢。不能回大陆的李济，晚年心中又是否会牵挂殷墟？隔海相望殷墟，心中又会是怎样一番滋味呢？

2. 梁思永

梁思永（1904—1954），广东省新会人，梁启超次子，中国考古学家、中国科学院院士，是我国第一个受过西方近代考古学正式训练的学者，中国近代田野考古学的奠基人之一，著名的后冈“三叠层（即仰韶文化—龙山文化—商文化）”的提出者。

梁思永出生于澳门，但其童年却是在日本度过的。1913年他随家人回国，1915年考入清华留美班。在清华期间，梁思永学习勤奋，成绩优秀，并与兄长梁思成积极参加文娱和社会活动。1923年自清华留美预备班毕业，赴美国入哈佛大学研究院攻读考古学和人类学。梁思永在哈佛经受了完全现代的考

梁思永

古训练。与传统学者注重文字考释不同，这里注重地质学、人类学、古生物学、社会学、化学、物理方法的综合运用，注重把地下的实物分析与人类社会史的研究结合起来。他获得学士学位后，转入哈佛大学研究院，主攻东亚考古，获得哈佛大学研究院考古专业硕士，成为第一个接受正规现代考古学训练的中国人。1928 年 9 月，梁思永回哈佛大学研究院继续深造。1930 年夏天，梁思永从哈佛大学毕业后，回国参加“中央研究院”历史语言研究所考古组工作。

1930 年秋天，梁思永到黑龙江参加了昂昂溪遗址的发掘。1931 年春，他参加了河南安阳小屯和后冈的发掘，经历了李济主持的两次殷墟发掘之后，梁思永成为殷墟考古的领头雁，先后主持第十、十一、十二、十四次殷墟发掘。同年秋，他又参加了山东历城（今章丘）龙山镇城子崖的第二次发掘。1934 年，他主笔的《城子崖遗址发掘报告》出版，这是我国首次出版的大型田野考古报告集。

抗日战争爆发后，梁思永跟随历史语言研究所撤退到长沙，后经桂林入昆明。在昆明的三年，历史语言研究所对大理地区进行了考古调查和发掘，加强了对古代南诏文化的研究。梁思永由于 1932 年患烈性肋膜炎落下病根，身体每况愈下，未能参加野外考古。但他并未停止工作，仍夜以继日整理考古资料，草拟发掘报告。1940 年冬，因滇越线战事吃紧，历史语言研究所被迫迁往四川宜宾李庄。因旅途劳累造成身体巨大消耗，梁思永患上了严重的肺结核病，被迫卧床休养。整个抗战期间，梁思永的主要学术成绩是撰写了《河南安阳侯家庄西北冈殷墟墓地发掘报告》初稿和《西北冈器物研究记录》。两种著述都未能在他生前发表，后被历史语言研究所转运到台湾。

新中国成立后，梁思永当选为第一届中国科学院院士，1950 年 8 月被任命为中国科学院考古研究所副所长。梁思永虽然不能从事田野考古，却是有力的学术带头人。他筹划着考古所的田野发掘，指导室内研究，制订发掘和研究计划。

同时，为了培养新中国的考古力量，梁思永积极支持由文化部、中科院和北京大学联合举办的考古工作人员训练班。对北京大学成立历史系考古专业他也积极支持，为新中国考古事业的蓬勃发展创造了必要条件。

1950 年 9 月，梁思永病重，经四个月休养，病情虽然减轻，但仍头痛失眠，心悸气短。1954 年 2 月 23 日再次入院检查，发现他的左肺完全失去生理功能，并有严重的心脏病，经医治无效，于 4 月 2 日逝世，年仅 50 岁。

作为第一位走出国门，接受西方考古学正规训练的学者，梁思永引进并传播了现代考古学的方法，又使之切合中国国情与文化传统。作为考古学方法基石之一的类型学就是最早由他阐释和实践的。1930 年，梁思永富有创造性地把地层学应用于昂昂溪遗址的发掘工作中，这是我国田野考古工作的首次科学发掘。

在殷墟发掘中，梁思永也理清了仰韶文化、龙山文化、小屯文化的关系，纠正了当时一些学者的错误认识。通过龙山文化和后冈三叠层的大量田野考古资料，驳斥了西方一些学者的论据，从根本上否定了西方学者“中国文化西来”的论断，使我国田野考古工作开始跨入世界先进水平，为后来田野考古工作树立了光辉典范。我国老一辈的考古学家，如夏鼐、尹达、郭宝均和尹焕章等人都在历次殷墟发掘中受到梁思永的熏陶和培养。

1934 年，梁思永在河南安阳考察有重大发现，梁思成闻讯后赶去祝贺

可以说，梁思永为中国的考古事业奉献了毕生的精力，他是为中国考古而生，又为考古而死的，人们永远都不应忘记他对中国考古事业作出的贡献。

3. 裴文中

裴文中（1904—1982），河北省丰润县人，中国古人类学家、古生物学家、旧石器考古学家、第四纪地质学家、中国古人类学的重要创始人之一，北京人第一个完整头盖骨化石的发现者。

裴文中

裴文中1927年毕业于北京大学地质系，后留学法国，师从法国考古学家步日耶攻读旧石器时代考古学，1937年获巴黎大学博士学位。回国后任中国地质调查所新生代研究室研究员，兼该室周口店办事处主任，并在北京大学、燕京大学和中法大学讲授史前考古学。

他的学术成就突出体现在他多年主持周口店的发掘工作。从1921年发现周口店北京人遗址以来，历次的发掘工作仅注意于动物化石或人类化石的搜寻，而完全忽略了人类的文化遗存。1929年12月2日，他在周口店第一地点首次发现著名的北京人头盖骨化石，为研究人类发展史提供了重要的证据。从1931年起，他首次通过研究，确认石器、烧骨和用火灰烬的存在，从而明确了北京人的文化性质，将北京人的研究纳入考古学研究的范畴。1933—1934年他主持发掘山顶洞遗址，又获得旧石器时代晚期的山顶洞人化石及其文化遗物。20世纪50年代以来，他在广西发掘巨猿下颌骨和牙齿化石，解决了它的地层年代问题，并探讨了巨猿在进化系统上的地位。他还发掘了旧石器时代中期的山西襄汾丁村遗址和旧石器时代晚期的四川资阳人化石地点，并对内蒙古萨拉乌苏遗址的地层堆积做了深入的分析。从20世纪40年代起，他在研究总结中国旧石器时代文化的基础上，又对中石器和新石器时代做了综合研究，对中国石器时代考古学的发展，作出了积极的贡献。直到去世前，他还在对历年发现的北京人的大批石器进行全面的研究。

裴文中出生于清贫的教师家庭。他从青少年时代起就追求进步，追求真理。在法国留学期间，裴文中结合人工打击的实验及国外收集的自然破碎的岩石标本，深入分析人类制作的石器与自然形成的“假石器”之间的根本区别。以“史前人类使用的硬岩石的破碎和形成中自然现象的作用”为题的博士论文获得学术界的好评，它既为“曙石器”的破产做了有力的诠释，又在史前考古方法论上有着重要的实践意义。1937年，美国费城举行了早期人类国际学术研讨会，会上裴文中宣读的《中国旧石器时代文化》，是中国学者首次发表的全面总结，引起了学术界的广泛重视。这篇论文把中国猿人文化、河套文化和山顶洞文化列为早、中、晚三个阶段，奠定了中国旧石器文化的分期基础，并指出它不同于欧洲的旧石器文化。

裴文中在50多年的科学生涯中，刻苦钻研，重视野外实践。他曾到全国

19个省、市、自治区做广泛的史前考古学、古生物学和地质学的调查、发掘，共发表论文、专著168种。他关心考古人才的培养，曾担任四届考古工作人员训练班的班主任，并亲自授课和辅导野外实习，培养大批考古工作者。他还常常利用外出考察之际举办有关考古学、第四纪哺乳动物的讲座。广泛的考古实践和渊博的知识素养，是他在学术研究中取得丰硕成果的保证。他热爱考古事业、爱护青年、治学严谨、富于创造和进取精神。作为中国猿人头盖骨的发现者，裴文中的名字将永远为后人所铭记。

裴文中那一代知识分子，经历了抗战、内战和“文革”，是中国近当代知识分子中人生最艰难的一代。裴文中的一生，也尝遍了战乱、动荡、牢狱、贫困的终极考验。1942年，裴文中失业半年后接到了北京师范大学的聘书，尽管已经是名教授，但战乱中的微薄收入依然无法维持生计。从1943年开始，一家人便靠典当过日子，连国外学者送的钢琴也当了出去。在依然难以维持生活的压力下，裴之中又不得不兼做小买卖，并干一些给人接送电话、送药的杂活。张森水说，1945年日本投降的那一天，同事到他家报告喜讯，裴文中还在德胜门早市卖东西。

为了北京人头盖骨，裴文中曾多次受到日本军方的威胁。1941年，“珍珠港事件”后三四天，日本军官就找上门来询问北京人头盖骨的下落，裴文中拒不合作。不久之后，日本宪兵没收了他的居住证，不许他出城。1944年，裴文中被日本军队逮捕，但他依然拒绝合作，甚至托人带字条给夫人，料理自己的后事。

“北京人头盖骨”成了裴文中的“一块心病”，到了20世纪50年代，裴文中多次接受香港和内地报社的采访，对侵略者窃取北京人头盖骨的行径进行声讨，并根据自己掌握的线索写信给国外的学者和官员，询问北京人头盖骨的下落。1966年，裴文中在寻找了20年，但北京人头盖骨依然杳如黄鹤后，又组织了对周口店的发掘，“希望能再次从自己手中找到中国猿人的化石”。

虽然裴文中的一生可以写成一本“大书”，然而张森水说，他在裴老在世的时候就有为其作传的念头，但裴老没有答复；现在，恐怕没有人能说清裴老对自己传记的心态了。

4. 贾兰坡

贾兰坡（1908—2001），河北省玉田县人，我国著名的旧石器考古学家、古人类学家、第四纪地质学家；中国科学院资深院士、美国国家科学院外籍院士、第三世界科学院院士。他是一位没有大学文凭却攀登上了科学殿堂顶端的传奇式人物。

贾兰坡

1929年毕业于北京汇文中学，1931年入中国地质调查所新生代研究室，参加周口店北京人遗址的发掘工作，1935年他接替裴文中先生主持周口店的发掘工作，工作优异，继裴文中1929年发现第一个头盖骨之后，他在1936年11月连续发现三个“北京人”头盖骨，震惊了国际学术界，登上了最高学术殿堂。

1979年，贾兰坡与卫奇等人研究了许家窑旧石器时代文化遗址，认为许家窑文化在细石器技术传统上是北京人文化与峙峪文化的过渡桥梁，并对世界范围内细石器的两大传统以及细石器起源和分布等理论性问题做了探讨。1978年贾兰坡对细石器的研究做了系统总结，发表了《中国细石器的特征和它的起源与分布》，把中国的细石器研究向前推进了一大步，受到美国考古学者的支持。1980年，他当选为中国科学院院士，1994年，当选为美国国家科学院外籍院士，1996年，当选为第三世界科学院院士。

2003年11月25日，贾兰坡生平事迹展在周口店北京人遗址博物馆隆重开幕。开幕式上，贾兰坡的儿子贾彧彰致辞缅怀了自己深爱的父亲。贾兰坡的半身铜像在揭去红色帷幕后，和“北京人”第一个头盖骨发现者裴文中先生、中国古脊椎动物学奠基人杨钟键的塑像并排展示在北京人遗址博物馆的大厅。

当贾兰坡听到头盖骨丢了的消息后，目瞪口呆，从此，“北京人”头盖骨化石的下落成为贾兰坡永远的牵挂。他生前曾经说过，此生此世最放心不下的就是那些“北京人”化石。贾兰坡生前，书房里有一个大夹子，专门存放着60年来他追寻“北京人”的全部资料：当年占领协和医院的日军军官的照片、日本来华寻找化石特派员的资料、中外提供线索者的来信、从四面八方收集到的真真假假的各种线索，即便是那些最荒诞不经的传闻，贾兰坡也收集了起来。贾兰坡曾经说过：“这些‘北京人’标本化石，就像我的孩子，我对它们的感情是常人难以理解的。这些年来，我一直被失踪的‘北京人’头盖骨所折磨，我今生最大的心愿，就是能把它们找回来。”

在此后的岁月里，贾兰坡所做的各种努力都失败了。1999年，他和中科院14位院士联名呼吁，由于大部分知情人和当事人的辞世或年事已高，破解“北京人”头盖骨之谜愈发迫切。如果时间再拖延下去，这很可能变成一个千古之谜。贾兰坡等人在倡议书中写道：“即使它们已经毁于战火，我们也应该努力找到一个确切的下落，否则，我们将如何面对后人。”

贾兰坡 70 岁以前基本上在野外搞调查发掘。88 岁那年，他被选为美国世界探险中心会员，贾老说："我现在老得连小板凳也上不去了，怎么能和宇航员同称探险家呢?"美国人说："你一生钻过三百多个山洞，没人能和你相比。"

贾兰坡在 90 多岁的高龄还在第一线带研究生，他常戏称"收个学生比养个儿子还难"。从学习上认真地指导到野外工作时对学生安全的时时挂心，他对学生既严格要求又细心周到。贾兰坡的成长离不开裴文中等老前辈的培养，他深知好的老师和前辈能给年轻人带来什么。他说："我要为年轻人抬轿子，我要拉他们一把。"贾老曾经写道：幸而世界上世世代代有这么一批"傻人"，愿为追求真理而奋斗终生。在真理面前，他们每有所得就笑逐颜开，一无所获又愁容满面。我们相信，一个人想要为人类作出一些有益的事，就无法摆脱这种苦乐相兼的境界。但是他们从来不气馁……我们的先辈是如此，我们是如此，一代一代下去也是如此。

贾兰坡生前曾经说过"周口店是我的家"。他向单位和家人表示，如果有可能的话，希望能将自己的骨灰安葬在周口店。发现第一个北京猿人头盖骨的裴文中先生和古人类学家杨钟健先生都已长眠在周口店龙骨山上。贾老早年就表示过身后要与两位前辈做伴，要枥守着自己奋斗过的地方。

最终，贾老驾鹤西去。"北京人"头盖骨的下落成为他生前未了的一个心愿，但老人还是实现了一个心愿。2001 年 7 月 16 日在八宝山举行告别仪式之后，贾老的骨灰永远埋在了周口店遗址，与青山常绿！

5. 苏秉琦

苏秉琦（1909—1997），河北省高阳人，考古学家、教授。

1934 年于北京师范大学历史系毕业。1934—1949 年在"北平研究院"史学研究所任副研究员。从 1949 年始任中国社会科学院考古研究所（原称中国科学院考古研究所）研究员。其间，1952—1982 年任北京大学考古专业教授，兼考古教研室主任。1978—1984 年任考古研究所第三研究室主任。1979 年当选为中国考古学会副理事长，1986 年继夏鼐后接任中国考古学会理事长。1997 年 6 月 30 日，苏秉琦因病医治无效，在北京病逝，享年 88 岁。

苏秉琦

苏秉琦是新中国高等学府第一个考古专业即北京大学历史系考古专业的主要创办人，他在北京大学考古专业主持工作的30年中，形成的考古专业教学模式，不仅为北京大学考古专业所沿用，而且也为后来成立的各校考古专业或考古系所普遍采用。目前，我国自1952年起，参加考古、文物、博物馆和大学教育的考古专业人员，基本上都是他的直接或间接的学生，实是“天下桃李，悉在公门矣”！

苏秉琦从1934年起在陕西省的渭河流域从事田野调查，并参加了宝鸡斗鸡台墓地的发掘。以此为材料，苏秉琦在20世纪40年代著有《斗鸡台沟东区墓葬》和《瓦鬲的研究》。一位日本的考古学教授曾说他是读这两本书成长起来的，现在他带的博士生仍以这两本书为基本教材。了解中国考古学史的人都知道，苏秉琦这两本书开创的谱系分析器物的方法，为中国考古类型学奠定了基础。

自20世纪50年代初期起，苏秉琦主持或指导了许多重要遗址或墓地的发掘及研究工作，亲自指导后辈、学生研究过许多遗址和墓地的发掘材料，取得了大量的科研成果。如20世纪50年代后期，他通过对洛阳中州路东周墓类型和随葬器物及组合关系与演变的研究，揭示了东周社会的变革。20世纪60年代，他通过对仰韶文化类型与分期的分析，找到了通过划分区域类型、分期和依期别探讨社会变化的考古学文化研究的正确途径。1975年，他发表了后来成文的《关于考古学文化的区系类型》的演讲，首先提出了中国史前诸考古学文化渊源不同、谱系有别和相互联系的“板块”结构的多元一体学说。这既是对中国考古学文化的规律性揭示，又是一种极为重要的研究方法，为中国考古学文化研究提供了一把钥匙。

20世纪80年代以来，他发表了多篇论著，阐释了中国文明起源、形成和走向以及秦汉帝国的道路诸问题，提出了中国文明起源于5 000年前、文明起源与形成的“满天星斗”多元论和“古文化、古城、古国”、“古国、方国、帝国”的发展过程及其相互关系的于学界前所未见的新认识，论证了文化“多元一体”发展到国家“多元一统”的历史过程，认为前者是后者的深厚基础，而后者是前者的必然归属。他在晚年又提出中国诸文明形成的不同模式以及中国古代文化的两半块和世界古文化两大块的关系的论述，认为中国古文化是世界古文化区系中的一个相对独立的区系。苏秉琦教授的“区系类型论”和“文明论”，对中国考古学与历史学的研究产生了广泛而深远的影响。正是在他的带动下，中国考古学的研究水平以及学科的理论建设发展到一个新阶段。此外，他还一贯关注文物和考古资料的保护与保存以及考古学的普及工作，提出了一系列发人深思的认识，带头做了很多工作。

在历次政治运动中，尤其是“文革”中，苏秉琦教授受过不少委屈，遭到过迫害。然而，他却永远执著于考古事业，保持了忠于事实和勤于思索、善于思考的科学态度。他生前遗言：把自己一生积累的图书和从微薄工资中积蓄下来的钱，全部捐献给北京大学考古学系。直到临终，他仍然惦挂着学生。他一生把学生视为事业的未来，对学生比待子女更亲，始终忠诚教育事业。

苏秉琦还是幸运的，他赶上了改革开放的新时代。在新时代度过了约20年时光，结下了硕果，实现了他的“修国史、建体系、写续篇”的宏愿。苏秉琦先生虽然离我们而去，但中国考古学却不会就此止步，必将沿着巨人的足迹继续向前走去。

6. 夏鼐

夏鼐（1910—1985），浙江省温州人，考古学家、社会活动家、中科院院士。新中国考古工作的主要指导者和组织者，中国现代考古学的奠基人之一。夏鼐曾荣获英国学术院、德意志考古研究所、美国全国科学院等七个外国最高学术机构颁发的荣誉称号，人称“七国院士”。

1934年清华大学历史系毕业，获文学学士学位。1935年春，在河南省安阳参加殷墟发掘。1935—1939年留学英国伦敦大学，获埃及考古学博士学位。1940年在埃及开罗博物馆从事研究工作。1941—1942年在中央博物院筹备处任专门委员。1943—1949年在中央研究院历史语言研究所任副研究员、研究员，并参加和主持多项考古发掘。新中国成立后，他曾在浙江大学任教授。

夏鼐

夏鼐一生参加和主持过许多项考古发掘，这些考古项目涉及国内外，其中多项考古发掘都对中国考古学的发展产生了重大影响。

通过1945年甘肃阳洼湾齐家文化墓葬的发掘，夏鼐第一次从地层学上确认仰韶文化的年代早于齐家文化，从而纠正了原来关于甘肃远古文化分期问题的错误判断，为建立黄河流域有关新石器时代文化的正确的年代序列打下了基础。

通过1950年在河南辉县的发掘，夏鼐第一次在安阳以外发现比安阳殷墟更早的商代遗迹，从地域上和年代上扩大了对商文化的认识。1951年春，通过在河南郑州的调查，首次确认二里冈遗址为早于殷墟的又一处重要的商代遗址。

通过1951年秋在湖南长沙的发掘，夏鼐究明了当地战国时代墓葬的演变过程，为楚文化的研究奠定了基础。

1956—1958年，夏鼐主持北京明定陵的发掘。定陵地宫是目前十三陵中唯一被发掘的地下宫殿，是新中国第一个也是至今唯一一个被考古学家打开的皇陵，共出土各类文物3 000多件。

从20世纪50年代后期开始，夏鼐发表了《咸阳底张湾隋墓出土的东罗马金币》、《新疆发现的古代丝织品——绮、锦和刺绣》、《综述中国出土的波斯萨珊朝银币》等论文。根据中国各地出土的丝织品、外国货币及其他具有外国风格的遗物，阐明汉唐时代中国与中亚、西亚，特别是与波斯和东罗马帝国在经济和文化上的联系，并对中西交通的路线提出创见。

从20世纪50年代后期到70年代后期，夏鼐发表了《晋周处墓出土的金属带饰的重新鉴定》、《从宣化辽墓的星图论二十八宿和黄道十二宫》、《我国古代蚕、桑、丝、绸的历史》等一系列论文，利用考古学资料，运用考古学方法，阐明中国古代在天文、数学、纺织、冶金和化学等各个科技领域中的成就，为中国科技史的考古研究作出重大的贡献。

夏鼐本人的学术研究具有学识渊博、视野广阔且治学严谨的特点。他不仅熟练地掌握了现代考古学的理论、方法和技术，具有丰富的自然科学和技术科学知识，而且对中国传统的文史学、金石学也有很深的造诣，从而善于把多方面的学问紧密地结合起来。他还具备优越的外语条件，在与国外著名学者保持广泛联系的同时，经常涉猎大量新出版的外国书刊，因而通晓国际学术界的研究成果和各种动态。在这样的情况下，他的研究工作便有非常深厚的基础，善于从世界范围和多学科角度研究中国考古学问题，其研究既达到了现代的国际水平，又能发掘中国固有的学术传统。

夏鼐十分重视在考古研究中应用现代自然科学方法，突出地表现在及时将碳－14断代法引进我国。早在1955年，美国科学家开始发表有关著作之后不久，他便对其重要意义有了明确的认识，呼吁早日建立中国自己的实验室以适应考古工作的需要。正是由于他的远见卓识和多方筹划，考古研究所采取自力更生的办法，于1965年建成我国第一座碳－14断代实验室，并且在以后的全国同类实验室中长期居领先地位，为中国考古学研究，特别是史前考古学研究，发挥了非常显著的推进作用。

值得一提的是，夏鼐是一个爱写日记的人。夏鼐的日记始记于1931年元旦，止于1985年6月17日突发脑溢血当天，历时五十余载。为了向学术界提供中国现代学术发展史上这份难得的史料，由中国社会科学院考古研究所资深研究员、曾长期在夏鼐身边工作的王世民先生，与夏素琴等四位夏鼐子女一道，在国内外十多位专家学者的协助下，花费整整十年时间整理成书，该书已于2011年7月由华东师范大学出版社推出，书名即定为《夏鼐日记》，共十卷，440万字，非常值得读者阅读。

7. 俞伟超

俞伟超（1933—2003），上海人，考古学家，历任北大历史系、考古系讲师、副教授、教授。后任中国历史博物馆馆长、中国考古学会副理事长。

俞伟超17岁即考入北京大学，成为新中国第一批考古专业的毕业生。1954年毕业后，俞伟超被夏鼐看中，被其招揽至中国科学院考古研究所工作，考古所的工作使他有机会多次参加考古发掘。1954—1955年，俞伟超短期参加了半坡遗址以及汉长安城外围区域的发掘，并发现了秦代阿房宫基址；1955年，俞伟超参加西安西郊的客省庄遗址发掘；1956—1957年他参加了黄河三门峡水库库区进行的大规模抢救性发掘；1957年，他参与发现了山西上村虢国墓地。

俞伟超

1957年，俞伟超重返北大，师从苏秉琦先生攻读硕士研究生。1961年毕业后留校任教至1985年。在学校任职期间，他不仅教授秦汉考古等课程，而且带领三、四年级的本科生实习，先后发掘的遗址有北京郊区昌平雪山遗址、湖北江陵太晖观楚墓、山东临淄齐国故城等。此后，由于“文革”，俞伟超的考古工作中止了六年。

“文革”中俞伟超经历了可怕的遭遇。1966年中的一天，他受到同事和学生们的数次批斗，其间细节并不完全清楚，只在他后来成为著名作家的学生张承志对他的一次访谈中有所流露：人格受到侮辱，情绪万般沮丧，一天之中三次赴死，均告失败。在宿舍的阳台上上吊，绳子断了；把灯泡上的两根电线缠在食指上触电，两个食指被电断，这就是他失去食指的原因；在清华园火车站卧轨，被奔驰而来的火车铲了出来。

如此的经历对俞伟超的触动是巨大的，从此，他减弱了对政治的热情，但他也因此具备了强大的精神力量，不再为顺应外界环境而改变自己的理想和价值观。

1973年，俞伟超组织了远赴石家庄、安阳、郑州和洛阳的教学参观，第二年他又到湖北指导了黄陂盘龙城的田野实习，从此揭开了在湖北一系列成功合作的序幕。1975 年，他在江陵市东周楚国都城纪南城开展了发掘工作；1979 年，他带领了为期一个月的楚文化遗址的参观实习；1980 年，他发掘了新石器时代到东周时期的遗存当阳季家湖；1982 年，他指导了沙市周梁玉桥商代遗址的发掘。

1978 年中国的改革开放为学者提供了赴海外进修的机会。1983—1984 年俞伟超受张光直的邀请，在哈佛大学工作了半年时间，他利用这段时间把自己完全沉浸在美国考古学理论与方法的研究中。

1985 年 5 月，俞伟超从北京大学调到中国历史博物馆（现并入中国国家博物馆）工作。第一年，他在考古部负责长江三峡地区的考古调查工作，1986 年又被任命为副馆长，1987 年任馆长，直至 1998 年退休。

在博物馆工作期间，俞伟超最骄人的成就是修改中国历史博物馆自 1959 年建馆以来一直未变的通史陈列工作。这项工作始于 1988 年，为了在陈列中展出实物而不是省市博物馆藏品的复制品，俞伟超跑遍整个中国，借来那些最能体现各个时期和地区的最高文化发展水平的珍品来充实展览。虽然有国务院签署的公文在手，但在没有资金的支持、中央与地方发展不均衡的情势之下要说服地方博物馆把它们的珍宝长期借展于中国历史博物馆，其难度可想而知，而俞伟超凭借他的威望出色地完成了这项工作。1990 年新石器时代至汉代的陈列一开展即好评如潮，1997 年六朝至清代的陈列也公开展出。此外，作为一位具有远见卓识的考古学家，为了将中国的考古学推向世界，俞伟超克服了重重的困难，组建了我国第一支水下考古和航空考古队伍，填补了中国在这些领域的空白。

大家都知道著名的三峡工程，大坝的修建将会形成 600 公里长的流域淹没区，大量的文物古迹处于其中，如何保护这些古迹就成为考古学界一个重要的课题。由于早年在这个地区从事过考古调查工作，俞伟超深知这个区域的考古学价值。中国历史博物馆考古部最初组织了联合考古抢救工作，1994 年俞伟超被正式任命为三峡库区文物保护规划组组长。他不仅要负责考古遗址的发掘工作，更为重要的是要负责地上建筑的搬迁与保护工作，由于他出面交涉，才把淹没区的考古调查工作时间延长至三年。总体保护规划出台后，却发现分配用于文物保护的资金少得可怜，俞伟超大胆地向国际社会谈到这个问题，引起了不小的轰动，迫使国家追加了用于考古抢救工作的资金。1998 年他在退休后仍然继续着这项工作，即使日趋加重的病情已经不允许他亲临库区时，也仍然对工作保持着密切关注。俞伟超在人生最后时期发表的文章多是关于这个地区的考古学文化序列的研究。

2001年俞伟超被诊断出患有肺癌，朋友们把他安排在北京市郊的小汤山疗养院接受治疗。2003年由于“非典”肆虐，小汤山疗养院被改造为治疗“非典”的专门医院，俞伟超不得不移至广州附近的疗养院。不久，于当年12月5日去世。

俞伟超在同时代的考古学家中，无疑是最具有前瞻视野和开放思想的，他永远不停滞在已经形成的结论上，勇于挑战自我，完全不受偏见的左右，对新知识有着无尽的好奇与渴望。最重要的是，他想了解事业起步阶段的年轻人的兴奋点，并寻求理解和分享他们的兴奋。他生命的成功就在于能把这种兴奋转化为力量，从而把中国考古学从长期的封闭中解放出来，并显著地提升了它在国际学界的地位。

第十一章　中国重要的考古遗址及发现

自1921年仰韶村遗址发掘至今，中国考古学已走过90年的岁月。在这90年中，尤其是新中国成立以来的60多年间，中国考古界有许多重大的发现，如安阳殷墟、偃师商城、秦始皇兵马俑、广汉三星堆、满城汉墓、南越王墓、马王堆汉墓、曾侯乙墓、法门寺地宫、明定陵等，这些考古发现向人们生动地展示了中华民族从远古发源、历经兴衰而至今的画卷。每一项重大考古发现的背后，都凝聚着考古学者们的心血。他们跋涉在祖国的青山绿水之间，栉风沐雨，风餐露宿，忍受着现代人最为惧怕的寂寞和孤独，默默地工作着。

但是，考古工作也不全是枯燥乏味的，单调的发掘工作中亦不乏乐趣：或残灯如豆，交流考古发掘中的逸闻趣事；或以酒相邀，尽情抒发心中的感慨。当然，考古工作中最大的乐趣莫过于对新发现的憧憬。考古工作，看上去是简单而重复的挖土，但也许挖出下一块土，一个巨大的装满青铜器的墓葬，或者一个装满瓷器的窖藏，再或者一件精美绝伦的玉器就会出现在你的眼前。怀着这份对未知的期盼，则考古工作实在是乐趣无穷。考古生活就像一杯淡淡的甘甜和丝丝的苦涩掺和而成的美酒，一丝苦味虽令人黯然，但酒的醇香却最终萦绕唇间，终生难忘。

一、北京人遗址

自19世纪爪哇人发现以来，科学界对“直立人”究竟是猿还是人争论不休。大家都希望找到这样一处典型遗址：该遗址从体质形态、文化性质到社会组织等方面都处于过渡阶段。他们是“南方猿人”的后代，又是以后出现的“智人”的祖先，这样就能考证出“直立人”的性质。但直到20世纪初，这个想法还是没有实现。

1914年，由于当时的瑞典被中国认为是“西方几个没有帝国野心的国家之一”，所以北洋政府聘请瑞典地质与考古学家安特生前来中国担任矿政顾问。

1918年2月的一天，安特生偶然遇见了在北京任教的著名化学家麦格雷戈·吉布，后者向安特生出示了一些包在红色黏土中的碎骨片，说是刚从周口店附近一个名叫鸡骨山的地方采到的，这件事引起了安特生的极大兴趣。1918年3月，安特生在鸡骨山进行了小规模的发掘，但除了一些动物化石之外，并没有重大发现。

1921年初夏，奥地利古生物学家师丹斯基来到了中国，安特生安排他先去周口店发掘鸡骨山。当时有老乡提出，鸡骨山旁边的龙骨山有更多的化石，于是发掘工作的重点转移到龙骨山。

终于，安特生在龙骨山发现了具有锋利刃口的石英石片，这是明显的人类活动的证据。安特生当时非常兴奋，他激动地说："我们的祖先，很可能就沉睡在这下面。"

考古工作继续进行，因为要找到人类的祖先，单凭石器是没有足够说服力的，必须要找到更直接、更有说服力的证据。

皇天不负有心人，很快他们就发现了一枚"可疑"的牙齿，安特生认为这就是人类的牙齿。可惜师丹斯基认为这颗牙齿是类人猿的，不属于人类，因此，这颗牙齿便被搁置了起来。

随后考古发掘继续进行，无奈再没有出现令人兴奋的发现。几年的时间就这样过去了，当大家都心灰意冷，认为不再会有新发现的时候，事情却峰回路转！

1926年夏天，安特生在乌普萨拉古生物研究所整理标本时，从周口店的化石中又认出一颗明确的人牙。这样就确认了前面那枚"可疑"的牙齿也是人类牙齿。

1926年10月22日，在瑞典王子访华的欢迎大会上，安特生向世界公布："中国发现了真正的直立人化石。"这一消息很快传播开来，世界为之震惊，困扰科学界近半个世纪的关于直立人的难题，终于等到了突破的契机。

可惜只是牙齿化石的发现，还不能让所有的学者对北京人的存在信服。但接下来的发现，让所有的怀疑者都闭上了嘴！

1928年，刚从北京大学地质系毕业的裴文中来到周口店参加考古工作。当时，由于发掘的过程中遇到坚硬的石层，参加挖掘的人大都认为下面不会再有北京人的化石了。1929年，一些学者相继离开周口店，到别处寻找远古人类化石，只留下年轻的裴文中主持周口店的发掘。

一天，就在准备收工的时候，裴文中发现在主洞与裂隙交叉的下方有一个洞。在洞外工友的牵引下，裴文中沿着洞壁徐徐滑下。他点燃马灯，在微弱的光线下仔细寻找。突然，洞里传出裴文中狂喜的声音："这是什么？是头盖骨!”

这一天是1929年12月2日，第一个北京人头盖骨终于被发现了!

头盖骨是能够证明北京猿人存在的最强有力的证据。脑容量测量证明，这个头盖骨的主人已经不是猿，而是不折不扣的人!

此后，在中国学者贾兰坡的主持下，周口店遗址又发现了一系列人骨化石，从而以无可辩驳的事实向世界证明了北京人的真实存在。

1937年7月7日的“卢沟桥事变”爆发两天后，距卢沟桥十余里的周口店挖掘现场的工作被迫全部中断。在战争阴影的笼罩下，存放北京人头盖骨化石的协和医学院也同样不平静。经过国民政府的协调，驻北平的美国公使馆接收了这批珍贵的古人类化石，并将这些物品安全运往美国保存。但当北京人化石转移到秦皇岛，准备从此运往美国的时候，太平洋战争爆发了。日军迅速占领了美国在华的所有机构，美使馆的工作人员也成了日军的俘虏，而此时装有北京人头盖骨化石的绿色行李箱已经不见踪影。从此，人类珍贵的文化遗产——北京人头盖骨化石，在战乱中悄然出世，不久又在硝烟弥漫的战火中神秘地失踪了。此后，虽然有人提供了相关线索，也有人进行过一段时间的寻觅，但北京人头盖骨化石至今还是没有找到。

远古的北京人在多事之秋悄然出世，但只惊鸿一瞥后，便在战火纷飞的年代里不知去向，留给人们无限的遐想。岁月流逝，新的发现不断出现，人们似乎渐渐淡忘了很久以前发生在周口店的故事。但是，随着时间的推移，神秘的北京人头盖骨化石假如还被匿藏在世界的某个角落的话，可能还会有重见天日的那一天吧。

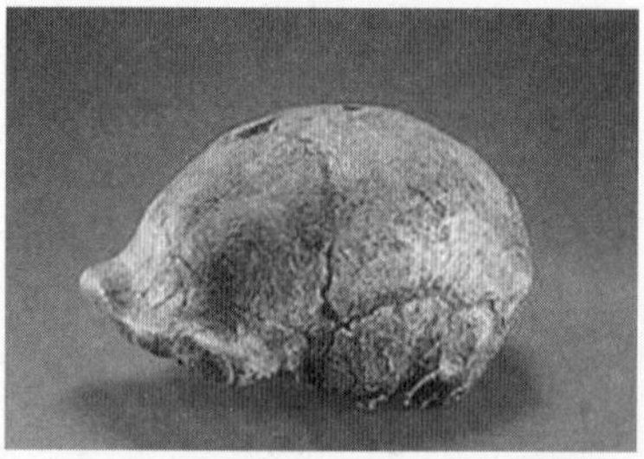

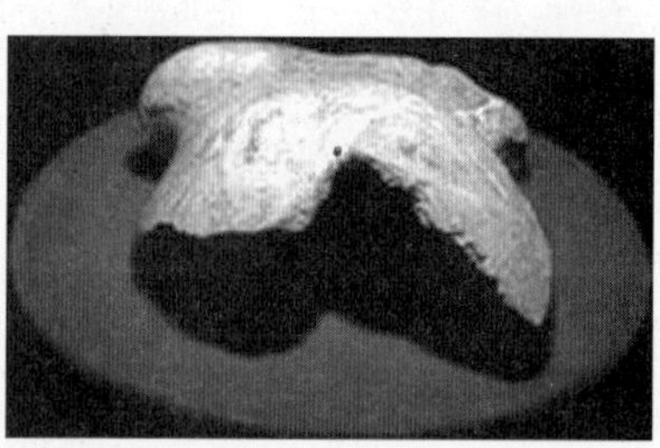

北京人头盖骨化石

周口店博物馆大门前的北京人复原像

二、半坡遗址

1953 年春，西安灞桥火力发电厂在施工中发现了彩陶，中央考古训练班又在浐河东岸半坡村附近发现一处类似遗址的遗迹。在河岸台地的剖面上，有灰土层、红烧土层、红烧土、灶坑和灰坑，以及夹杂在灰石中的骨制斧、锛、刀、笄、针等各种工具、用具。在一口双桶灌溉井的井壁的堆积层中还挖出一个完整的小型陶罐与一个完整的骨笄。这一发现随即被报告给国家文物局和科学院考古研究所。同年 9 月，中国科学院考古研究所陕西省调查发掘团对半坡遗址进行了较深入的调查。结果表明，半坡遗址是黄河流域一处典型的新石器时代仰韶文化母系氏族聚落遗址，距今 5 600—6 700 年之间。面积有 50 000 平方米。随后，从 1954 年 9 月到 1957 年夏，中国科学院考古研究所组织近 200 名考古工作者，前后发掘 5 次，延续了近 4 年时间，揭露遗址面积达 10 000 平方米，获得了大量珍贵的科学资料。共发现房屋遗迹 45 座、圈栏 2 处、窖穴 200 多处、陶窑 6 座、各类墓葬 250 座（其中成人墓葬 174 座、幼儿瓮棺 73 座）以及生产工具和生活用具等共近万件文物。

半坡聚落的范围为南北稍长、东西略短的不规则椭圆形，分为大围沟围绕的居住区、围沟以北的氏族公共墓地和围沟以东的制陶区三部分。居住区在中央，分南北两片，每片有一座供公共活动用的大房屋，还有若干小房子，其间分布着窖穴和牲畜圈栏。据研究，此聚落是集聚了两个氏族的部落住地。半坡居民的经济生活为农业和渔猎并重。出土了斧、锄、铲、刀、磨盘、磨棒等石制农具和镞、矛、网坠、鱼钩等渔猎工具。还发现了粟的遗存和蔬菜籽粒，以及家畜和野生动物骨骸。常见陶器有粗砂罐、小口尖底瓶和钵。彩陶十分出色，红地黑彩，花纹简练朴素，绘人面、鱼、鹿、植物枝叶及几何形纹样。在陶器上发现22种刻划符号，有人认为可能是一种原始文字。半坡成人死后埋入公共墓地，常随葬陶器及骨珠等装饰品。发现两座同性合葬墓，分别埋着2个男子和4个女子，一般认为是母系氏族社会的葬俗。死亡儿童埋在居住区，多采用瓮棺葬。一座女孩土坑墓中随葬品精致丰富，有木板葬具，表明当时对女孩的重视。

半坡遗址博物馆

半坡遗址博物馆内房屋复原区

半坡遗址瓮棺葬

半坡遗址出土人面鱼纹彩陶盆

1958年在遗址上建成半坡遗址博物馆，这是中国第一座史前遗址博物馆，除建造文物展室外，还在3 000平方米的原始村落居住区盖起保护大厅。半坡遗址中的房屋、地窖、灶坑、男女分葬的集体墓地、各种生产及生活用品等遗迹遗物，向我们生动地展现了6 000多年前处于母系氏族社会繁荣时期的先民的生产与生活情况，对研究中国原始社会历史有着重要的科学价值。该馆于1958年4月1日正式对外开放，迄今已接待中外游客2 000多万人次。

三、良渚遗址

良渚遗址位于浙江省余杭县和德清县境内，是中国文明起源阶段规模最大、社会发展水平最高的遗址，也是中国最重要的考古遗址之一。年代为公元前3300—前2200年。

良渚遗址是1936年由西湖博物馆研究员施昕更先生首次在余杭镇良渚村发现的，至今已70多年。在这70多年的发掘和研究当中，良渚不断地为中国考古提供着激动人心的发现。

良渚遗址群包括50余处遗址，以莫角山遗址为中心，总面积约34平方公里，它范围广阔，内涵丰富，其中以有宫殿痕迹的莫角山土台、有“王陵”之称的反山墓葬群、有宗庙建筑痕迹的瑶山祭坛等几处最为重要。遗址群中发现有分布密集的村落、墓地、祭坛等各种遗存，出土物中以大量精美的玉礼器最具特色。这些遗迹、遗物的发现，显示出良渚文化遗址群已成为证实中华五千年文明史的、最具规模和水平的地区之一。与良渚遗址同类型的遗址，在长江下游的苏南，直至钱塘江以北的平原地区，分布较广，考古学界统称为“良渚文化”。它的发现对研究长江下游地区的文明起源具有重要的学术价值。

遗址群出土的石器有斧、凿、锛、镰、镞、矛、穿孔斧、穿孔刀、耘田器等，磨制精致，特别是三角形石犁的使用，说明当时早已进入犁耕阶段。出土的陶器，以泥质灰胎磨光黑皮陶最具特色，采用轮制，一般器壁较薄，器形规则，圈足器、三足器居多，器表以素面磨光为多，少数有精细的镂孔、竹节纹、弦纹装饰，也有彩绘。代表性的器形有鱼鳍形或断面呈丁字形足的鼎、竹节形把的豆、贯耳壶、大圈足浅腹盘、宽把带流杯等。玉器的发现很多，有璧、琮、璜、坠、环、珠等，大部分出土于墓葬中，玉器数量之多和工艺之精，为同时代其他文化所未见。

良渚遗址不同于其他同时代的其他地区文化，其典型特征有最特别的古城建筑形式、神人兽面纹装饰和玉琮。

2006年6月，考古队在瓶窑镇葡萄畈村农民安置房工地首先发现了西侧城墙，以此为重点，到2007年11月，北西南三面城墙和护城河也相继被发现。经研究，此古城略呈圆角长方形，正南北方向，东西长1 500～1 700米，南北长1 800～1 900米，城墙宽60多米，总面积达290多万平方米，是长江下游地区首次发现的新石器时代城址，又是目前所发现的新石器时代中国最大城址，堪称“中华第一城”。年代上限约为公元前2600年，下限是公元前

2300 年。城墙底部铺垫石块作为基础，宽度 40 ~ 60 米，基础以上用较纯净的黄土堆筑，部分地段地表以上还残留 4 米多高的城墙。共发现六座水门。城市的普通居民住在城的外围，贵族住在城中央的 30 万平方米的莫角山土台上。

良渚古城的发现与研究，是中华文明探源工程的重要部分。多数学者认为，良渚古城应该具有国家组织的性质。此阶段应该是即将进入文明或初步进入文明的阶段，应该有初步的国家组织、政权组织，古城中间的莫角山，很像宫殿性质的建筑，而反山应该是王陵区。

良渚古城的城墙基部石头层

良渚古城复原想象图

良渚玉琮

神人兽面纹

4. 二里头遗址

河南省偃师市二里头村位于伊、洛二水之间，距离洛阳市约18公里，东西长约2.5公里，南北宽约1.5公里。时代约距今3 850—3 550年，相当于我国历史上的夏、商王朝时期。新中国三代考古学者曾对这一遗址进行了40多次发掘。考古发掘和研究情况表明，这里是公元前2 000年前半叶中国乃至东亚地区最大的聚落，它拥有目前所知中国最早的宫殿建筑群、最早的青铜礼器群及青铜冶铸作坊，是迄今为止可确认的我国最早的王国都城遗址。二里头遗址对研究华夏文明的渊源、国家的兴起、城市的起源、王都建设、王宫定制等重大问题均有重要的参考价值。

通过近半个世纪的持续发掘，在二里头发现的主要遗迹有宫城遗址、墓葬、手工业作坊等。宫城遗址，位于二里头遗址中东部，平面略呈长方形，东西宽近300米，南北长360~370米，面积达10.8万平方米，四周有墙，残高0.1~0.75米。墙外有环城大路，宽10米至20米。宫城内发现两组排列有序的宫殿建筑群，分别以一号宫殿、二号宫殿为核心，并有明确的中轴线。一号宫殿基址面积达1万平方米，正殿居基址中北部，四周有回廊，正殿之南为庭院，过庭院为面阔八间的大门。近年发现的三号宫殿建筑基址，早于一号宫殿基址百年左右，是迄今发现的最早的宫殿建筑基址。二里头遗址内已清理发掘墓葬有几十座。手工业作坊遗址有包括铸铜、制玉、制石、制骨、制陶等作坊。二里头宫城距今已有3 600多年，是我国迄今发现的最早的宫城，可视为以后历代宫城的祖源。二里头发现的绿松石龙形器，长约70厘米，头宽15厘米，身宽4厘米，由2 000余片绿松石组成，为中华民族的龙图腾找到了最直接、最正统的根源。这里发现的双轮车辙，证明距今3 700年左右，我国已有了双轮车。这里出土的青铜器是中国最早的一批青铜器，也是世界上最早的青铜容器。

二里头遗址一号宫殿复原图

二里头遗址出土绿松石摆塑龙

二里头工作队自2001年起，对二里头遗址宫殿区进行系统钻探与重点发掘，发现并清理了大型建筑基址数座，同时，对宫殿区及其附近的道路进行了追探，在宫殿区外围，发现了纵横交错的大路。2003年春，工作队对已发现的道路进行了解剖发掘，并发现了宫城城墙，截至2004年春，基本搞清了宫城城墙及宫殿区外侧道路的范围、结构和年代。2004年，工作队又在宫城以南发现了另一堵始建于二里头文化第四期的大型夯土墙以及绿松石器制造作坊等重要遗存。

以二里头遗址为代表的二里头文化被证实为我国第一个奴隶制王国夏朝夏人所创造的文化，二里头遗址即为夏王国的都城遗址，因此被誉为“华夏第一都”。相信随着二里头遗址的继续发掘和研究，将会加深我们对于夏王朝的认识和丰富中国文明化进程研究的成果。

五、殷墟遗址

殷是商代后期的都城所在地，从商王盘庚迁殷到商朝灭亡，经历了八代十二王，共计273年，因此盘庚迁殷后的商朝又称殷朝或殷商。商朝灭亡后，殷渐成为废墟。汉代人司马迁写《史记》时，在《项羽本纪》中明确记载，项羽击败秦将章邯后，其受降仪式正是在洹水南岸之殷墟上进行的，可知殷墟之名由来已久。

殷墟博物苑

殷墟虽在汉代尚可寻，但是，随着时间的推移，朝代的更替，岁月的风沙掩埋了地面上一切可作辨别的遗迹，殷墟之词遂只见于古籍，后人已不知其具体地域了。加之商代前期的频繁迁都，在许多地方都留下了丰富的遗存和传说，更使得问题日趋复杂化，以致众说纷纭，曾经辉煌一时的殷都渐渐湮没无闻了。

1898 年，在北京任国子监祭酒的王懿荣生病卧床，请来太医诊治，原来是患了疟疾。很快，太医开出药方，让家人去宣武门外菜市口达仁堂买药。药买回来以后，粗通医理的王懿荣逐项查对，查对到龙骨时，隐隐约约发现其上有字，十分古朴。素来爱好金石之学的王懿荣不禁来了兴趣，他派家人到药铺去再多买一些龙骨来，结果在其他龙骨上也发现了字迹。王懿荣很快就沉湎于这种文字之中，此后至 1900 年殉国之前的一段时间，王懿荣一直在研究这些奇怪的文字。龙骨上的这些文字，后来被证实为甲骨文，并且因为对其出土地的追索而发现了著名的商都殷墟。因此，王懿荣在这个重大发现上功不可没，虽然现在有学者对王懿荣发现甲骨文的传闻有所怀疑，认为这个动人的故事是好事者所编造的。

继王懿荣开收藏甲骨之风后，有些金石学家也陆续加入其中。其有《老残游记》的作者刘鹗，他在搜求甲骨时，已经注意追查这些甲骨的出土地点了，但由于当时的古董商守口如瓶，导致刘鹗至死不知甲骨的真正出土地点。其后，在金石学家罗振玉的劝诱下，唯利是图的古董商人终于道出了甲骨的真正出土地——河南安阳。

甲骨文是刻在龟甲和兽骨上的古老文字。在商代，商王在做任何事情之前都要占卜，甲骨就是占卜时的用具。甲骨在使用之前，要先经过加工。首先把甲骨上的血肉除净，接着锯削磨平。然后，在龟甲的内面或兽骨的反面用刀具钻凿凹缺。这些凹缺的排列是有序的。占卜的人或者叫巫师，把自己的名字、占卜的日期、要问的问题都刻在甲骨上，然后用火灶烧甲骨上的凹缺。这些凹缺受热开裂，出现的裂纹就称为“兆”。巫师对这些裂纹的走向加以分析，得出占卜的结果，并把占卜是否灵验也刻到甲骨上。经过占卜应验之后，这些刻有卜辞的甲骨就成为一种官方档案保存下来。

殷墟出土的甲骨文

殷墟虽然在几代学者的努力下被发现了，但由于当时中国处于大动荡时期，殷墟的发掘困难重重。再加上一些学者（包括罗振玉）认为经过半个多世纪的滥掘之后，殷墟的地下遗物已经损失殆尽了，这时进行发掘是徒劳无益的，必定无功而返。

这些困难都摆在当时中央研究院历史语言研究所代理所长傅斯年的面前。作为所长，他深知这次发掘的重要性，他并不缺乏勇气和战胜困难的决心，但他仍然谨慎从事，先派遣董作宾去安阳进行考古调查。董氏的调查结果得知，当地的农民在盗掘时有很大的盲目性，并非系统地发掘，而且，小块的骨版都被舍弃不取，其他如石、陶遗物就更不必说了。由此，可初步推断，殷墟之规模很大，地下遗物十分丰富，进行科学的考古发掘是可行的，意义十分重大。加之当时安阳一带的驻军是冯玉祥将军的部队，他十分开明，很爽快地答应了派军队保护的请求。

1928 年 10 月 13 日，不是一个普通的日子，它早已载入了殷墟考古和中国考古学史的史册。在历史语言研究所的直接领导下，董作宾又一次来到安阳，主持了殷墟历史上第一次科学发掘。其后至 1937 年 6 月，十年间共进行了15次发掘。这15次发掘，无一例外都取得了引人注目的成绩，出土遗迹、遗物十分丰富。殷墟的所在地——小屯村从此一步步走向了世界。

1937年3—6月的第15次发掘之后，仅隔18天，“卢沟桥事变”爆发了，日本悍然发动了侵华战争。随着华北地区的沦陷，地处河南安阳的殷墟亦无法幸免，殷墟的考古发掘工作被迫停止。

新中国成立以后，殷墟考古工作得以恢复并进入一个全新的时期，持续时间之长，收获之多，发掘范围之广，理论研究之深入，都是解放前进行的15次发掘所无法比拟的。人们渐渐认识到，他们将要揭示的，并非一栋房子、一座墓或者一个铸铜作坊，也不是一片房屋、一块墓地或者作坊群，而是已经在地下沉睡了三千年的殷商都城！

经过发掘得知，殷墟占地面积约24平方公里，东西6公里，南北4公里。大致分为宫殿区、王陵区、一般墓葬区、手工业作坊区、平民居住区和奴隶居住区。城市布局严谨而合理，其城市的规模、面积，宫殿的宏伟，出土文物的质量之精、之美、之奇，数量之巨，可充分证明，它当时不仅是全国，而且是东方政治、经济、文化中心。

妇好墓（殷墟唯一保存完整的商代王室墓葬）原址及墓坑

时至今日，殷墟的考古工作从来没有停止过，辛勤的考古工作者为这块土地奉献了他们的青春直至毕生的精力。目前，在殷墟共发掘甲骨16万余片。其中有的完整，有的只是没有文字记载的碎块。据统计，所有这些甲骨上的各种文字总计为4 000多个，其中经过学者们考证研究的约3 000个，在这3 000余字里面，学者们释读一致的是1 000多字。其余的或者不可释读，或者学者们分歧严重。尽管如此，通过这1 000多字，人们已经可以大致了解有关商代政治、经济、文化等各个方面的情况了。

除了在殷墟发现的商代甲骨，近年考古中还发现了西周时代的甲骨，只是这些甲骨上记载的文字非常少，因此没有商代甲骨重要。而殷墟发掘的重大意义也并不止于甲骨文的发现。80 余年来，考古工作者在殷墟共发现了宫殿宗庙建筑群遗址 50 多座、王陵大墓 12 座、贵族平民墓葬数千座、祭祀坑 1 000座、手工业作坊 5 处、车马坑 30 多座，以及大批青铜器、玉器、陶器、骨器等，所有这些，为人们展现了一个立体的中国古代社会形象。

六、三星堆遗址

中国因地域广阔，在古代曾同时并存着许多部族式的小国家，现在的四川省就是古代蜀国的所在地，20 世纪 70 年代，这里发现的三星堆文明轰动了世界。

三星堆博物馆

青铜车轮形器

位于四川省广汉市境内的三星堆遗址，是距今 5 000—3 000 年之间的古蜀王国遗址。1929 年春天，当地一位农民在田里劳动时，偶然发现一块精美的玉石器，因其浓厚的古蜀国地域特色引起世人广泛关注，也碰醒了沉睡 3 000年的三星堆文明。1986 年，考古工作者发掘了两座大型祭祀坑，出土了 1 000多件美妙绝伦的珍贵文物，引起了世界轰动。随着一大批精美、神秘的珍稀文物的出世，一连串历史之谜也接踵而来。

三星堆文化的一个奇特之处，是这里出土了数量众多的青铜面具。在此之前，中国河南地区已经出土了许多精美的青铜器，包括鼎、盆等，但没有青铜面具。三星堆遗址中出土的青铜面具，几乎全是粗眉毛、大眼睛、高鼻梁、阔扁嘴，几乎没有下巴颌，表情似笑非笑，似怒非怒。仔细观察这些青铜面具，两只耳朵上各有一个小孔。这种面具的脸型与现代当地人大相径庭，那么这种面具代表了什么？考古专家百思不得其解。

青铜人面像

三星堆遗址还出土了一尊细而高的青铜铸成的人像，其相貌和青铜面具的特征相同，穿着一件燕尾服式的袍子，光着脚丫，站在一个高高的底座上。铜像身高170厘米左右，是世界上现存最高的青铜像。铜像两手一高一低，呈握东西状。该铜像出土时，手中没有发现握着的东西。但专家推测，这么细高的铜像在站立时，手中稍有负重，就会倾倒。并且这个铜像的神情和手势，像是一个不同于平常人的巫师或神，其出现的场合应是在祭祀中。

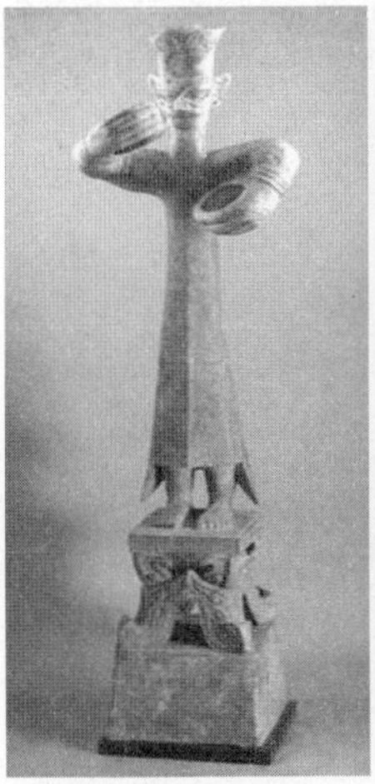
青铜立人像

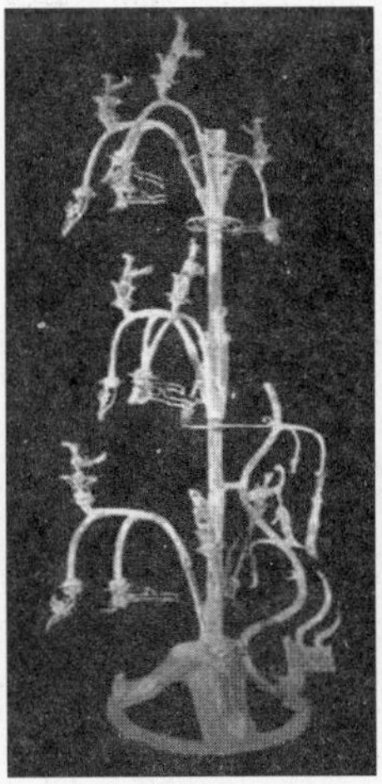
青铜树

黄金面罩人面像

除了面具和人像，三星堆文物中还出土了金杖、青铜“神树”、象牙等。金杖长达1.42米，其上刻有精美而神秘的纹饰，两只相向的鸟，两背相对的鱼，并在鱼的头部和鸟的颈部压有一支箭状物，同时有充满神秘笑容的人头像。青铜“神树”也让人惊讶。树高近4米，共分三层，分为九枝，每个枝头上站立有一只鸟，据研究，这不是一般意义上的鸟，而是一种代表太阳的神鸟。

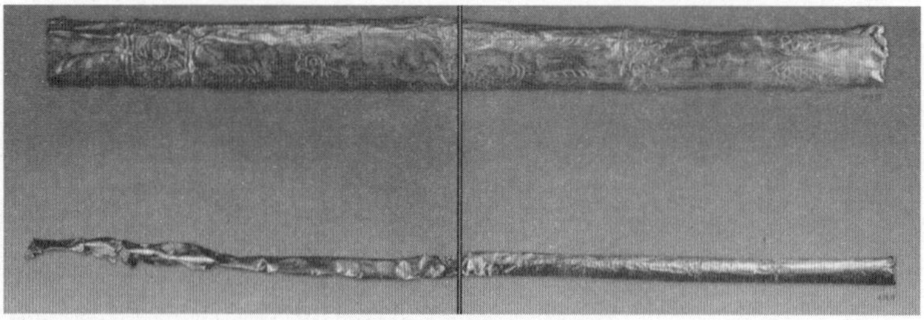

金杖

专家研究发现，在三星堆出土的大量青铜器中，既有明显的古蜀国文化的痕迹，又有浓郁的西亚和其他地域文化的特征，特别是青铜雕像、金杖等物品与世界上著名的玛雅文化、古埃及文化都非常接近，这种带有“杂交”特征的青铜文化与中原地区的青铜文化有明显不同。另外，从祭祀坑出土的70枚象牙等物品来看，三星堆古蜀国当时与周边国家甚至更远的地方已有了商品交流。从一些陶器酒杯极似欧洲同期出土酒杯外形看，三星堆青铜器完全可能受到来自西亚、近东、欧洲等异域文化的影响。三星堆文物填补了中国考古学、美学、历史学等诸领域的重要空白。

七、曾侯乙墓及编钟

据古籍记载，中国古代的统治阶层极为重视音乐，他们认为诗歌用来激发人的精神，礼仪用以规范人的行为，而一个国家有优美的音乐，则是昌盛的象征。因此，国家的盛衰，完全可以从音乐的好坏来判断。1978年，湖北省随州市的一个古墓中出土了大型青铜编钟，这一发现特别引人注目，因为这从实物上印证了典籍中的记述，为后人了解中国古代社会文明增添了新的实物资料。

1978年2月，湖北省随州市郊擂鼓墩的一处工地施工时，突然发现一片与地面颜色不同的“褐土”。所谓“褐土”，是指地层中积压埋藏的人类活动遗迹。这一情况引起考古部门的注意。经过发掘，一个东西长21米、南北宽16米的古墓出现在人们面前。墓室打开，人们发现巨大的棺椁上盖有47块巨型石板，工作人员动用大型吊车把石板吊走之后，发现的不是地宫珍宝，而是一椁浑水，深约三米，水面上漂浮着破散的棺木。考古人员一边往外抽水，一边清理浑水上的棺木。随着水面的下降，震惊世人的文物出现了。经过发掘整理，古墓中共出土文物 1.5 万多件，分为青铜礼器、乐器、兵器、车马器、金器、玉器、漆木器、竹器等八大类。许多器物造型奇特，形象逼真，纹饰华美，豪华异常。所有这些文物中，最引人注目的是 65 件青铜编钟。

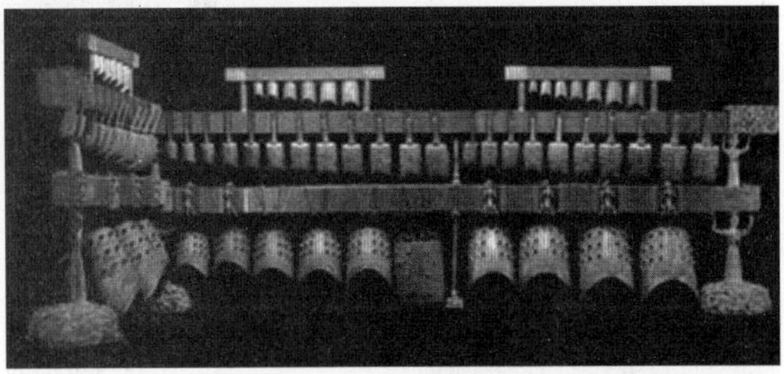
曾侯乙墓编钟

这组编钟不仅是目前为止所见到的古代最庞大的乐队配制，而且青铜的铸造工艺，乐器的宏伟和完备，无论哪一方面，都是首屈一指的。编钟按形制不同，以大小及音的高低为序组成八组，其中最大的钟通高 153.4 厘米，最小的通高 20.4 厘米，编钟的总重量达 2 500 多千克。编钟悬挂在铜木结构的三层钟架上。钟上都刻有古老的篆体铭文，共 2 800 余字。经过实际测音，每个钟都能敲出两个乐音，音律准确，音色优美，至今仍可演奏各种曲调。

经过考证，考古专家认定这一古墓是战国时期曾国国君曾侯乙的墓葬。曾侯乙，从文字上解释，就是曾国的一个名叫“乙”的诸侯。依据墓葬中的一些物品上的铭文和碳 - 14 年代测定，考古人员得知墓主入葬的年代应是公元前 400 年左右。

曾侯乙墓因为处于地下水之下，埋葬后不久，地下水就渗透了墓中，致使陪葬品长期以来一直处在水的浸泡之中，正因为这样，墓中的物品才没有受损。也是因为有水，墓中的珍宝才没被盗墓者窃取。

曾侯乙墓发掘工作完成后，当地政府建立了专门的博物馆用以收藏展示墓中出土的文物，复原了“曾侯乙墓址”，建立了编钟陈列馆，还按照编钟所能发出的音乐组织了古乐队，使现在的人们还可以聆听古老的音乐。

八、秦始皇陵遗址

秦始皇陵南依层层叠嶂、山林葱郁的骊山，北临逶迤曲转、似银蛇横卧的渭水之滨。高大的封冢在巍巍峰峦环抱之中与骊山浑然一体，景色优美，环境独秀。陵墓规模宏大，气势雄伟。封土为带有三级阶梯的四方锥形，呈覆斗状，底部近似方形，底面积原约 25 万平方米，高原约 115 米，虽经历两千多年的风雨侵蚀和人为破坏，仍保留有底面积12万平方米，高度87米。1974年1月29日，在秦始皇陵坟丘东侧1.5公里处，当地农民打井时无意中挖出一个陶制武士头。后经国家有关组织的发掘，终于发现了使全世界都为之震惊的秦始皇陵兵马俑。

秦始皇陵

随着对兵马俑坑的发掘，陶俑、陶马，各种青铜武器如剑、戟、戈、矛、弯刀等等出土的越来越多，也就越来越引起人们的重视。而在众多的青铜兵器中，有几件戟显得格外重要，因为上面铸有“寺工”、“三年相邦吕不韦造……”、“四年相邦吕不韦造……”等铭文，这些正是考古人员苦苦寻找的东西。俑坑发现以来，虽然考古专家早已作出了“可能是秦代一个遗迹”的结论，而且后来的种种发现甚至可以表明它就是秦代的遗迹无疑，但仍然缺乏文字记载。秦俑队的考古人员一直思考的问题是它和秦始皇有什么关系。现在，他们从短短的铭文中找到了答案——俑坑就是秦始皇的陪葬坑！

兵俑

兵马俑坑被法国前总统希拉克誉为“世界第八奇迹”。它为研究秦朝时期的军事、政治、经济、文化、科学技术等，提供了十分珍贵的实物资料，成为世界人类文化的宝贵财富。兵马俑坑现已发掘3座，俑坑坐西向东，呈“品”字形排列，坑内有陶俑、陶马8 000多件，还有4万多件青铜兵器。坑内的陶塑艺术作品是仿制的秦宿卫军。近万个或手执弓、箭、弩，或手持青铜戈、矛、戟，或负弩前驱，或御车策马的陶质卫士，分别组成了步、弩、车、骑4个兵种。在地下坑道中的所有卫士都是面向东方放置的。据钻探得知共有3个陪葬坑，其中1974年发现的一号坑最大，它东西长230米，南北宽62米，深5米左右，整个坑由长廊和11条过洞组成，与真人马大小相同、排成方阵的6 000多个武士俑和拖战车的陶马被放置在坑中。在一号坑的东北约20米的地方是在1976年春发现的二号坑，南北宽84米，东西长96米，面积9 216平方米，建筑面积为17 016平方米，它是另一个壮观的兵阵。二号坑内有多兵种联合阵容，包括步兵、车兵、骑兵和弩兵等。二号坑西边是三号坑，南北宽24.5米，东西长28.8米，面积为500多平方米。三号坑经有关专家推断，被认为是用来统帅一、二号坑的军幕，一乘战车，68个卫士俑以及武器都保存在坑内。

兵马俑坑

1980年，又在陵园西侧出土青铜铸大型车马两乘，引起全世界的震惊和关注。铜车马的大小是实物的二分之一，其设计之精巧、制作之精美、工艺之高超，无与伦比。其工艺制作方法，有的至今还在应用，有的至今还是一个谜。这些按当时军阵编组的陶俑、陶马为秦代军事编制、作战方式、骑步卒装备的研究提供了形象的实物资料。秦俑的写实手法作为中国雕塑史上承前启后的艺术也为世界瞩目。

一号铜车马

二号铜车马

以高大的封土堆和巨大的兵马俑坑为起点，经过几十年的努力，人们对秦始皇陵园的认识逐渐变得清晰。陵园总面积为56.25平方公里（相当于78个故宫的大小）。陵园内有内外两重城垣，内城周长3 840米，外城周长6 210米。内外城郭有高约8～10米的城墙，今尚残留遗迹。秦始皇陵的规模之大远非埃及金字塔所能比。墓葬区在南，寝殿和便殿建筑群在北。陵区内目前探明的大型地面建筑为寝殿、便殿、园寺吏舍等遗迹。在内城和外城之间，考古工作者发现了葬马坑、陶俑坑、珍禽异兽坑、石质铠甲坑以及陵外的人殉坑、马厩坑、刑徒坑和修陵人员的墓葬等600余处，其中已发现的陪葬墓有400多座，出土文物多达10万余件。

青铜鹤

青铜水禽坑

近年来，利用先进的物探技术，对秦始皇陵墓的地宫进行了探查，结果表明，规模宏大的地宫位于封土堆顶台及其周围以下，面积约18万平方米，中心点的深度距离地平面35米，东西长170米，南北宽145米，主体和墓室均呈矩形。墓室位于地宫中央，高15米，大小相当于一个标准足球场。研究人员还发现在封土堆下墓室周围存在着一圈很厚的细夯土墙，即所谓的宫墙。宫墙东西长约168米，南北141米，南墙宽16米，北墙宽22米。宫墙都是用多层细土夯实而成，每层大约有5～6厘米厚，相当精致和坚固。宫墙顶面甚至高出了当时秦代的地面很多，向下直至现封土下33米，整个墙的高度约30米，非常壮观。在土墙内侧，研究人员也发现了一道石质宫墙。这些坚固的宫墙对于保护陵冢免受地震和水浸的危害起到了重大作用。探测结果也表明，墓室中没有进水，也没有坍塌。

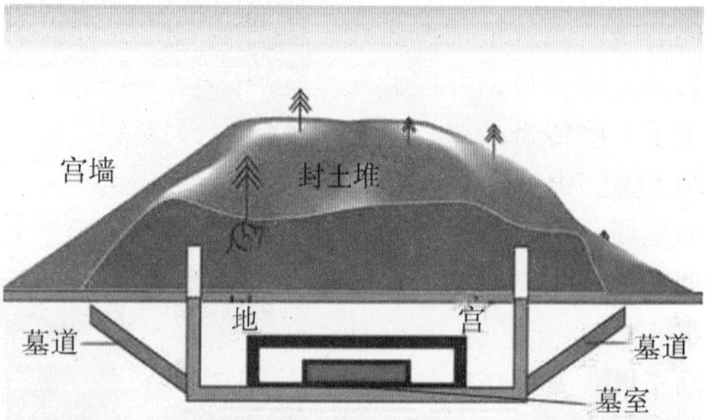

秦始皇陵墓示意图

九、马王堆汉墓

20世纪70年代，中国南部长沙马王堆汉墓的发掘，震惊了中国乃至全世界。该墓葬保存完好的女尸，是世界上首次发现的湿尸。这具古尸入土已经2 000多年，仍保持着栩栩如生的面目和有弹性的肌肤，令人不可思议。同时，马王堆汉墓还出土了一大批品种繁多、保存完整、价值极高文物，堪称中华文明古国的瑰宝。

一号墓发掘现场照片

在中国南部的湖南省长沙市东郊，民间一直流传说此地有一个大型墓葬，有的讹传说一个姓马的王侯葬在这里，因此，这里一直叫“马王堆”。还有传说说这里埋着古代长沙王的生母，并因此产生了一些传奇故事。直到20世纪70年代一次无意的发掘，这个传说中的大型墓葬的主人才终于被确定。1971年，就在长沙马王堆，人们正在挖掘地下室，当挖掘到地下十几米的时候，施工者发现大量又细又软，就像面团一样的白膏泥。工人用钢钎向下打眼钻探，当钢钎从白膏泥中抽出后，钻孔中冒出一股呛人的气体。借着火柴的火光，这股气体被点燃了，发着蓝中带红的火苗。最后用泥袋堵住钻孔，才将火焰熄灭。

经专家实地探察，初步确定这是一座古墓。墓穴被打开后，人们发现，墓底和椁室填满了1米多厚的白膏泥，在白膏泥下面铺着厚厚的木炭，约有5 000多千克，装了整整4辆卡车。木炭被取完后露出了棺椁，棺椁上铺着几十张竹席，刚出土时，竹席颜色嫩黄，光亮如新，但仅十几分钟，竹席就变成了黑色的朽物。墓中有4层套棺，外面的大椁长近7米，宽5米，高近

3 米。

棺椁打开以后，人们被墓主女尸栩栩如生的面目惊呆了。这具女尸外形完整，面容清晰可辨，头发光鲜，手指脚趾纹路清晰，皮肤湿润，肌肉有弹性，四肢关节可以活动。解剖发现，女尸各内脏器官完好，食道、胃及小肠内有甜瓜子 100 多粒，说明墓主人是在吃甜瓜时死的，死亡的时间应在瓜熟季节。墓中有“妾辛追”的名章。据考证，墓主埋葬于公元前 2 世纪，是西汉初期长沙国丞相利仓的夫人，名叫辛追。

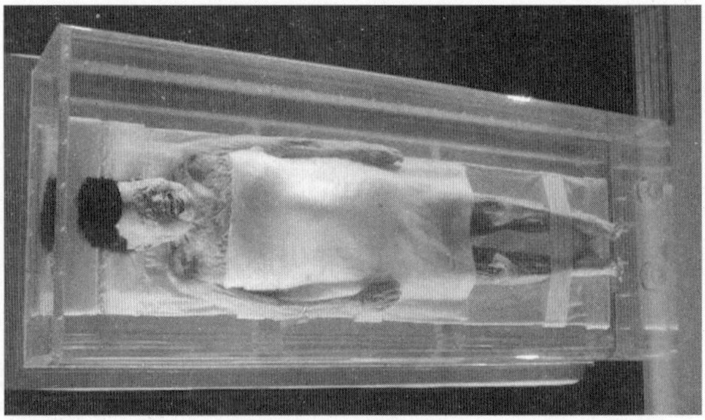

马王堆汉墓女尸

千年不腐女尸的发现，轰动了世界。专家、游客、拍电影的、搞科研的，全都赶到了长沙市。据有关部门统计，马王堆女尸出土后很短的时间内，长沙市的流动人口陡增了 5 万。辛追墓发掘后的两年间，在其附近又发掘了两个大型汉墓，据考证，一个墓主就是辛追的丈夫、长沙国丞相利仓，另一个墓主则可能是他们的儿子。这三个墓葬被统称为长沙马王堆汉墓。长沙马王堆汉墓出土文物非常丰富，包括衣物、食品、药材、漆器、木俑、乐器、陶器、帛画以及大量的帛书和竹木简。这些文物具有极高的艺术性和实用性，价值极为珍贵。该墓出土了 1 400 多件纺织品，被称为“令人惊叹的西汉丝绸宝库”。其中有两件素纱禅衣，衣长有 1 米多，两袖伸直近 2 米，而重量仅有 28 克，长袍禅式的禅衣，折叠起来就能握在一只手中，穿着起来，就像古书中说的“薄如蝉翼，轻若烟雾”，充分反映了当时中国的纺织技术已达到相当高的水平。墓中出土的帛书和竹木简，不仅有世界上最早的天文著作《五星占》、《天文气象杂占》，还有中国最古老的医药专著《脉法》和《五十二病方》等。马王堆汉墓出土的帛书数量庞大、内容重要，很大程度上改变了中国许多原有的学术观念和传统认识。

长沙马王堆的发掘，对中国考古界产生了深远的影响。专家认为，该墓最有价值的是完好无损的古尸，并且有成组成套的物品，还有不少珍贵的帛书、竹木简。这三者能有其一，已是考古的重要发现，如今三者兼有，在中国考古史上可说是独一无二。因此，长沙马王堆汉墓的发掘，被世人誉为“20 世纪中国与世界最重大的考古发现”之一。

十、满城汉墓和金镂玉衣

在西汉时期，人们深信玉石能使尸体不朽，因此皇帝和贵族死后，常常穿上一种形似铠甲的玉殓服，这种玉衣是用金丝、银丝、铜丝或丝线把各种形状的玉片编缀而成的，它们分别被称为“金镂玉衣”、“银镂玉衣”、“铜镂玉衣”和“丝镂玉衣”。其中金镂玉衣无疑是等级最高，价值也最高的玉衣。1968年，在河北省的满城县，考古工作者第一次发现了这样一件完整的珍贵文物。

满城汉墓位于距北京200余公里的河北省满城县，它是西汉时期诸侯国——中山国国王刘胜和他的妻子窦绾的合葬墓。据史书记载，刘胜于公元前154年被立为中山国王，他是中山国的第一代王，在位42年。

刘胜墓属崖墓类型，建在一座独立的山中，整座山就是他的墓。墓由多个功能不同的洞室组合而成，包括卧室、起居室、音乐厅等，整座墓仿佛是一座豪华的山洞宫殿。

从整个墓室的结构看，刘胜墓是经过精心设计的，工程艰巨，规模宏大。在一座岩石质的山中开凿庞大的墓洞，就是用现代化的施工方法，估计也需要上百人费一年左右的时间。

刘胜墓出土了数量众多的随葬品，这些随葬品放置有序，以陶器数量为最多，其次是铜器、铁器、金银器等，其中最著名的就是闻名于世的金缕玉衣。

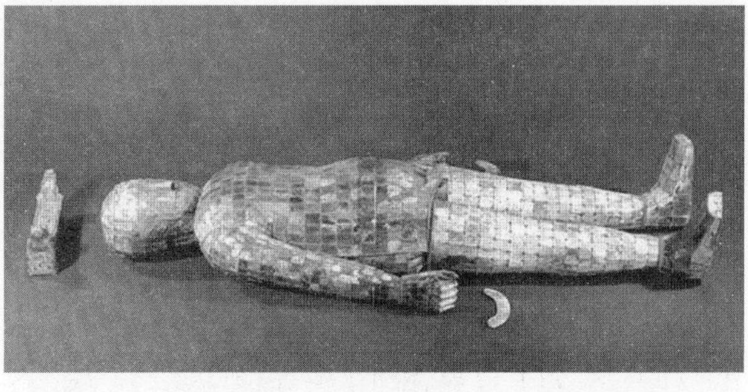

金缕玉衣

金缕玉衣全部由长方形、方形、梯形、三角形、四边形、多边形等形状的玉片拼合而成，玉片各角穿孔，用黄金制成的丝缕加工编缀。玉衣分头部、上衣、裤筒、手套和鞋五部分，每部分又由若干部件构成。在玉衣的头部内还有眼盖、鼻塞、耳塞和口塞。下腹部有罩生殖器用的小盒和肛门塞，这些都是用玉制成的。玉衣全长近两米，共用玉片2 498片，金丝约1 100克。

据学者们研究，玉衣的制作程序很复杂，制造时需要先把大块玉料切开，按人体各部分的不同形状磨制成各种规格的薄片，再在玉片的四角钻孔。据测定，玉片上有些锯缝仅0.3毫米，钻孔直径仅1毫米，工艺繁难与精密程度之高，令世人惊讶。

与刘胜墓一样，窦绾的墓中也出土了一件金缕玉衣，玉衣同样分为头部、上衣、裤筒、手套和鞋五部分，只不过形制上略小一些。刘胜墓和窦绾墓出土的金缕玉衣保存完整，是中国考古发现中第一次发现的成套玉衣，它的出土使人们对汉代玉衣的形制和结构有了具体的了解。

除了精美的金镂玉衣，刘胜墓还出土了金、银医针和刻有“医工”铭文的铜盆，这是研究中国古代针灸术和医学史的重要资料。墓中出土的铜漏壶是迄今发掘出土的年代最早的一件，对研究中国天文学史具有重要的参考价值。刘胜随身的佩剑经检验是经过多次反复锻打、表面经过化学处理而成的，代表了中国古代炼钢术的最高水平。

十一、中国古代丝绸之路

2 000多年前中国开通的贸易古道“丝绸之路”闻名世界，它作为中国和欧亚非国家之间的桥梁，为东西方的物质往来和文明交流作出了重要贡献。

丝绸之路是中国古代经由中亚通往南亚、西亚以及欧洲、北非的陆上贸易交往的通道，由于大量的中国蚕丝和丝织品经由此路西传，所以被称为丝绸之路。考古发现，丝绸之路基本形成于公元前1世纪的中国汉朝，当时的丝绸之路南道可西行到现在的阿富汗、乌兹别克斯坦、伊朗，最远可到达埃及的亚历山大城；另一条路经过巴基斯坦、阿富汗喀布尔，到达波斯湾头；如果从喀布尔南行，可以到达现在的巴基斯坦卡拉奇，转海路也可以到达波斯和罗马等地。

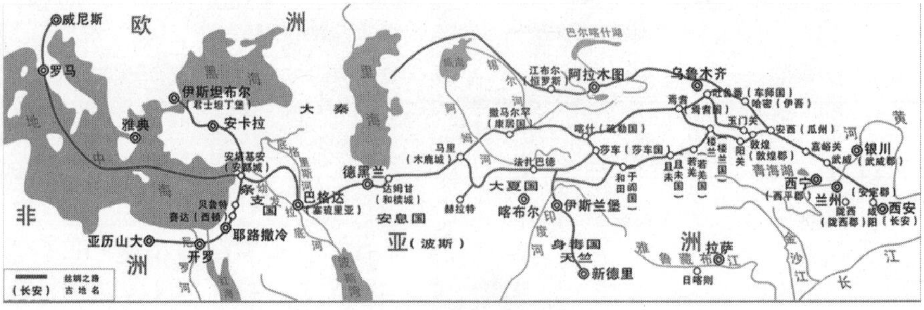

陆上丝绸之路路线图

在公元前2—公元2世纪时，沿着丝绸之路，自西向东，有四大帝国并列其间，即欧洲的罗马、西亚的安息（Parthia，伊朗古代奴隶制国家）、中亚的贵霜（Kushan，统治中亚及印度北部的帝国）、东亚的中国汉朝。丝绸之路的形成使得这些古代文明有了直接的交流和影响，此后，任何文明的发展不再是相对孤立地进行了。

通过丝绸之路复杂的网状道路系统，东西方频繁地往来。中国古代文献中记载的一批带有“胡”字的植物，如胡桃、胡瓜、胡椒、胡萝卜等，大多来自西方。到公元7—9世纪的唐朝，丝绸之路最为繁荣，中国和西方国家的交流呈现出令人眼花缭乱的景象。西方的珍禽异兽、珠宝香料、玻璃器皿、金银货币，西亚和中亚的音乐、舞蹈、饮食、服饰等源源不断传入中国。与此同时，中国的物产和技术也通过丝绸之路传到各地，像丝绸、农桑、造纸术、印刷术、漆器、瓷器、火药、指南针等，为世界文明作出了重大的贡献。

在物质贸易的同时，通过丝绸之路的文化交流也曾十分活跃。作为世界三大宗教之一的佛教，早在西汉末年就传入中国。开凿于3世纪的新疆克孜尔石窟寺中，现存近1万平方米的壁画，反映了早期佛教从印度传入中国的轨迹。据推测，佛教从印度经丝绸之路传到新疆克孜尔，再到甘肃敦煌，然后传入中国内地。沿着丝绸之路留存下来的佛教石窟，著名的如敦煌莫高窟、洛阳龙门石窟等，大多融入了东西方的艺术风格，是丝绸之路上中西文化交流的见证，如今它们都是世界文化遗产。

公元9世纪之后，随着欧亚大陆政治经济格局的变化，特别是航海技术的进步，海运在贸易中的作用日益彰显，这条传统的陆路古道逐渐走向衰落。到10世纪中国宋朝时期，丝绸之路已经很少被作为贸易的途径了。而这时形成的海上丝绸之路的作用日益凸显，以后通过这条通路与世界的连通，我国的丝绸、瓷器、茶叶、铁器源源不断地影响着世界，海上丝绸之路也成为我国封建社会后期的主要贸易通道。

丝绸之路这条古道漫长而久远，在世界文明的进程中发挥了重要作用。近年来，联合国教科文组织发起的“丝绸之路新研究计划”，把丝绸之路称为“对话之路”，以促进东西方的对话和交流。

十二、贵州赫章古墓群探寻夜郎古国

“夜郎自大”这个成语，在中国几乎是家喻户晓，它是源于两千多年前、位于中国西南部的夜郎古国的一个故事。史书记载，夜郎古国是中国西南地区一个比较强大的少数民族政权，可能在公元前3—前1世纪间存在了两百年

时间。公元前2世纪，西汉著名史学家司马迁随汉朝使节出使中国西南部各少数民族政权。他在所著史书《史记·西南夷志》中记载，西南各部族中，势力最大的是夜郎，拥有10万精兵，江面之上都是夜郎人来往的船只，分外繁荣。夜郎国王在与西汉使节交谈时，问使节："是你们汉朝大，还是我们夜郎国大呢?"当时，汉朝统有中国大部分地区，夜郎地处偏僻山区，夜郎国王不知道彼此实力对比悬殊，才有这样的提问。从此，"夜郎自大"就成为比喻妄自尊大的成语，并被当作笑话一直流传下来，也成为两千年前夜郎古国曾经存在过的证据。2001年9月，中国考古工作者在贵州省赫章县可乐乡发掘出古代夜郎时期的墓葬108座，初次掀开夜郎古国的神秘面纱。这是关于夜郎古国的考古中，出土随葬品最丰富的一次，对揭示古代夜郎文化、探索夜郎历史具有重要意义。这一考古发现因此被列为2001年度"中国十大考古发现"之一。

可乐古墓群

在赫章县可乐乡发掘的墓葬，分布密集，但是个体规模都不大，一般长不到3米，宽才1米多，不过埋葬方式很奇特。其中比较多的是套头葬，就是用鼓形铜釜套于死者头部的葬式。套头葬也有不同方式，除了都用铜釜套头外，有的用另一件大铜釜套脚，脸上盖一件铜洗；有的用一件大铜洗垫于脚下，臂旁侧立铜洗。此外还有一些特殊的埋葬方式，比如，以铜洗盖于死者脸部，有的用铜洗垫于死者头下，还有的在死者头侧墓底斜插铜戈。套头葬及这些特殊葬式在中国其他地区从未发现过，这是属于夜郎民族特有的葬式。有的专家认为，套头葬习俗反映了夜郎人对灵魂的崇拜和对釜、鼓、洗类器物的崇拜。还有的专家认为，这种独特的丧葬意识与宗教观念还需深入研究。

在可乐乡古墓中出土的青铜器，不仅填补了贵州青铜文化的空白，而且其浓郁的民族特色与众不同，有很高的研究价值。比如鼓形釜、立耳铜釜、青铜戈、青铜剑等，造型独特，在中原及其他地区都没有见过这种造型的青铜器，可见夜郎的青铜文化自成一体。赫章县可乐乡发掘的墓葬群，用非文字的方式记录了夜郎国在历史长河中划过的痕迹，使这个消失于两千年前的古国初显端倪。有专家认为，解开千古夜郎之谜的钥匙，说不定就藏在可乐古墓群之中。

十三、麦积山石窟、敦煌莫高窟和龙门石窟

麦积山石窟位于中国西北甘肃天水东南 22.5 公里的山中，高 150 多米，据历史文献记载，麦积山石窟于后秦（约为公元 3 世纪）时开始开凿，此后陆续在 30 米和 70 米高的悬崖上开凿佛像。

麦积山石窟外景

麦积山石窟第 127 窟后龛主佛背光飞天

这些佛窟层层相叠，上下错落，气势恢宏。麦积山石窟现保存北魏、西魏、北周、隋、唐、五代、宋、元、明、清等各代洞窟 194 个，泥塑像、石雕像 7 000 余身，壁画 1 300 平方米。洞窟中有数以千计的与真人大小相仿的雕塑，极富生活情趣。有端庄的佛，侧侍的菩萨、弟子，有的低眉念经，有的交头接耳，有的眉开眼笑，有的还向人招手致意，此外，还有虔诚的少年和天真的儿童形象。从高约 16 米的阿弥陀佛，到 10 余厘米高的雕塑，都精巧细腻，栩栩如生。许多塑像把神人格化，生活气息浓厚，令人感到亲切。这些雕塑对研究中国的佛教史、历史学、考古学、民俗学都提供了重要的实证。由于麦积山洞窟隐蔽在深僻的林区，避免了历代战火的毁坏和人为盗掘，因此比较好地保存了下来。

在中国西北部甘肃省敦煌市的郊区，那里有座山，叫鸣沙山。在鸣沙山东麓断崖上，南北近两公里的长度上，分上下五层，开凿着无数的洞窟，这些洞窟高低排列，错落有致，非常壮观。这就是世界闻名的敦煌莫高窟。

鸣沙山和敦煌莫高窟

敦煌莫高窟是一座巨大的艺术宝库，它是中国四大石窟群中规模最大、内容最丰富的一座，它集中反映了中国十几个朝代、历时近千年的石刻艺术精粹，是世界上规模最大、保存最完整的佛教遗址。

莫高窟的形成，开始于公元366年。有一天，一位法名叫乐尊的僧人云游到敦煌，他看到鸣沙山上金光万道，好像有千万个佛在金光中出现，乐尊和尚心想："这里肯定是圣地！"于是，就请人在崖壁上开凿了第一个佛窟。以后，经过历代的修建，洞窟不断增多。到公元7世纪唐朝时，莫高窟已有1 000多个洞窟了，因此，莫高窟又被称为千佛洞。

莫高窟是集古建筑、壁画及雕塑于一体的艺术宫殿。历朝历代的人们在开凿洞窟时，在洞内塑造了大量的佛像，绘制了大批壁画。虽然历经历史变迁和人为破坏，莫高窟至今仍保留了近500个洞窟，保存了约5万平方米的壁画及两千多尊雕塑。莫高窟的塑像千姿百态，服饰和表现手法各不相同，反映了不同时代的特色。莫高窟的壁画最为壮观，如果把这些壁画一一连接，可组成近30千米长的画廊。

敦煌莫高窟由于地处中国偏远地区，因此沉寂百年并未引起世人注目。然而就在20世纪初，因为一个神秘书库的发现，莫高窟的珍藏震惊了世界，并发生了中国近代史上最令人心酸、损失最严重的文物流失灾难。

1900年，管理莫高窟的道士王圆箓在清理积沙时，无意间发现了一个密室，这个密室后来被称为藏经洞。在这个长、宽各3米的小洞内，堆满了经文书、织绣、绘画和佛像绢幡、拓本等稀世古物，大约有5万多件。这些文物的年代从公元4—11世纪，内容涉及中国和中亚、南亚、欧洲等地的历史、地理、政治、民族、军事、语言文字、文学艺术、宗教、医药科技等几乎所有社会领域，被誉为“中古时代的百科全书”。

王道士发现藏经洞后，将洞中的一些文物带出洞窟换取利益。随着这些宝贵文物流传到民间，莫高窟秘藏古代手稿的消息也不胫而走，世界各国的“探险家”蜂拥而至。由于当时清朝政府的无能，在不到20年的时间里，俄、英、法、日、美等国的“探险家”，先后从敦煌盗走近4万卷经书和许多珍贵的壁画、雕塑，给莫高窟带来了巨大的灾难。现在，在英国、法国、俄罗斯、印度、德国、丹麦、瑞典、韩国、芬兰、美国等国都收藏有敦煌文物，总计数量占藏经洞文物的2/3。随着藏经洞的发现，一批中国学者在十分困难的条件下，开始研究敦煌文书。1910年，中国第一批研究敦煌文书的专著出版，由此，被称为“世界显学”的敦煌学创立了。几十年来，世界各国的学者对敦煌艺术极感兴趣，不断进行研究，而中国学者在敦煌学研究方面，已取得了具有重大影响的研究成果。敦煌莫高窟作为中国文化的瑰宝，中国政府一直非常注重对它的保护工作。1961年，中国政府将莫高窟列为首批全国重点文物保护单位，1987年，莫高窟被联合国教科文组织列入世界文化遗产名录。如今，在莫高窟对面的三危山下，建有敦煌艺术陈列中心，仿制了部分原洞窟，既保护了洞内的文物，又丰富了游客的参观内容。外国旅游者对莫高窟的评价是：“它是世界上现存佛教艺术最伟大的宝库。”

龙门石窟位于河南省洛阳市南13公里的伊河两岸。这里风景秀丽、寺院林立，历来是诗人、游客流连忘返之地。龙门石窟开创于北魏孝文帝迁都洛阳（公元494年）前后，历经各代400余年的大规模营造，山中洞窟密似蜂窝。共计洞窟2 300多个，造像10万余尊，题记和碑面3 600多品，佛塔40座。窟中壁画上的仙女造型，或在流云中自由飞翔，或手捧果品凌空飞舞，或奉乐高歌，或布撒花雨，其姿态之轻盈，神情之优雅，令人叹为观止。

龙门石窟

这些古代艺术大师创造的丰富多彩的艺术造像，成为研究中国古代历史和艺术的重要资料。龙门石窟中的古阳洞建于北魏孝文帝迁都洛阳前后，是龙门石窟中开凿最早、内容比较丰富的一个洞窟。窟内佛像精巧富丽，图案纹饰丰富多彩。人像虔诚持重，生动逼真，是研究北魏石窟艺术的珍贵资料。洞窟内的造像题记，书法质朴古拙，是研究书法史的珍品。另一处宾阳中洞在公元500年开凿，公元523年建成，历时24年。主佛释迦牟尼和弟子、菩萨，面相清瘦，衣纹折叠规整而稠密，体现了北魏造像的艺术特点。

十四、法门寺塔基遗址

位于中国陕西省扶风县的法门寺，是安放释迦牟尼真身舍利的著名寺院。1987年4月，中国文物工作者在重建法门寺佛塔时，无意中发现了塔基下有一个地宫，地宫中收藏的珍贵文物震惊了世界，被誉为陕西继秦兵马俑坑之后的又一重大发现。

法门寺始建于中国北魏时期（约公元499年前后）。公元7世纪的唐朝是法门寺的全盛时期，唐朝政府曾花费大量人力财力对法门寺进行扩建，最后形成了有24个院落的宏大寺院。寺内僧人达5 000多人，是当时首都地区规模最大的寺院。

据佛教经典记载，古天竺（印度）国阿育王为弘扬佛法，分葬佛祖真身舍利，在世界各地修造了 84 000 座塔，中国建了 19 座，法门寺便是其中之一。

法门寺

因为塔下埋葬着珍贵的佛指舍利，法门寺从此香火不断，名扬四海，成为著名的佛教寺院。据史籍记载，唐代有 8 位帝王曾多次迎取佛骨到皇宫供养，并赐赏大批珍宝藏于法门寺地宫中。只是后来因为战争、地震等原因，法门寺的盛况一去不复返了。

1981 年，历经数百年风雨的法门寺佛塔因下雨而坍塌。1987 年，陕西省组成法门寺考古队，对塔基进行发掘清理，沉睡了 1 113 年的法门寺唐代地宫重见天日。

法门寺地宫长 21.4 米，面积 31.48 平方米，包括踏步漫道、平台、隧道、前室、中室、后室共六部分。地宫珍藏了大量的唐代文物，一类是佛指舍利；一类是迎送舍利而奉献的金银宝器、珠玉、琉璃器、瓷器及丝织衣物等各类珍贵文物，约 900 件。特别是地宫中真身舍利的出土，被誉为继秦始皇兵马俑之后的又一考古重大发现，是中外佛教界和世界文化史上的一件大事。

除了珍贵的舍利之外，法门寺地宫中的丝绸文物，则是继中国西北甘肃省敦煌藏经洞之后，唐代丝绸出土数量最大、品种最多、价值最高的地方，被誉为中国唐代丝织品的宝库。据考古资料所载，法门寺地宫中所藏的丝绸织物工艺极其精致，缝合处所用的金线平均直径只有 0.1 毫米，最细处仅 0.06 毫米，比头发丝还细。地宫中一只藤箱内堆积的丝绸衣物，厚度虽然只有 23 厘米，却叠积丝绸织物达 780 层之多。

法门寺地宫中还出土了上百件璀璨夺目的金银器和琉璃器，而久已失传的 16 件秘色瓷瓷器则让中国的瓷器研究专家兴奋不已。以前学者认为秘色瓷产生于五代时期，对于秘色瓷的釉色也有多种说法，而法门寺地宫出土的秘色瓷及衣物账上有关秘色瓷的明确记载，解决了长期争论的此类问题。

为了保护和展示法门寺地宫所出土的珍贵文物，当地成立了博物馆。中国的文物保护专家还与德国同行合作，对地宫中出土的丝绸织物进行高科技保护。2002 年，地宫中所藏的佛祖真身舍利被迎到中国台湾地区供奉，一个多月时间内就有近 400 万人次前往膜拜。

十五、西夏王陵

位于中国西北宁夏回族自治区的西夏王陵的考古，是中国“20 世纪 100 项考古大发现”之一，在中国少数民族考古史上占有重要地位。

770 多年前，中国并立着三个王朝，分别是位于中原的汉族政权“宋”、位于东北的契丹族王国“辽”，以及位于西北的党项族王国“大夏”，即“西夏”。

西夏作为一个独立的王国，有自己的语言和文字。不幸的是，公元 1227 年，蒙古大军攻下了西夏王朝后，对西夏党项人进行了毁灭性的杀戮，西夏王朝的典籍也损毁殆尽，曾经显赫一方的西夏王朝留给后人的，只是一个又一个谜。

20 世纪 70 年代初期，西夏王陵遗址偶然被发现。此后的 30 年间，中国的文物考古工作者对西夏王陵做过多次调查、测绘和发掘，初步弄清了西夏王陵的分布及构造。

整个西夏王陵建在约 50 平方公里的荒漠上，共有 9 座皇帝陵园和 250 多座达官贵人的墓葬，是中国现存规模最大、地面遗迹保存最完整的帝王陵园之一，与北京的明代十三陵规模相当。其 9 座王陵的每一座都是独立完整的建筑群体，坐北朝南，呈长方形，庄严肃穆，高大雄伟。

3 号陵园是 9 座西夏王陵中占地最大、保存最完好的一座，考古专家认定其墓主人是西夏的开国皇帝李元昊。对西夏王陵的考古主要也是以发掘 3 号陵园为主。

陵塔

西夏王陵中的陵塔被誉为“东方金字塔”。陵塔位于陵城西北隅、墓室的正后方，建筑为实心夯土台、八角锥形，上部层层内收，呈阶梯状，最大直径有 34 米左右，塔基上面是七层还是五层，现在无法确定。陵塔是西夏陵园中重要而又特殊的建筑，为中国其他地区陵墓所未见，反映出西夏贵族某种特殊的葬俗。

2000 年 4 月 30 日，考古工作者在对 3 号陵园的清理发掘中，在陵园的东北角阙，发现了一尊造型完整的人面鸟身的鸟人。经考古专家认定，这尊鸟人是佛经中记载的迦陵频伽。迦陵频伽是梵语的音译，汉语译作妙音鸟，是喜马拉雅山中的一种鸟，能发妙音，是佛教“极乐世界”之鸟，它们应是佛教建筑上的装饰物。

西夏王陵目前已出土了 14 万件瓦当和 200 件建筑装饰品及其他文物。考古专家认为，西夏陵园吸收了中国古代汉族皇家陵园的长处，同时又受到佛教建筑的巨大影响，使汉族文化和佛教文化与党项民族文化三者有机地结合在一起，构成了中国陵园建筑中别具一格的建筑形式，在中国陵寝发展史上占有重要地位。王陵遗址出土的大量文物，以其丰厚的西夏历史文化沉淀、重大的文物价值和独特的建筑形制，集中反映了西夏历史文化特点，向人们展示了一个西夏文化的博大宝库。

十六、明陵

在中国历代帝王陵墓中，要数明代的帝王陵寝保存最齐全。其中明祖陵号称“明代第一陵”，它是明代开国皇帝朱元璋为其祖先修建的陵寝；明孝陵是朱元璋的陵寝，也是在北京之外的唯一明皇陵；明十三陵是明朝定都北京之后除末代崇祯皇帝之外所有皇帝的陵寝。

朱元璋是一位在中国历史上颇具传奇色彩的皇帝。他出生于一个贫苦的农民家庭，为了生计，还曾经在当地一家寺庙里出家做过僧侣。后来，朱元璋参加了反抗元朝的农民起义，由于他作战英勇、富有谋略，逐渐脱颖而出，从一名普通的士兵成为农民起义军的领袖。1368 年，朱元璋称帝，并最终统一了中国。

朱元璋做了皇帝后，为了纪念他的祖先，专门为其曾祖父与高祖父修建了衣冠陵墓。衣冠陵墓，顾名思义就是埋葬亡人的衣、帽的陵墓。

明祖陵位于中国东部江苏省盱眙县境内的古泗州城，紧靠中国的第四大淡水湖洪泽湖东岸。明祖陵的建造前后花费了 28 年的时间，据史料记载，明祖陵原有城墙 3 道，金水桥 3 座，殿堂、亭阁、署房等上千间，规模宏大、气势雄伟。目前，明祖陵还保留有一条长 250 米的神道，为南北走向，南为寝门，北为玄宫。神道上等距离地放置着 21 对 42 尊石像，每尊石像都有数吨重，高大威武。

明祖陵神道

明祖陵的发现颇有传奇色彩。1680年，明祖陵在一场特大洪水中沉入洪泽湖底，从此成了“水下皇陵”。直到1963年，洪泽湖遇到特大干旱，明祖陵才得以重见天日，一批大型石像露出水面，这些石像被雕塑成麒麟、雄狮、带鞍子的马和牵马侍从，还有文臣、武将、太监等形象。它们的高度都在3米以上，重10吨左右。陵墓的地上殿堂已经倒塌，但经专家考证地下部分还保存完好，而且随葬文物非常丰富。

陵墓目前仍在一个面积不大的水塘中，人们从水面往下看，可以看到陵墓的石门。有关专家认为，因为陵墓长期沉于水中，与空气隔绝，所以才使陵墓得到了很好的保护。

继1963年洪泽湖特大干旱后，洪泽湖又先后在1993年、2001年发生旱灾。特别是2001年的洪泽湖干旱，使明祖陵的外墙露出1 178米，是历次干旱中陵墓裸露最多的一次。另外，明祖陵所在的古泗州城当年非常繁华。在1963年的洪泽湖大旱时，其古城墙以及部分建筑物的墙基也裸露出来。虽然其地上建筑已经毁坏，但其规模和繁荣仍能看得出来。古泗州城当年没有受到洪水毁灭性的破坏，而是随后逐年为淤积泥沙所掩埋。因此，一些专家认为，古泗州城一旦出水，很容易就恢复原貌。由于意大利的庞贝城是因火山爆发而埋入地下的，发掘之后引起世界轰动。因此，专家们认为两者有异曲同工之妙，并把古泗州城称为“中国的庞贝城”。

朱元璋为自己修建的明孝陵，是世界上最大的古代帝王陵墓群之一。陵墓的修建，前后花费了25年的时间，到他儿子做皇帝的时候才修建完成。由于朱元璋定都在南京，因此明孝陵就位于南京市郊，它也是明代16座帝王陵寝中，唯一不设在北京的陵寝。据记载，明孝陵的城墙周长22.5千米，相当于当时京城城墙长度的2/3，可见规模的庞大。明孝陵经过600年的风雨侵袭、战争破坏，如今所有木质结构的殿堂都已被毁，但从陵墓遗存的石质基础仍能清楚地看出当年的布局规模。它与后来明代皇帝陵墓的布局和建筑形式相同，但要比那些陵墓大得多，可见明代后来的各个皇陵都是以明孝陵为蓝本的。明孝陵的布局与历代帝王陵墓的布局都不一样，它的神道不是笔直的，而是曲折的。考古专家对此一直解释不清。有的说是朱元璋别出心裁，以显示自己不按常规办事的个性，还有的说朱元璋这样做仅仅是为了让神道加深延长。

陵墓的神道是从四方城开始的。四方城是一座碑亭，它的顶部已经被毁，仅剩下方形四壁。在四方城内有一块石碑，碑文由朱棣亲自撰写，记述了朱元璋的功德，共计 2 746 个字。神道的中段相对排列着狮、骆驼、象和马等 6 种 12 对动物的石像。折向北面的神道上分别列着 4 对文臣武将的石像，这些石像的体型都很巨大，是明代石刻的艺术珍品。

明孝陵神道入口——四方城

明孝陵神道——石像生

明孝陵最神秘的地方是朱元璋和他的皇后合葬的地宫。地宫所在的宝城和宝顶是明孝陵的中心。宝城由一道 1 100 多米的高墙合围而成，平面呈不规则圆形，直径约 400 米。宝顶被宝城所环绕，外表呈硕大的正圆锥形，最高处海拔 129 米。地宫的具体位置在哪里，历来众说纷纭。传说朱元璋为了防止有人盗墓，在下葬时曾由 13 个城门同时出殡，而且车马仪仗完全相同，使人难辨真伪。甚至有人认为，朱元璋根本没有葬在南京，而是葬在北京，因此朱元璋是否真的葬在明孝陵成为数百年来的一个谜团。自 1997 年起，当地文物部门采用了磁法探测及卫星定位等高科技手段结合传统勘探方法，对地宫四周 2 万多平方米的地区进行了探测分析，取得 2 万多个数据，终于成功地查明了地下玄宫的位置，确认了朱元璋的陵寝。主持探陵工作的专家说，他们采用的精密磁测技术确认朱元璋就葬在地下数十米处，而且这座地下宫殿保存完好，排除了过去流传的地宫被盗的说法。

明孝陵与历代帝王陵寝相比，有许多不同之处，通过这次探测发现，明孝陵墓道弯曲不直，而且偏离地宫的中轴线。至于陵墓为什么这样安排，目前还不清楚，但是这种建筑风格深刻地影响着明代后来的帝陵建筑风格。如北京明十三陵中已发掘的定陵，其墓道入口便是偏向左侧，与明孝陵墓道正好相反。在这次探陵中，考古人员还发现，明孝陵所在山体表面至少60%的地方是人工建筑，如宝顶上遍布有规则排列的大量巨型卵石。经过研究分析，这些巨大卵石是当年造陵工匠从低处搬运上去的，它既符合陵墓建造的美学要求，也是为了防止雨水对陵墓表面的冲刷和盗墓者的挖掘。令人惊讶的是，考古发现，明孝陵前的动物石像竟然大多是距今约3亿年前的古生物化石。这一秘密的发现者是当地银矿的一位高级工程师，这一结论已得到许多专家的认可。这位工程师在22只动物石像上，发现藻类、珊瑚类等几类化石，其中有的凭肉眼可仔细看出，有的则要依靠放大镜的帮助。这一考古发现，使明孝陵神道石刻除了具有历史价值、艺术价值，还有科学价值。

明十三陵的由来和一场政变有关。朱元璋死后把皇位传给了他的孙子朱允文，而朱元璋的四儿子朱棣，为了争夺皇位，发动了内战，最后当了皇帝。南京陷落后，建文帝不知去向，至今仍是明朝历史上的一桩悬案。朱棣登基后，觉得南京不安全，便把都城迁到北京。朱棣在位期间，就派人为自己选择陵寝，他最终选择了北京西北郊的一片风景美好、易守难攻的地方，并把它命名为长陵。从公元1409年开始营建，至1644年明朝灭亡，历经200多年，先后有13个皇帝埋葬在这里，形成了明代皇帝的陵墓群，因此通称十三陵。

明十三陵神道

十三陵的形制与明孝陵基本相同，在陵区的中轴线上有一座显示帝王尊严的神道。陵区正门前有一座高大的石牌坊，距今已有450多年。这座石牌坊保存很完整，它全部选用大型汉白玉构件建成，雕刻精美有力，是明清以来不可多得的石坊建筑。离石牌坊不远，便是陵园的大门——大宫门，它是陵园的总门户，是以前皇帝祭陵的必经之道。自大宫门起，随着山川地势，有大约 40 千米长的绕陵城墙，并设有 10 个关口。当年各个关口都设置重兵把守，以保卫陵寝。十三陵的各个陵墓都有监、园、卫等名称，监就是管陵官员太监住的地方，专门管理陵墓祭祀事务，所以都建筑在陵墓附近，现在均已形成村落。园是园丁住的地方，经营瓜果蔬菜，供给祭陵之用。卫是驻军所在，是用来保卫陵寝的。

皇帝们为了长久保存他们的陵墓，不仅编造了许多神话，还把坟墓封藏得极为严密。因此，各个陵墓的地下宫殿始终被蒙上了一层神秘的色彩。十三陵中的定陵，是这些陵墓中最神秘的，尤其是它的地下玄宫一直不为人知，直至 1956 年 5 月，中国的考古工作者才开始对定陵地宫进行发掘。定陵地宫总面积为 1 195 平方米，是由前、中、后、左、右五座殿堂连接组成的，全部为石结构。在灵车进入地宫时，为了使地面不受损坏而临时铺设的一层厚木板还留在前殿至后殿的地面上。中殿有三个汉白玉石宝座。后殿称玄堂，是地宫的主要部分。正面棺床上停放着三口棺椁，中间的特别大，是皇帝朱翊钧的灵柩，左右两边是他的两个皇后的。周围有 26 只装随葬品的箱子、玉石和青花瓷瓶等。随着定陵的发掘，出土了大量的珍贵文物，多达 3 000 多件。其中有绚丽多彩的织物、服装、小巧玲珑的镶金首饰，以及许多罕见的金器、玉器、瓷器等，这些都是研究明代工艺的珍品。

明定陵出土的皇冠和凤冠

2003 年 7 月，在苏州召开的世界自然文化遗产大会上，明孝陵及明显陵、清东陵、清西陵等组成的“明清皇家陵寝”入选世界文化遗产。

第十二章　如何成为考古学家

第一节　坚信考古学的认识论价值

英国著名考古学家保罗·巴恩曾经说过，考古学是可以研究人类过去的99%的部分的唯一科学。只有考古学能够真正告诉我们有关过去的具有根本意义的事件——人类首先是在何时、何地以及如何出现的；艺术、技术、文字的发展；农业、复杂社会、城市化的起源和发展。这些还只是遍布全世界的研究者殚精竭虑地加以研究的各种各样的课题中的几个，而在每个领域都有大量的工作仍然有待去做，更多的碎块有待拼入有关人类过去的巨大拼图玩具之中。由于具有独一无二的长期视野，考古学是我们观看这张大拼图的唯一手段。如果我们要知道我们正在去往何处，那我们就需要去追溯我们的轨迹，去看看我们来自何处。这就是为什么考古学如此重要的原因①。

综观考古学的发展史，可以看到，从历史学中分化出来的考古学，经历了传统考古学时期，至20世纪60年代后则进入一个新阶段。新阶段日益要求与愈来愈多的学科合作，共同寻觅更多的历史信息，以追求考古学文化的进步法则乃至其动力。这种进程的未来境界，无疑将是尽可能多地获取考古学遗存中的各种信息，研究人的本质，研究人与人、人与自然之间的本质关系，从而寻找或者懂得如何寻找人类生存的合理规则。

目前看来，考古学的基础认知除了得益于传统的地层学和类型学之外，又来自对于文化背景、环境状况、聚落布局、统计信息、科学技术、全息思维、艺术性、价值观等方面的信息。而最后一点的价值观就是本章所论的考古学的认识论价值，它来自对于前述各项的认知和思考，我们可以将其总结为科学和艺术的结合。因为，考古学既是科学，也可理解为艺术。

---

① ［英］保罗·巴恩著，覃方明译：《当代学术入门——考古学》，辽宁教育出版社，1998年。

考古学科学的内容反映客观世界。考古学寻求事实的积累与验证，探究文化的规律与动力，所以是一门科学。艺术反映的是艺术家眼里的世界。考古学的内容往往是在反映考古学家眼里的世界，所以也可理解为艺术。考古学家对古代文化实体、现象和过程的说明往往是解释的。解释符合客观实际，可属科学的范畴；解释为了表现主观愿望，在事物的分类中，则属于艺术。说考古学也可当作艺术，还在于其研究对象往往是艺术的。不仅是古人的大量艺术品，许多其他遗迹、遗物以及可以透视到的大量行为过程，含有以往人们崇高的追求和迷人的幻想，考古学家的研究要揭示出古人的这种心灵，教育和启发今人的心志。

总之，考古学兼有以下特点：①科学的。资料的积累和证据的检验。②解释的。资料的选择、分类和说明。③教育的。研究结果的表达和启迪心灵的强调。因此，考古学是科学和艺术的完美统一。

考古学最根本的价值是科学价值，这也是考古学的最大价值。自19世纪后期，由于人类学的兴起，人类早期社会逐渐被人认识。为了理解当代社会或是探讨人与社会的本质，理论家们便纷纷在人类早期社会中寻找打开整个人类社会奥秘之门的钥匙。考古学的原初内容本是研究人类早期行为，由此可看出考古学的最终理论价值究竟在哪里！

因此，作为科学范畴的考古学，最根本的价值应该是：了解人类的以往过程，寻找文化进步的本质原因，认清今后前进的方向。其中，透过文化的历史进程来理解今天和预感未来，是考古学得以存在的基点。无论是考古学的出现对上帝造人神话的冲击，还是包括马克思、恩格斯在内的众多对当代人类思想产生过极大影响的思想家，为了寻求人类及社会的本质，寻找人类社会的发展规律，都以极大精力去研究当今社会和古代社会这两端。

另外，考古发现中有很多不可再度创作出来的古代艺术品。不同时代、不同地域的人们皆志趣有异，气质不一，故其艺术创作永远有其他时代、其他地域的作品所不能取代的魅力。从考古学史的角度来看，正是因为这种价值的存在被认识到，推动了近代考古学的出现，而且这种价值一直受到重视。

因此，作为艺术范畴的考古学，其价值的主要方面在于满足人们那种回忆被自己忘却的天真稚气的童年、奔放热情的青年以及庆功的辉煌、失败的悲壮、丰收的欢悦、祭祀的虔诚等等历史情景的天生愿望。由此而得到的当然不仅是心灵的安慰，还会有情感的熏陶、良知的培育、智慧的启迪、勇气的鼓励①。

---

① 俞伟超、张爱冰：《考古学新理解论纲》，《中国社会科学》1992年第6期。

因此，考古学的科学价值和艺术价值是考古学认识论价值的两个最主要的方面。考古学的价值就是科学价值和艺术价值的统一。这两方面的价值，使得考古学既有专业性，又有广泛的群众性，两个价值共同促进着考古学的发展。

第二节　走出认识上的若干误区

以上所提的考古知识及考古学的价值不会自然而然地呈现，这种价值是全社会特别是考古学家不断追求的结果，以往的考古学和考古学家已经为人类认识自己作出了巨大的贡献，今天的考古学需要在继承传统的基础上推陈出新。但是随着考古发现的不断增多，人们又陷入一种迷途，甚至是陷入怀疑论的泥淖。比如20世纪前半叶是考古学在中国诞生和初步发展的时期，那时候任何一次新的发掘都会是对过去的一种全新的认识，因此，考古学的作用体现得尤其明显。随着20世纪后半叶中国考古发现黄金时代的到来，对于过去的认识好像是越来越复杂，越来越无法用简单的话语描述，甚至形成了一种用我们的发现是否可以解释过去的一切的怀疑论想法。我们是否应该用“新考古学”的方法，用我们的发现和逻辑的推理，而不是简单的“被材料牵着鼻子走”？考古学的功能是“了解真正的过去”，因此我们要制止对人类“真正的过去”以及大致“真正的过去”的可能性断然否定的做法。我们必须以双倍的努力保护考古材料并尽可能从中提取最大量的有关“真正过去”的信息，这需要我们对那些重要的考古学问题、对解决这些问题的田野考古工作的设计倾注更多的精力。

首先是考古学家和从事相关自然科学的学者应当下工夫去了解对方，了解对方学科的特点和要求，了解对方的长处和局限，扬长避短，实现优势互补。其次是要努力提高考古工作者的科学素质。作为符合新世纪学科发展要求的考古学家，除必须掌握考古学科的理论方法和技能以及历史文献、古文字、民族学、人类学等人文科学的知识外，还应拓宽知识面，具备相关自然科学如地质学、气候学、动植物学、金相学、物理学和化学等学科的基本知识。高等院校的考古专业应当考虑尽可能多地设置一些相关的自然科学课程，培养既懂考古，又懂相关自然科学知识的“两栖”人才。再次就是加强考古学的理论建设。随着中国考古学实践的逐渐丰富，形成了具有自身特点的方法论体系，完全有可能总结出具有中国特色的考古学理论。理论体系的建构不应成为外国考古学家的专利，中国考古学家在这方面应该有自己的声音。最后是在研究方法上要进一步科学化，应当在考古发掘、资料整理与分析、报告编写和专题及综合研究等各个环节加强科学化。

一、破除挖宝思想，端正学科态度

通过前面的讲述，我们知道，考古是以过去的遗存为研究对象的。至于这些遗存是否是宝贝，则仁者见仁，智者见智。对于考古学家来说，过去的任何一点信息，小到一片陶片，一个足迹，大到一个聚落都可以成为宝贝；而对于广大群众来说，恐怕只有那些金银珠宝才能被如此称谓。因此，想要成为一名合格的考古学家，一定要端正态度，破除挖宝思想。这也并不是说，考古学家就不看重宝贝，毕竟那些重要的古代器物遗留的信息要比普通的器物多得多，它们来自于上层阶级，引领了时代的潮流和风尚。这些宝贝是可遇不可求的，用一颗平常心对待每一次发掘活动，用百倍的努力获取古代遗留的任何信息，是每一位称职的考古学者必须具有的素质。

考古发掘一定要按严格的田野考古操作规程进行。发掘之前，先制定详细的计划，搜寻一切与发掘和遗址相关的信息。发掘过程中，不遗留任何的蛛丝马迹，不放弃任何一次对文物的保护。发掘后对材料进行详细的整理、研究和公开，思考获得的认识和有待获得的信息，制订下次的发掘和研究计划。

考古工作者要端正学科态度，要时刻明晰自己的责任和义务。古代的历史文物在地下埋藏多年，如果没有人把它发掘出来，它不知要埋藏多少年，考古学者将它们发掘出来是一个偶然的事件，但是这批材料的处理就全在于他了。他假如不把它们发表出来，供后人研究使用，这批材料就从历史上消失了，这个责任是多么重大！将自己挖的遗址、遗物很快地发表出来，把这批材料永久保存，供他人研究，既可以享受权利，也尽到了义务。但是在全国，甚至是全世界，发掘出来存在仓库中等待发表的考古遗物要比已经发表可供世人利用的材料要多得多。也就是说，我们的考古工作者享受了权利，但没有尽到义务，如此所造成的历史上的损失，是没有办法弥补的。因此，考古工作者一定要端正学科态度，本着对全人类负责任的态度，发掘好，整理好，利用好手头的资料，才无愧于考古学科的本质。

二、革新考古观念

考古学自诞生之初，就存在着属于人类学还是历史学的争论，实际上，我们没有必要花太多的时间争论这类问题，考古学就是考古学，无须寻找历史学或人类学做靠山！

就考古学所覆盖的时间范围和它涉及的研究课题来说，考古学可以属于广义的历史学或人类学，但不等于是历史学或人类学。它的特殊性首先在于它所处理的对象，然后才是由这种对象所界定的方法的独特性，至于研究的具体人文课题，则是学科性质中更为次要的东西。考古学家竭力思考的问题应当是，怎样合理地获取考古遗存，怎样从考古遗存这个具体却破碎的物化现实，走向历史的现实，从具体的物走进历史与文化的抽象规律和人类的精神领域。

考古学的遗存装在时间与空间中，可以构筑历史的时空框架；装在行为与社会组织生活中，可以构筑人类的行为甚至心理模式。考古学在表面的层次上处理古代的遗物，在实质上却是关于人、关于人的生活的学问。

考古学的对象有残缺不全的特点，但是它也有一些其他学科的研究对象所不具备的特点，比如长时间、大空间、具体的可触摸性与实在性等，这是一种无可替代的优势。这种优势是在与其他学科相互交流、比较中体现出来的，但是只有当考古学者认识到考古学就是考古学而不是其他时，它才能转化为事实。

人类的古代可以以各种方式流布于世：考古遗存、神话传说、历史文献记载甚至声像记录等，各种形式的资料可以互有短长，互为参证，但绝不能互相取代。文献记载可以直接反映记载者的心思，但有时候它可能只反映一种期待或者被故意扭曲的假象。那没有被以其他形式所记录却留下了真真确确的物质遗存的东西，不但同样重要，而且更加真实。

三、探索新的理论与方法

考古学的历史，既是一个发现过去的历史，也是一个自身体系和理论方法以及技术手段不断完善的历史。在这样两个方向上，考古学永远没有真正的终点。关于前者，这是因为历史的遗物不等于历史本身，何况考古学的遗存只是古代遗存的一小部分；关于后者，则是因为考古学家的一切认识都只是其所处时代总体认识水平的一个构成部分，考古学家观察、处理遗存的思路、方法不可避免地带有时代观念与技术的局限性。然而，在这样两个方向上，考古学却在不断地进步着，通过考古学家的努力，过去在逐渐饱满，人类关于自身过去的知识在不断丰富；而对于考古学家来说，以前不可能的，现在与将来正在成为或者即将成为可能。这些主要得益于时代和技术的进步，其结果使考古遗存本身及其所蕴涵的古代信息愈来愈丰富。除了技术进步之外，考古学理论体系和方法的建设也是增加对过去认识的重要手段，因为对过去的认识需要用新的思路进行指导，采用新的方法以便获得更多、更客观的信息。理论与方法的建设并不会是时代进步与技术发展的必然结果，而是要依靠考古学自己的学科建设与考古学家自己的思考探索。

考古学的一切理论与方法建设，都应当是以考古遗存为核心的，理论与方法的目的就是为了最大限度地丰富考古遗存本身以及开掘它所蕴涵的自然、文化与社会信息。所以考古学理论与方法总结起来可以分为两个大类：关于遗存回收与遗存解释。由于解释与回收总是相依相附，而遗存总是只有上升为关于文化与历史的规律才有意义，所以所有的考古学理论方法又都可被视为从具体到抽象的中介方法，新考古学者称之为“中程理论”，他们认为这几乎包括了埋藏学、实验考古学、考古生物学、考古地质学、考古数学、环境考古学、计量考古学、全息考古学、遗址区位分析等种种的探索。

这些“中程理论”，很大程度上都是考古学家从其他学科中借用并加以改造的，比如地层学、类型学；也有一些是考古学与其他学科相交叉而产生的新兴边缘性学科，比如民族考古学、考古埋藏学等。可以预计，在未来的学科建设中，这样的事情将会愈来愈多，而每一次新的结合、每一种新方法或理论的诞生，都必然从某一角度拓宽和丰富考古学家处理古代物质遗存的能力。比如埋藏学揭示往古现实生活转化为考古遗存的自然与人为机理，地层学使考古遗存成为考古学家的直接认识对象，类型学与遗址内区位分析使这些古代社会的物质遗存具有时序、空间和社会文化与历史抽象的意义，而民族考古学、考古统计学、实验考古学等则磨练和提高了考古学家在所有这些层次上处理古代遗存时的眼光和能力。其中每一个方面的新进展，都必然促使另一方面的变革与学科整体的发展。

另外，在探索理论和方法的革新上，难免会出现这样那样的错误。古代的遗存不可再生，考古是一个重建的过程，但更重要的，它也是一个破坏的过程。我们不能在探索的道路上一错再错，勇于承认错误，努力改正错误，善于吸取经验教训，思考我们在做什么以及为什么这样做，并在各种情况下将这种探讨和思考继续进行下去永远都是至关重要的。

第三节　你与考古学

一、考古学的使命

考古学家对世界上的所有人从过去继承的文化资源负有以下的责任：

（1）保存全世界的考古资源。

（2）防止考古学遗址和资源被破坏。出于这个原因，考古学家不应该拥有个人的考古学资料收藏，也不应该参与任何涉及文物和其他考古资料的商业性活动（包括购买、收藏和鉴定）。

（3）研究应该符合考古学的标准，并保证研究记录和资料能够得到资深学者的检验。

（4）发表研究的成果，保证研究报告的准确性和公正性，并且允许任何一个可以从中获益的人得到这些信息。

（5）尊重创造了考古资料的古人及其后裔的权利。

（6）为考古职业未来的进步和延续努力。

这些道德规范强调了考古学家的主要责任——保护和保存考古资料、按照最高标准进行研究、最大限度地分享研究得到的信息、尊敬创造考古资料的古人的后裔、发展考古学科，以及培养新一代的考古学家。

我们必须强调考古学家对未来负有重大的责任。考古学作为一门科学，考古学家要同其他科学家一样，必须保证他们的研究是准确的、不带有偏见的，并且研究的结果能够被未来的学者和民众分享。有效的考古学信息的传播能够让大众认识到理解过去的价值，以及破坏文化资源会带来的悲惨损失。

人们可以通过多种途径获得考古学信息——包括公开演讲、博物馆的展览、广播电视媒体的宣传、科普或专业文章的发表和书籍的出版等。大部分考古学家都认识到他们有责任让同行了解自己的研究成果。但是，不是所有的考古学家都认识到了让大众了解这些信息的重要性。考古学家有特殊的技能——能够描述人类完整的过去，因此他们有责任让人们知道人类的遗产是多么丰富。把考古学信息告诉广大民众不仅是一种道德上的责任，更是一项明智的举措，因为这样能够帮助我们培养未来的考古学家。最重要的是，知识是对付那些阻碍我们了解过去文化遗产的势力的最有力武器。

二、你与考古学

如何才能使你与考古学联系起来呢？作为一名考古学家，在事业上有前途吗？一名外行人员通过什么方式才能对拯救人类的过去有所帮助呢？我们发现有许多种途径能够使你投身到考古中来。

数以千计的考古学家在中国工作（截至2010年，全国获得田野发掘领队资格的考古工作者有1 500多人，其中有一半的人员已经退休或作古，仍然活跃在考古第一线的专业人员仅700多人，虽然这个数字不是中国所有考古学家的代表，并且其中也不乏不能被称为考古学家的考古者，但因为中国考古界的传统观念认为成为考古学家的首要条件应是一位合格的田野发掘人员，因此这个数字大致仍然代表了中国考古工作者的现状，大部分的考古学家应该首先出自于这些合格的田野发掘者。当然，从事考古事业的考古工作者远不止这个数字）。他们中的大部分人在全国范围内的省、市、自治区、直辖市，甚至县级的考古所或博物馆内从事考古调查、发掘、保护和研究工作。一小部分的考古学家在大学或专科学校里教书，他们有的做着考古学知识普及的工作，有的是为培养考古学的接班人而工作，同时，他们也是中国考古学界先进理论和思想的策源地。另外，为数不少的考古学家为国家文物行政主管部门或政府的其他机构（如海关、公检法系统等）工作，负责全国文博考古工作的行政和民族文化财富的保护性工作。还有少数人抽出部分时间从事授课、写书，或在政府建设项目下从事契约考古的工作，或者为从事探求文化资源的开发、服务等工作的公司工作（比如目前的中国的水下考古就基本属于这种契约考古的性质，平时水下考古队员中的大部分都分散在全国各地自己的工作单位中，他们都具有考古学的求学背景和考古学学士以上学位，一遇到有水下考古的工作，他们便被召集在一起）。

这些考古学家研究范围很广，既包括旧石器时代的原始人居址和历史时期的遗址，也包括诸多的早期农业的理论模式及计算机的模拟。同时，许多考古学家在国外从事考古工作——在亚洲、非洲、欧洲、中南美洲以及其他更远的地方。然而，遗憾的是，这个行业所能提供的就业机会少得可怜，是属于典型的“冷门”行业（所谓的冷门，并不是真的“冷”，或者不被社会认同，而是要端正思想，取得成就需要付出巨大的努力，不是一般人能从事的了的）。

一百多年的考古学发展史告诉我们，考古学是一门科学，是需要考古学者具有刻苦钻研和踏实负责的精神以及丰富的想象力才能达到目标的学问。尤其随着现代社会的发展，对考古学的研究理论和方法提出了更高的要求，因此现在的考古机构，无论是在考古所、博物馆、行政指导部门或大学里从事考古工作，一般都需要具有硕士以上的学历。在求学期间，考古专业的学生需要参加综合性的研讨会、一般性课程以及野外实习，然后进行一段时间深入细致的田野工作。当这些过程结束后，在此基础之上形成毕业论文，最后通过答辩，使论文得到评审委员会成员的认可。虽然内容类似，但对于本科生、研究生培养的方式有所不同，要求他们发挥主动性的地方也不一样。一般情况下，需要花费 4 ~5 年的时间才能完成本科课程。作为老师，对于本科生的教学主要是告诉他们一个主流的思想和结论性的观点，而不做过多的引申。本科之后，需要3年时间才能完成硕士课程。在此期间，教师讲授的则主要是学界各种不同的观点以及观点得出的思路和途径，重点是培养学生独立思考的能力。硕士之后，仍然还需要3年以上的时间才能获得博士学位，而3年内完成博士课程的学生仅有60%左右，接近一半的人由于学业的欠缺而无法在3年内得到学位。获得了学位后，仍旧需要自己去寻找工作，到大学里当一名教师或者到考古所、博物馆里求得一个馆员的职位。虽然从事文博、考古的工作只有专业人员才能做到，从而限制了大量没有学位仅有“地位”人员进入考古界，但考古界的圈子狭小，况且，如今拥有学位的人数日益增多，谋求工作并非轻而易举的事情。

如果你想要成为一名职业考古学家，必须在人类学与考古学的广度和深度方面具有较高的学术履历。对于较好的研究生院来说，学年成绩平均为80分是最低限度的要求。在田野发掘或调查方面的一些经验技术也是至关重要的。关于这方面的最有说服力的证据莫过于能够有两位以上称职的考古学家为你写出推荐信。就态度而言，你必须具有成为一名考古学家的强烈愿望，同时也应获得学位并且明确自己的研究兴趣。作为一名考古学家，如果乐意迎战艰辛的工作，能够适应不太安适的环境和简陋的生活条件，并且习惯在实验室里长时间工作的日程。那些对于田野工作感兴趣的人同时也应该能够应付非常紧张的工作场面。另外，对于教学的兴趣与不为私人名利收藏文物的道德信仰也是这张令人生畏的清单里的先决条件。如果这张单子所列的内容听起来过于苛刻的话，应该记住过去的未来就掌握在下一代考古学家的手中①。

① ［美］布里恩·M. 费根著，刘国祥译，陈星灿、曹兵武校：《考古学的“中程理论”》，中国社会科学院考古研究所编：《考古学的历史·理论·实践》，中州古籍出版社，1996年。

附　录

一、考古学关键词解释

考古学是一门博大精深的学科，许多初次接触考古学的人，都会被考古学那纷繁复杂的专业名词吓倒。事实上，考古学的许多专有名词大多生动形象，容易理解，例如买地券、鸡冠壶、贝丘遗址、土墩墓等，读者只需要对相关知识进行一些简单的检索，就可以对该名词有个比较清楚的认识，大可不必因此而畏惧不前。

由于考古学涉及面非常广，笔者无法在此将所有，甚至无法将大多数的考古学关键词一一列出。笔者能做的是将考古学的一些基本名词用最简洁的文字解释，使读者用最短的时间就能有一个直观的认识。当然，若要进行详细的了解，则必须依靠读者自己的努力，“动手动脚找东西”了。

接下来，笔者所列举的这些关键词主要遵循以下几条原则：①以综合性名词为主，例如介绍了窑址，就不再一一介绍各个窑址的具体情形；②以频繁使用的名词为主，一些生僻的、读者不易遇到的名词，不作介绍；③以读者感兴趣的名词为主。希望通过这些名词的简单解释，使更多的读者不再将考古学视为畏途。

人工制品： 人类制造的、使用过的或对人类有用的物品，如石制工具。

BP： 距今年代，Before Persent 代替传统的 BC（公元前）和 AD（公元后）。它的好处是使得所有文化和宗教的年代变得更加直观。为了将日期标准化，1950 年被定为考古学上的“现在”。

陪葬品： 与人的尸体一起埋葬的物品。对考古学家来说，是一种相当有价值的习俗现象。

葬式： 尸体放置的方式。如仰身直肢、侧身屈肢、蹲式葬等。

沙葬： 新疆沙漠地区曾经盛行的葬俗。将死者用麻袋装好，投入流沙中，使其慢慢陷进沙中。由于气候关系，许多尸体进入沙子里面就立即脱水，使得尸体不会腐烂，可以天然保存几百年甚至上千年。

悬棺葬：古代少数民族一种比较奇特的葬式。在江河沿岸，将盛敛死者的棺椁高高地悬置于悬崖半腰的适当位置，使用这种葬俗的民族其主要分布在我国西南及东南少数民族地区。

史前：是指文字出现以前的时代。

陶片或瓷片：破碎陶瓷的一部分，看起来好像没有什么意义，其实它对于确定年代序列有十分重要的作用。

抢救性考古：一个遗址因为开发的需要，在它被破坏前，为获得尽可能多的信息所进行的抢救性的发掘。

相对年代：一个事物通过与另一个事物相对照而得出年代，不用给出确切的年代。绝对年代则要有确切的年代。

石器：以石头为原料制作的工具。它是人类最初的主要的生产工具。在很长的时期内，石器在生产中占有支配地位。

细石器文化：以细小打制石器为主要特征的考古学文化。石器原料主要为石髓、玛瑙、燧石等。细石器文化繁盛于旧石器时代晚期到中石器时代，如我国最早的细石器文化发现于河南灵井、陕西大荔沙苑等地，细石器文化可能与当时人类以狩猎为主的生活方式有关。

贝丘遗址：以文化层中包含人们食余弃置的大量贝壳为显著特征的古代遗址类型。遗址所含贝类基本上分为海生和淡水两大类，年代主要为新石器时代。这种遗址反映出渔捞活动在经济生活中占有相当的比重，集中分布在北起辽东半岛，南至两广及云南的东部、南部诸省区。沿海具有代表性的遗址有福建闽侯昙石山遗址、台湾台北大坌坑遗址等。

夏文化：据文献记载，夏代是中国古代文明史的开端。探明夏代历史是中国历史研究中的重大课题，但有关夏代的文献极为简略，因此从考古学上探索夏文化，为研究夏代历史提供实物资料就具有格外重要的意义。根据《史记·夏本纪》等文献记载，夏族主要活动在今河南伊河、洛河与颍水上游及山西西南部地区。考古学家在上述地区进行了大规模的考古调查与发掘，发掘的地点主要有河南的登封王城岗遗址、偃师二里头遗址，山西的夏县东下冯遗址、襄汾陶寺遗址等。其中二里头遗址是二里头文化的命名地，并被初步确认为夏代都城遗址。

夏商周断代工程：是一个以自然科学与人文社会科学相结合的方法来研究中国历史上夏、商、周三个历史时期的年代学的科学研究项目，是一个多学科交叉联合攻关的系统工程。该工程作为“九五”国家重点科技攻关项目于1996年5月16日正式启动，到2000年9月15日通过国家验收。

地层学：又称层位学，是考古学的基本方法之一。主要是通过判定遗址中诸堆积形成的先后过程或次序来研究遗存之间相对年代早晚关系。地层学的根本问题是划分层次，确定层位关系。

类型学： 又称标型学，是考古学的基本方法之一。主要用来研究遗迹和遗物的形态变化过程，找出其先后演变规律，从而结合地层学判断年代，确定遗存的文化性质，分析当时人们的生产和生活状况以及社会关系、精神活动等。类型学最适合用于研究陶器、瓷器等使用周期短、变化较明显的器物。

探方： 考古发掘时布的方形坑，用以探明遗址的地层堆积和各种遗迹现象及其相互关系，面积一般是 5 米×5 米。探方中一般包括隔梁和关键柱。

探沟： 基本含义和发掘方法与探方相同，将探方中规格“狭长”，如 2 米×10米的，称之为探沟。

探铲： 又称“洛阳铲”，是现今考古勘查中常用的一种工具。最早为洛阳地区盗墓贼盗掘古墓时，用以钻探地下古物的工具，故名。铲头呈半筒形，铁制，上装木或铁质长柄，柄端可系长绳，以手持之下探，深可达一二十米，根据铲头带上的土质及其他物质，可以判断地下堆积的情况。

青铜器： 是世界冶金铸造史上最早的合金。红铜加入锡、铅，成为一种新的合金，这种合金历经几千年的化学反应，其表面出现一层青灰色的锈，所以今人谓之青铜。青铜具有熔点低、硬度大、可塑性强、色泽光亮等特点，非常适用于铸造各种器具。

编钟： 我国古代重要的打击乐器，钟在古代“八音”分类法中属金部，成组的钟称为编钟。它是依钟的大小不同而有次序地悬挂在木制钟架上，多为青铜制造，也有瓷制的，钟柄空心与钟体内腔相通，钟体饰有兽面条纹或花纹。用木槌敲击发音，音色清脆、悠扬，穿透力强。编钟出现在商代，兴于西周，盛于春秋战国直至秦汉，自宋以来渐渐衰退。其最著名的发现便是湖北曾侯乙墓的编钟。

失蜡法： 一种金属铸造的方法。用蜡制成铸模，外敷造型材料，成为整体铸型。加热铸模将蜡化去，形成空腔铸范，浇入液态金属，冷却后得到成型铸件。古代多用于铸造具有复杂形状的铸件。中国已知最早的失蜡法铸件是河南淅川出土的春秋中期的铜禁。

帛书： 一种用帛作为书写载体的书体，帛是白色的丝织品，汉代总称丝织品为帛或缯，或合称缯帛，所以帛书也叫缯书。中国目前现存最早的帛画是 20 世纪 30 年代在长沙的楚墓中发现的。

简牍： 是对我国古代写有文字的竹简与木牍的概称。用竹片写的书称“简策”，用木板写的叫“版牍”。从西汉至宋代，简牍出土了约八九次。其中影响较大的有两起：一是汉武帝时鲁恭王在孔子旧宅发现《尚书》、《礼记》、《论语》等数十篇用战国时的文字书写的简册，即所谓“壁中书”，从而引起了长达两千年的经学今、古文学派之争；二是晋武帝太康二年（281年）汲郡一个名叫不准的人盗掘战国魏襄王（一说安釐王）墓时，发现有竹简数十车，这些竹简被整理成16种古书共75篇，这就是所谓“汲冢书”。新中国成立以来，我国多次出土简牍，著名者包括居延汉简、云梦秦简、曾侯乙墓出土竹简等。

土墩墓：古代墓葬形式之一，西周至春秋流行于长江下游和太湖流域地区。其特点是，带墓穴或平地堆土起坟埋葬。随葬品多为印纹陶器、原始瓷器和带地方特征的青铜器。土墩墓是适应南方多河流湖泊、地下水位较浅的环境条件的墓葬形式。

瓮棺葬：古代以瓮、罐一类陶器作为葬具的墓葬形式，多见于史前时代，常用来埋葬幼儿和少年。多数埋在居住区内房屋附近或室内居住面下，也有专门的儿童瓮棺葬墓地。有人将洗骨葬和火葬的葬具称作藏骨器或骨灰瓮，以区别于一般的瓮棺。

人殉、人祭：就是用人殉葬及杀人祭祀。从现有的考古材料看，中国的人殉人祭大约出现在距今四千多年前的原始社会末期。人殉人祭成为一种社会制度并广泛流行，是在夏商奴隶制国家出现之后。盘庚迁殷以后进入鼎盛时期，用人数量达到最高峰。武丁之后又逐渐有所减少。两周仍有少数杀殉入葬的。总的趋势是逐渐减少。春秋末期以后这种野蛮的习俗已经遭到社会舆论的反对，西汉中期以后，人殉人祭作为一种社会制度已被废除。

画像石：指墓葬中、祠堂、墓阙等建筑上雕刻画像的建筑石构件，画像石是研究古代历史、艺术、建筑、文化的重要资料。

画像砖：用拍印或模印的方法制成的砖，其上有各种图案。画像砖艺术起源于战国晚期，一直延续至宋元时期，其文化内涵有所变化，但其研究价值非常突出。

墓俑：中国古代随葬用的陪葬品，盛行于秦汉至隋唐时期，宋以后逐渐衰落。质料以木、陶制品为多，也有瓷、石、金属或纸制品。种类有奴仆俑、舞乐百戏俑、士兵俑、官吏俑、仪仗俑等。往往附有鞍马、牛车、兵器、工具、庖厨用具和家畜等模型。秦始皇陵兵马俑坑随葬数千件与真人等高的武士俑，是我国陶俑作品的杰出代表。

镇墓兽：我国古代墓葬中常见的一种遗物，是为镇慑鬼怪、保护死者灵魂不受侵扰而设置的一种冥器。从考古发现的情况考察，镇墓兽最早见于战国楚墓。

十二辰俑：亦称十二生肖俑，多见于隋唐、五代及宋墓中。主要有三种，一种是人俑带生肖俑，即十二生肖俑的后足踏在人俑的双肩，前足攀在人俑的帽沿上；一种是人身生肖俑，即人身生肖首俑；另一种是人身捧生肖俑。

买地券：东汉中期以后，墓内常随葬一种购买墓地的契约——买地券，又称墓别或地券。这是一种象征性的证券，目的是使死者墓地所有权合法而不被侵犯。买地券多数刻（写）在长条形木、铅、铁或玉石版上。

窑址：烧制陶、瓷器的窑，一般唐代以前多陶窑，唐代以后多瓷窑。

景德镇窑：中国古代最著名的瓷窑，位于今江西景德镇，遗址最早为五代，烧青瓷和白瓷。宋代创烧影青瓷，真宗景德元年（1004）所烧御用瓷，光致茂美，底书“景德年制”，时称景德窑，镇名也由吕南改为景德。元代青花极盛，创釉里红瓷，并产枢府瓷。明代设御器厂，成为全国制瓷中心，创各种色釉和彩饰。清代沿制建御窑厂，其制瓷工艺一直处在全国领先的地位。

青花瓷：又称白地青花瓷器，它是用含氧化钴的钴矿为原料，在陶瓷坯体上描绘纹饰，再罩上一层透明釉，经高温还原焰一次烧成。钴料烧成后呈蓝色，具有着色力强、发色鲜艳、烧成率高、呈色稳定的特点。目前发现最早的青花瓷标本是唐代的，成熟的青花瓷器出现在元代，明代青花成为瓷器的主流，清康熙时发展到了顶峰。

影青瓷：又称青白瓷，北宋中期景德镇所独创。其釉色青白淡雅，釉面明澈丽洁，胎质坚致腻白，色泽温润如玉，所以历史上有“假玉器”之称。

唐三彩：一种盛行于唐代的低温釉陶器，在色釉中加入不同的金属氧化物，经过焙烧，便形成浅黄、赭黄、浅绿、深绿、天蓝、褐红、茄紫等多种色彩，但多以黄、褐、绿三色为主，因此被称为唐三彩。唐三彩常用于随葬，作为明器，因为它的胎质松脆，防水性能差，实用性远不如当时已经出现的青瓷和白瓷。

辽三彩：辽代生产的低温彩色釉陶制品。受唐三彩影响，辽代也烧这类品种。辽三彩多用黄、绿、白三色釉，器型中的方碟、海棠花式长盘、鸡冠壶、筒式瓶等，富有契丹民族的风格。辽三彩与唐三彩的区别主要是辽三彩中无蓝色，施釉不交融，釉面少流淌。

魂瓶：三国、西晋墓葬中常见的随葬陶瓷器，也有大量魂瓶出土于宋代，亦称青瓷谷仓罐。魂瓶是一种明器，汉代、三国、两晋时期的墓葬出土较多，塑有楼阁、飞鸟、廊庑、乐伶等，宋代则相对塑女俑女官居多。

陶衣：把较细的陶土或瓷土，用水调和成泥浆涂在陶胎或瓷胎上，器物表面就留有一层薄薄的色浆。颜色有白、红和灰等。这种色浆，在陶瓷工艺技术上称陶衣，也叫化妆土、装饰土、护胎釉。陶衣作用大体有三种：一是美化胎面，起装饰作用；二是避免坯胎大量吸收釉水和烧裂；三是填补坯胎气孔。

绳纹：陶器的装饰纹样之一，是新石器时代至商周时期陶器最常见的纹饰。其制作方法是：在陶坯制好后，待半干时，用缠有绳子的陶拍在陶坯上拍印，便留下绳纹，再入窑焙烧。

石窟寺：是指就着山势，从山崖壁面向内部纵深开凿的古代庙宇建筑，里面有宗教造像或宗教故事的壁画。著名的石窟寺有敦煌石窟、龙门石窟、云冈石窟、麦积山石窟等。

石经：指中国古代刻于石碑、摩崖上的儒家经籍和佛道经典。刻佛经约始于北魏之末，盛于北齐和北周。石经则以北京房山云居寺石经最为有名，所刻石经最多为《道德经》，其他著名石经有熹平石经、正始石经等。

瓦当：瓦当是指屋顶筒瓦最下面一块垂下来的部分，有圆形和半圆形。瓦当主要有图案纹和文字纹两种，既有欣赏价值又有文物考古价值，对于社会历史、建筑学、文字学和考古学的研究都有重要参考价值。

封泥：中国古代封缄简牍并加盖印章形成的泥块。当时的公文、书信多写在简牍上，为防止私拆，封发时加一检木，用绳索捆缚，在检木处系结并封以泥块，盖上印文。封发物件时也往往用此办法。其使用自战国直至汉魏。

盟书：又称载书，古代记载盟誓各方缔约内容的文书材料，多为玉石薄片制成。春秋战国时期，天子与诸侯之间、诸侯互相之间、诸侯与卿大夫之间，为政治目的常举行盟誓活动。盟书一式两份，一份藏于盟府，一份埋入地下或沉入河里，以取信于神鬼。侯马盟书是我国重要的盟书之一。

南海一号：是一艘南宋时期的木质古沉船，1987 年在广东阳江海域发现，整艘商船约 30 米长、10 米宽，舱内保存文物总数为 6 万 ~8 万件，以瓷器为主。这是迄今为止世界上发现的海上沉船中年代最早、船体最大、保存最完整的远洋贸易商船。

二、近五年来全国十大考古发现目录

2007 年：

河南许昌灵井旧石器遗址

河南新郑唐户遗址

浙江余杭良渚文化古城遗址

湖北郧县辽瓦店子遗址

河南荥阳关帝庙遗址

江西靖安李洲坳东周墓葬
新疆巴里坤东黑沟遗址
河南洛阳偃师东汉帝陵与洛阳邙山墓群
新疆库车友谊路晋十六国时期砖室墓
河北磁县东魏元祜墓与河南安阳固岸东魏北齐墓地

2008 年：
陕西高陵杨官寨遗址
甘肃临潭磨沟齐家文化墓地
山东寿光双王城盐业遗址群
陕西岐山周公庙遗址
云南剑川海门口遗址
江苏无锡阖闾城遗址
河南荥阳娘娘寨遗址
安徽蚌埠双墩一号春秋墓
河南新郑胡庄墓地
四川成都江南馆街唐宋街坊遗址

2009 年：
河南新密李家沟旧石器至新石器过渡阶段遗址
安徽固镇垓下大汶口文化遗址
江苏张家港东山村遗址
内蒙古赤峰二道井子夏家店下层文化聚落遗址
山东高青陈庄西周城址
陕西富县秦直道遗址
陕西西汉帝陵考古调查及发掘
河南安阳西高穴曹操高陵
河北曲阳涧磁村定窑遗址
江西高安华林造纸作坊遗址

2010 年：
河南新郑望京楼夏商时期城址
山东济南大辛庄商代遗址
山西翼城大河口西周墓地

江苏苏州木渎古城遗址
西安凤栖原西汉家族墓地
新疆鄯善吐峪沟石窟群和佛寺遗址
陕西蓝田北宋吕氏家族墓园
湖南永顺老司城遗址
江苏南京大报恩寺遗址
广东汕头“南澳Ⅰ号”明代沉船遗址

2011年：
河南郑州老奶奶庙旧石器时代遗址
福建漳平奇和洞遗址
浙江余杭玉架山史前聚落遗址
内蒙古通辽哈民史前聚落遗址
四川宜宾石柱地遗址
湖北随州叶家山西周早期曾侯墓地
辽宁建昌东大杖子战国墓地
江苏盱眙大云山江都王陵
山西大同云冈石窟窟顶北魏辽金佛教寺院遗址
山东京杭大运河七级码头、土桥闸与南旺分水枢纽遗址

三、延伸阅读资料

考古学在一定程度上是一门交叉学科，除了考古学的基本知识之外，还需要了解历史学、文献学、地理学、人类学等各方面的知识。此外，各分支考古学还需要更多的内容，例如科技考古需要学习化学、生物等自然科学的知识；环境考古需要了解环境学的知识等。因此可以说，考古学是一门博大精深的学科，要想学好考古学，必须具备多方面的知识储备。

以下遴选的书目，主要秉持几点原则：①尽量挑选专家大师的著作；②力求精简，以综述性著作为主；③力求挑选雅俗共赏的著作。在推荐书目的后面，笔者还会列举当前中国考古学界一些重要的期刊，国内外重要的考古发现和研究成果，大多发表在这些期刊上。

（一）总论

中国社会科学院考古研究所编：《新中国的考古发现和研究》，文物出版

社，1984 年。

中国社会科学院考古研究所编：《考古五十年》，文物出版社，2000 年。

夏鼐：《中国大百科全书·考古学》，中国大百科全书出版社，1986 年。

苏秉琦：《中国文明起源新探》，生活·读书·新知三联书店，1999 年。

俞伟超：《考古学是什么》，中国社会科学出版社，1996 年。

俞伟超：《考古类型学的理论与实践》，文物出版社，1989 年。

严文明：《走向 21 世纪的中国考古学》，三秦出版社，1997 年。

张忠培：《中国考古学：走进历史真实之道》，科学出版社，1999 年。

张忠培：《中国考古学：九十年代的思考》，文物出版社，2005 年。

［英］格林·丹尼尔著，黄其煦译：《考古学一百五十年》，文物出版社，1987 年。

李连、霍魏、卢丁编：《世界考古概论》，江苏教育出版社，1989 年。

王巍：《新中国考古六十年》，《考古》2009 年第 9 期。

栾丰实、方辉、靳桂云：《考古学：理论·方法·技术》，文物出版社，2002 年。

水涛、贺云翱主编：《考古学与博物馆学研究导引》，南京大学出版社 2011 年。

（二）分段考古

1. 旧石器时代考古

王幼平：《旧石器时代考古》，文物出版社，2000 年。

王幼平：《石器研究：旧石器时代考古方法初探》，北京大学出版社，2006 年。

吕遵谔主编：《中国考古学研究的世纪回顾·旧石器时代考古卷》，科学出版社，2004 年。

张之恒、黄建秋、吴建民：《中国旧石器时代考古》，南京大学出版社，2003 年。

2. 新石器时代考古

佟柱臣：《新石器研究》（上下册），巴蜀书社，1998 年。

张江凯、魏峻：《新石器时代考古》，文物出版社，2004 年。

张之恒、黄建秋：《中国新石器时代考古》，南京大学出版社，2003 年。

中国社会科学院考古研究所编：《中国考古学·新石器时代卷》中国社会科学出版社 2010 年。

3. 夏商周考古

邹衡：《夏商周考古学论文集》，文物出版社，1980 年。

邹衡：《夏商周考古学论文集》（续集），科学出版社，1998年。

李伯谦：《中国青铜文化结构体系研究》，科学出版社，1998年。

中国社会科学院考古研究所编：《中国考古学·夏商卷》，中国社会科学出版社，2003年。

中国社会科学院考古研究所编：《中国考古学·两周卷》，中国社会科学出版社，2004年。

中国社会科学院考古研究所编：《殷墟的发现与研究》，科学出版社，1994年。

4. 汉唐考古

王仲殊：《汉代考古学概说》，文物出版社，1981年。

俞伟超：《先秦两汉考古学论集》，文物出版社，1985年。

赵化成：《秦汉考古》，文物出版社，2001年。

孙机：《汉代物质文化资料图说》，文物出版社，1991年。

罗宗真：《魏晋南北朝考古》，文物出版社，2001年。

秦浩：《隋唐考古》、南京大学出版社，1992年。

齐东方：《隋唐考古》、文物出版社，2002年。

杨泓：《汉唐美术考古和佛教艺术》，科学出版社，2000年。

5. 宋元明考古

秦大树：《宋元明考古》，文物出版社，2004年。

宿白：《白沙宋墓》，文物出版社，2002年。

河南省文物考古研究所编：《北宋皇陵》，中州古籍出版社，1997年。

（三）相关刊物

《考古》

《考古学报》

《文物》

《文物资料辑刊》

《考古与文物》

《华夏考古》

《中原文物》

《东南文化》

《南方文物》

《四川文物》

《江汉考古》

《文博》

《福建文博》
《北京文博》
《东方博物》
《上海文博论丛》
《农业考古》
《文物春秋》

四、实践考古学的高等学府

我国高等学府设立考古专业，是为了培养具备考古学基础知识与基本技能，能在考古、文物、博物馆等事业单位及国家机关从事研究、教学、管理等实际工作的考古学高级专门人才。

一般来说，各校考古专业设置的主要课程有：中国古代史、世界古代史、考古学史、考古学理论与方法、旧石器时代考古、新石器时代考古、夏商周考古、战国秦汉考古、三国两晋南北朝考古、隋唐考古、宋元明考古等。

目前，国内设有考古系、考古文博学院、考古专业的高等学府多为综合性重点大学。其中最早设立考古专业的是北京大学，其创建于1952年。其后，西北大学于1956年设立考古专业，1960年，四川大学在历史系设置考古专业。值得一提的是，当时的考古专业通称为考古专门化。

到20世纪70年代，由于科学的发展和社会的需求，一批高等院校陆续设立考古专业，例如1972年南京大学考古专业、1972年吉林大学考古专业、1972年山东大学考古专业、1972年中山大学考古专业、1973年厦门大学考古专业、1976年郑州大学考古专业的设立。

20世纪80年代以来至今，陆续有多所高校设置考古专业，据笔者的了解，目前全国设有考古专业的高等院校包括：

北京大学、南京大学、吉林大学、西北大学、厦门大学、中山大学、武汉大学、山东大学、郑州大学、四川大学、山西大学、复旦大学、南开大学、南京师范大学、安徽大学、中国科技大学、中国人民大学、北京师范大学、首都师范大学、东北师范大学、中央民族大学、浙江大学、重庆师范大学、云南大学、陕西师范大学、暨南大学以及中国社会科学院研究生院等。

我国各高等院校所设置的考古专业，具有以下特点。

（1）学科名称有所不同。大致有考古专业、考古及博物馆学专业、文物及博物馆学专业、考古系、考古文博学院等。

（2）各院校考古专业的研究侧重点有所不同。例如北京大学侧重考古学理论与方法，吉林大学侧重田野考古和体质人类学，中山大学、厦门大学侧重文化人类学和民族学调查研究，西北大学侧重科技考古，南京大学侧重历史时期考古，南开大学、复旦大学偏重文化遗产等。

（3）各院校考古专业的研究地域有所区别。国家最初在教育部直属重点大学中设立考古专业的初衷是为了培养考古人才，为了照顾到各个地区的考古发掘和研究工作，因此，各个高校都有独立的研究地域和对所在地域较为熟悉的专家学者。比如北京大学的地域主要在北方；吉林大学在东北；山东大学在东方；西北大学在西北；四川大学在西南；中山大学在南方；厦门大学在东南；武汉大学在华中；南京大学在长江中下游；郑州大学在中原，等等。不过，随着学科壁垒的逐步打破，资料占有越来越方便，现在的考古专业已不再局限于自己的小圈子，而是以更高、更广的思维思考本地域的问题，并取得了丰硕的成果。

（4）各院校均重视田野实践的培训。考古学是一门非常注重理论与实践相结合的学科，各大院校在培养计划中，都将田野实践作为重要的组成部分。绝大多数高校的考古专业都会安排学生进行较长时间的田野实习，并以之为衡量学生学业的重要标准之一。

由于学科基础、师资力量、教育水平等各方面的缘由，各院校的考古专业教学水平和入学门槛不尽相同。有志于考古事业的读者可根据自己的实际情况进行选择。

最后，笔者想强调，对考古有兴趣的读者，大可不必因为已经错过了最佳入学年龄而懊恼。现在许多院校的考古专业都设置有各种学习班、培训班等，既可获得知识，又能取得相关学位，是一种不错的社会教育形式。